Les Sortilèges de la Science

ALEXANDRE LEGRAN

LES

Sortilèges

DE LA

Science

PARIS
ANDRÉAL, LIBRAIRE
19, rue Laferrière, 19

1898

Avis important

—

Monsieur Alexandre Legran se met à la disposition de ses lecteurs pour leur donner des renseignements complémentaires et confidentiels très sérieux sur tous les sujets traités ou non traités dans cet ouvrage.

Par l'écriture, connaître le caractère et les aptitudes.

Par les lignes de la main, le caractère, les aptitudes, la longévité probable et les chances de bonheur, de réussite ou d'insuccès.

Quelques pratiques secrètes pour exercer une irrésistible domination, etc., etc., etc.

Chaque demande de renseignements doit être accompagnée d'une VALEUR DE CINQ FRANCS EN BON, MANDAT OU TIMBRES-POSTE.

Lignes de la main. — Pour une étude des lignes de la main, il suffit d'envoyer une empreinte prise dans du plâtre, de la terre glaise très fine, du goudron chauffé ou toute pâte susceptible de servir de moule.

PRÉFACE

Il est dans l'immense domaine conquis sur l'inconnu par l'intelligence avide et curieuse de l'homme certains parages féconds presque encore inexplorés ; — il est, dans la forêt touffue des documents amassés par l'étude et l'attentive observation des arbres merveilleux dont trop peu parmi nous sauraient, aujourd'hui même, cueillir les fruits bienfaisants.

L'individu naît et du moment qu'il respire, déjà c'est une organisation complète, en ce sens au moins que, — pour embryonnaires soient-elles, — toutes les aptitudes sont désormais en lui, dont il pourra user plus tard quand sera venue la force physique. Mais d'un être à l'autre, les aptitudes sont diverses, aussi les aspirations, comme les besoins et les facultés. L'homme type n'existe pas plus au moral qu'au physique et autant d'individus se présentent autant passent, — différents toujours en quelque point, — de types capables chacun de quelqu'une des choses dont l'ensemble constitue la vie de l'humanité.

Et pourtant, dans cette cohue, il faut qu'un ordre règne, il faut que les efforts distincts tendent au même but et n'arrivent point à produire un déséquilibre social; dans la masse ce fait a lieu toujours, ou à peu près, et la loi des compensations est une règle absolue de la nature, règle à laquelle nous obéissons par destin et non par volonté.

Mais s'il ne nous est pas possible de régler la vie générale à notre guise, tout autrement doit-il en être de la vie individuelle. Il est en notre pouvoir de conduire un être en particulier au mieux de ses intérêts futurs, de le mettre sur la voie où il sera le plus susceptible de marcher à pas bien assurés, de lui éviter cette course vagabonde à travers les idées des autres où, en cherchant celle qui lui pourrait être propice, il bouscule et se meurtrit, tel un hanneton qui butte de la tête à tous les obstacles.

C'est le but, — d'étendue et d'importance — que nous nous proposons ici.

Parmi toutes les connaissances de l'homme nous avons établi deux classes.

Dans la première, nous avons laissé les

sciences proprement dites, — les sciences que nous pourrions appeler académiques et qui ont reçu la sanction publique ; celles que l'on enseigne, — mal peut-être, — et sur les documents précis desquelles s'appuie l'édifice scientifique officiel.

Et de cet amas de choses dont on sature les cerveaux jeunes aux aspirations encore imprécises, souvent ne sort rien que l'étonnement, la confusion qui naît dans un esprit, du mélange de choses disparates, dont quelques-unes ne répondent à rien dans l'individu qui les a sans motif absorbées.

Nous voulons voir dans la conduite de la vie humaine autre chose et une bien meilleure chose.

L'étude de l'individu lui-même nous a paru bien plus intéressante ; cette étude que nul ne commande et n'indique dans les cénacles universitaires.

Ce qu'est l'homme, moralement et intellectuellement, — quel est le moyen de pénétrer une psychologie, de savoir ce qu'on est capable de faire et quel résultat on obtiendra ; voilà la synthèse rapide de ce que nous avons voulu dire.

Ne voulant jamais séparer les nerfs de l'intelligence, — puisque la physiologie ne les sépare pas et fait des nerfs des ramifications de la matière cérébrale, — nous avons surtout cherché, par tous les moyens possibles, comment le nervosisme agit sur la vie intellectuelle et comment l'impression morale agit à son tour sur la vie physique par l'intermédiaire de l'émotion nerveuse.

Graphologie, phrénologie ; étude de la main et du visage, telles seront les chapitres d'observation matérielle et incontestable. Et nous verrons comment l'écriture nous dira le tempérament, — la forme du crâne, — les aptitudes, — la main, les prédispositions vitales et la figure, les prédispositions morales.

C'est la synthèse de l'âme et du corps, pour former un tout qui soit de la vie.

Mais, à côté de ces choses précises, il ne nous est pas permis d'oublier les sciences plus lointaines et parfois encore appelées occultes.

Dans le magnétisme et le spiritisme nous avons une méthode d'investigation psychologique, mais aussi un procédé de transformation d'une âme rendue malléable à une autre qui la domine.

A tout cela nous avons joint ce dont on fait semblant de rire et que chacun recherche.

Cartomancie, chiromancie, astrologie, kabbale, — choses un peu effrayantes et par cela même tentantes de curiosité et dans lesquelles nous avons tâché d'éliminer la charlatanerie au profit de l'histoire et de la vérité.

Telle est la matière, — aujourd'hui encore éparse dans plus de vingt volumes souvent fort chers et d'une lecture ardue, — que nous avons recueillie et classée pour la mettre dans cet ouvrage à la portée de tous

Œuvre de vulgarisation scientifique et d'utilité sociale par l'aide qu'il apportera à l émancipation intellectuelle, tel est ce livre que nous offrons sans hésiter au public, notre meilleur juge, et aussi celui dont les arrêts sont infrangibles. A ce public maintenant de se prononcer et nous voulons croire que notre bon vouloir aura sû emporter son estime et sa sympathie.

LES SORTILÈGES DE LA SCIENCE

AVANT-PROPOS

Des siècles ont passé depuis l'époque des prophètes, — les sorciers sont venus après, — les devins, les oracles, les pithonisses, aussi dont le règne de même n'est plus.

Dans un âge de science précise et chaque jour en progrès, la foi se fait illusoire, et la superstition crédule de nos ancêtres a fui bien loin avec les poésies souvent captivantes des rites incancétatoires de l'oracle.

Nous sommes des savants ou du moins le voulons paraître, et de chaque chose trouver la normale et complète explication, dont dispensait jadis la croyance dogmatique en l'être inspiré d'en haut.

Et, — tant est grand pourtant au cœur de l'homme le désir, le besoin même de connaître ce qui ne tombe pas directement sous ses sens, les choses que la nature elle-même semble envelopper d'un impénétrable voile, — aussitôt qu'ont disparu les enchanteurs et les sorciers, des savants raisonneurs et raisonnables sont venus, passant leur vie à chercher, par déductions, par inductions, à pénétrer les mystères de ce qui nous parait la chose la plus impénétrable, — à lire comme en un livre dans l'âme même de l'homme.

Ainsi de l'alchimie chercheuse de la mythique pierre philosophale. — est venue la chimie moderne dont les phénomènes les plus ordinaires et les plus simples semblaient autrefois miracles

Ainsi l'astrologie, uniquement jadis divinatoire, a fait place à l'astronomie, science d'observation précise et qui nous a révélé tant de choses plus qu'extraordinaires.

C'est au déclin de ces fausses sciences oubliées, et qui ne pouvaient aboutir à un résultat précis faute d'une base solide et d'une ligne de conduite bien arrêtée, que vécut et travailla, avec méthode cette fois, la pléiade séculaire des grands philosophes, — savants en même temps — qui marqua la fin du Moyen-Age pour ne s'éteindre dans la presque séparation de la philosophie et de la science pure qu'après les encyclopédistes et les grands écrivains du XVIIIe siècle.

Ce fut au début de cette apparente scission, entre deux branches jusqu'alors unies, de la science humaine, que naquirent et se précisèrent deux sciences jusqu'alors embryonnaires : la physiologie et la psychologie qui n'est autre que la physiologie de l'âme.

De l'étude simultanée et comparative de ces deux sciences, nombre d'hommes éminents s'occupèrent et tâchèrent, sans réussir toujours, il est vrai, de conclure de l'une à l'autre ;

de, – par l'observation de particularités physiques, d'actes matériels, — avoir connaissance précise de la pensée ou de l'impulsion morale, — de passer par une loi rigoureuse ou approchée de la sensation observée au sentiment occulte et caché.

C'est ainsi que nous voyons Albert le Grand, puis Da Porta, faire des études approfondies sur l'état intellectuel de l'homme, d'après le mouvement ou la disposition des muscles de son visage et l'allure générale de son corps et de sa démarche.

Lavater, dans son *Etude sur la physionomie*, aborde les mêmes sujets avec une grande précision, et Delestre dans son traité *de la Physionomie*, formule des règles précises établissant les rapports intimes de l'intelligence avec l'aspect extérieur et l'expression plus ou moins mobile du visage.

Il faut sur ce sujet voir encore le traité *des Passions*, du docteur Belouino, dans lequel se trouvent des aperçus très curieux et originaux.

D'autres, en même temps, cherchaient ailleurs et laissaient de côté la physionomie proprement dite que nous ne pouvons abandonner sans signaler en passant les curieuses études fort contemporaines, que fait encore à Lepzig le docteur Kühne, arrivé au diagnostic médical précis par ce qu'il appelle *La science de l'expression du visage*.

La mobilité de la face assurément est attirante et donne lieu à de curieuses remarques. Il faut croire cependant que tout centre musculaire fortement chargé de ramifications nerveuses, devra aussi refléter et comme écrire dans une langue dont il faut trouver la clef, ce que nous pourrions appeler la physionomie de l'âme. La paume de la main entre autres, avec ses bizarres dessins de lignes, enchevêtrées attira dès longtemps la curiosité des chercheurs et donna lieu à de remarquables travaux.

Nous citerons à ce sujet, l'ouvrage de Para d'Hermès ; *Ce qu'on voit dans la main,*— les curieuses études du capitaine d'Arpentigny, résumées dans un volume, *Les secrets de la main*, et enfin surtout les remarquables travaux de Desbarolles qui exposa dans un ouvrage intitulé : *Les mystères de la main*, ses découvertes appuyées sur d'authentiques et curieux documents. L'étude des lignes de la main est aujourd'hui devenue comme une science en laquelle se confient des gens notoires et il suffit de rappeler que Balzac, lui-même, le plus puissant peut-être des écrivains et des penseurs de ce siècle, faisait de la main le plus grand cas et jugeait sans appel les gens rien qu'à l'aspect plus ou moins sympathique de leur organe du toucher.

Un mot en passant de la phrénologie, qui, par l'étude des formes et contours de la boîte crânienne conduit à l'appréciation du développement plus ou moins intense de telle ou telle circonvolution du cerveau que l'on arrive à savoir se rapporter à telle ou telle aptitude spéciale de l'individu.

Enfin, et pour finir nous envisagerons l'allure générale, la démarche ; nous verrons que le mouvement des organes locomoteurs et leur disposition varie suivant une loi régulière, avec l'individualité morale et que souvent, de la façon seule dont quelqu'un marche ou pose le pied par terre, il est facile de conclure à la forme générale de sa pensée, à son aspiration ou à sa fantaisie.

Nous n'avons parlé jusqu'ici que d'organes matériels, de muscles, d'os ou de membres, et nous avons conclu de la matière à la pensée, du corps à l'âme, de la physiologie à la psychologie.

L'étude inverse aussi s'est faite, elle est aujourd'hui tout aussi complète et précise, bien qu'ayant mis beaucoup plus longtemps à s'accuser, à fixer ses bases, à déterminer sa méthode.

Il a fallu arriver jusqu'à la découverte et à la notion précise du magnétisme animal et des phénomènes hypnotiques pour pouvoir parler sur ce point en connaissance de cause ; et les travaux modernes des spirites ne sont que la suite encore mal dessinée des découvertes des magnétiseurs.

Avouons toutefois qu'un abus souvent a été fait de ces choses, et que d'habiles bateleurs ont longtemps maintenu l'incroyance en ces phénomènes réels et scientifiques, en trompant leur auditoire d'abord crédule par des tours de prestidigitation et de passe-passe, — récréations qui, pour curieuses soient-elles, demandent seulement de l'adresse et non de la science précise.

C'est la différencence entre les savants et les comédiens que nous établirons, faisant bien ressortir le vrai de la chose et montrant tout le parti que l'on peut tirer pour découvrir un caractère, pour le modifier ou l'affiner dans une mesure assez grande.

Il n'y a ici qu'influence d'âme et de volonté, et les phénomènes provoqués seront absolument cérébraux d'abord, pour provoquer ensuite à volonté tel ou tel acte physique. C'est le passage cette fois de l'âme à la matière, — la physiologie déduite de la psychologie.

D'autres phénomènes encore pourront être observés ou étudiés, qui procéderont des deux grandes classes établies ; phénomènes mixtes ou complets dans lesquels se présenteront les caractères des deux groupes déjà vus

Nous nous occuperons à ce sujet d'un acte courant de la vie humaine civilisée ; nous voulons dire l'écriture.

L'écriture est un phénomène physique et moral, ou plutôt un phénomène physique qui reflète intimement, et le mieux qu'il soit possible, le phénomène moral correlatif.

La main, organe de nerfs et de sensation délicate trace des caractères conventionnels ; acte purement physique ; mais ces caractères se groupent en mots, en phrases qui traduisent des idées ; — l'écriture expression de la pensée, est donc plus près que toute acte de cette pensée elle-même et donnera mieux que n'importe quoi une sorte d'image de l'âme de l'écrivain.

Nous citerons à ce sujet les travaux de Jean Hippolyte Michon et surtout les études approfondies de Desbarolles dont l'ouvrage *Les Mystères de l'Écriture* est encore aujourd'hui le plus curieux et le plus complet document de la graphologie, science actuellement reconnue et que nul ne songe encore à nier.

Mais à côté de ces indéniables précisions, de ces résultats de travaux précis aux données presque mathématiques, nous voyons se dresser encore tout l'immense édifice des sciences psychiques et l'énorme document historique de la Kabbale.

Pour que, — dans un siècle incrédule et sceptique comme le nôtre, — les doctrines du magnétisme et du spiritisme aient rencontré de si fervents et si studieux adeptes, de si convaincus et si passionnés défenseurs, il a bien fallu que ces choses mystiques ou au moins mystérieuses en apparence aient été prouvées, démontrées, réduites à l'état de faits flagrants et obéissant à des lois régulières.

Nous verrons en effet, — et tout en nous gardant de tomber dans l'erreur ou de croire au hasard, à quelque habile jonglerie. — Nous verrons que les phénomènes dépendant du spiritisme sont faits réels et que l'on peut provoquer ou arrêter dans des circonstances déterminées à l'avance par nous-mêmes. Nous verrons que les tables tournent, parlent, écrivent, — obéissent aux ordres de ceux qui les entourent.

Verrons-nous là uniquement une chose mystérieuse : — pousserons-nous au contraire le scepticisme jusqu'à nier ce que nous ne pourrons matériellement expliquer? Les deux alternatives seraient fausses et d'une évidente exagération qui semblerait friser la trop bénévole crédulité ou bien la mauvaise foi.

Mais nous en agirons autrement. Nous constaterons des faits acquis, — nous dirons comment les produire et reproduire à notre gré, — puis nous en chercherons une explication plausible et reposant sur des données à notre portée. Disons tout de suite que cette explication nous la trouverons souvent et alors nous demeurerons dans le domaine des sciences de raisonnement et d'observation. Mais encore lorsque rien dans le monde qui nous entoure ne nous pourra apparaître comme la cause déterminante de phénomènes bien et duement constatés, il nous faudra bien admettre simplement ces phénomènes sans les expliquer par les méthodes ordinaires et force nous sera d'admettre le mystérieux et le merveilleux.

Nous y marcherons d'ailleurs sur les traces de grands hommes et d'intelligences d'élite.

Cet aveu de notre impuissance à expliquer certaines choses d'une existence évidente nous conduit tout droit à la Kabbale, à ses incantations et à ses rites.

Astrologie, cartomancie, divination cabalistique, bons et mauvais sorts et tant de choses dont on veut parfois rire et devant lesquelles, malgré soi on a un frémissement de crainte irréfléchie, — nous donnerons de tout un aperçu sincère, bref et précis.

Et quand nous aurons seulement nommé, les Cagliostro, les Etteilla, les Lenormand et tant d'autres plus anciens ou plus modernes, quand nous aurons constaté par le document historique incontestable la réalité de leur puissance divinatoire, nous tâcherons d'en remettre le secret à nos lecteurs curieux de ces choses étranges et souvent de grandiose beauté.

Tel est la tâche bien étendue que nous abordons dans un tout petit livre dont nous nous efforcerons de rendre attrayante la lecture tout en lui laissant sa valeur et sa portée de document assis sur des bases précises et solides.

Puissions-nous avoir réussi et, en montrant le vrai et le faux de théories sur lesquelles tant de baladins ont joué ; avoir contribué à détruire la superstition brutale en réveillant la croyance qui développe et poëtise l'intelligence.

Puissions-nous aussi avoir montré le moyen de se servir de ces sciences encore peu connues du public et que chacun devrait posséder un peu, — ne fut-ce que pour se mettre en garde contre les douloureux mensonges de la vie.

Si tel est le résultat que nous avons atteint, nous serons heureux de notre œuvre modeste ; — certains en effet d'avoir pour notre part contribué au progrès de l'idée et au bonheur tant cherché de l'homme faible et souvent vaincu et trompé par ses semblables et par la nature elle-même.

Les Sortilèges de la Science

I

L'AME DE L'ÉCRITURE

Parmi les actes que nous accomplissons chaque jour, — parmi les choses que nous faisons comme presque sans y prendre garde ; il y a, — nous l'avons vu déjà, — deux cas bien nets à distinguer.

D'un côté, les effets dus uniquement à notre nervosité directe, — à nos sens en tant que choses de vie matérielle, à nos muscles directement impressionnés.

De l'autre, les effets résultant d'impressions purement intellectuelles ou morales, et n'agissant sur les nerfs ou les muscles que par l'intermédiaire du cerveau, — organe de pensée.

De l'ensemble de tous ces phénomènes résulte notre vie active, — l'affirmation de notre personnalité, — et, malgré qu'on y veuille prendre garde, il est bien difficile, pour ne pas dire impossible, à quiconque de se soustraire à ces influences presque irréfléchies, de ne laisser, — dans sa façon d'être ou d'agir, — poindre l'essence même de son caractère.

Mais, parmi ces actes journaliers, dont on pourrait presque prolonger à l'infini la liste hétéroclite, il en est un qu'il faut mettre à part, qu'il faut pour ainsi dire classer en dehors des autres.

Nous voulons parler de l'Ecriture.

L'Ecriture, en effet, est bien un phénomène tout spécial de notre existence; et parce que procédant directement des deux groupes de phénomènes que nous venons de distinguer.

Autant l'écriture dépend des nerfs et des muscles par le geste même qui la produit, le membre qui s'y emploie, — autant aussi elle est soumise à l'influence du cerveau par la pensée constante qui doit suivre le geste matériel pour forcer ce geste à traduire en figures conventionnelles l'expression d'une idée.

L'Ecriture est un phénomène vital complet; c'est même le seul véritablement complet des phénomènes extérieurs de notre vie, et, de ce fait même, l'écriture devient comme une personne qui subissant toutes les impressions physiques ou morales d'un individu a comme lui une personnalité propre et significative, — une vie et une âme.

Et cette âme, — si tant est que nous la puissions appeler ainsi, — ne sera que le reflet de l'âme de l'écrivain; comme le portrait fidèle, et tracé par lui-même, de son individualité complète.

L'écriture a une anatomie, — une physiologie plutôt, — autant qu'une philosophie ou une psychologie. Et comme dans la vie matérielle ces deux choses sont corrélatives, intimement liées et même inséparables.

J. H. Michon, le célèbre auteur du *Système de la graphologie* écrivant un jour à Alexandre Dumas fils, au sujet d'un roman manuscrit dont il avait cru reconnaître les personnages :

— « Il y a là des portraits de main de maître « et moi qui sait bien que c'est sur l'écriture « que vous avez rendu votre jugement, j'ap- « plaudis des deux mains. »

Michon était un savant et un convaincu et l'étude de son journal ne peut être qu'intéressante et utile à toute personne désireuse de se rendre compte de ce que peut dire une écriture quelconque.

D'autres hommes d'ailleurs ont travaillé en toute sincérité la graphologie.

M. Delestre, puis un peu plus tard MM. Desbarolles et Jean Hippolyte ont laissé sur ce sujet de remarquables travaux.

Nul ne songe à nier que chacun de nos mouvements se modifie au gré de notre tempérament ou de notre caractère. Les diverses écritures n'étant que le résultat final d'un ensemble de mouvements de la main, — un des points les plus chargés de nerfs du corps, — il n'y a pas lieu de s'étonner que, — par l'étude de l'écriture, — on puisse arriver à conclure par induction au caractère de l'individu.

Desbarolles, dans son livre *Les Mystères de l'Ecriture*, ne va pas jusqu'à dire que l'écriture peut tout apprendre sur le caractère ou le tempérament de chacun. Il affirme cependant qu'elle donne des résultats précis et curieux surtout par leur généralité ; car, dit-il, — « elle a sa spécialité précieuse où elle ne peut être remplacée : celle de deviner à distance ».

Croit-on devoir redouter un phrénologue, on cache son crâne sous un chapeau ; le chiromancien le plus habile est impuissant devant une main gantée. Comment empêcher, au contraire, de trouver facilement et d'étudier en toute tranquillité un mot écrit d'un individu qui pique votre curiosité : Vite vous arrivez à le connaître, et ce, d'autant mieux et plus sûrement que les lignes que vous aurez sous les yeux auront été écrites de façon plus hâtive.

C'est là une incontestable supériorité de la science de l'écriture.

Que les facultés ou les passions de l'homme se développent, aussitôt l'écriture se modifie ; de même encore elle se transforme quand la situation change, surtout quand de paisible elle devient difficile ou douloureuse.

Desbarolles cependant remarque avec juste raison que rien n'est plus commun que les écritures artificielles ou écritures de parade. Nombre d'hommes en situation publique se sont rendus comme impénétrables en se faisant, — alors que leur vie journalière est mêlée à celle d'un grand nombre d'autres hommes, — une écriture appliquée, comme calligraphique, et dans laquelle presque rien n'apparait de leur tempérament, de leur caractère, de leurs passions.

Ces écritures sont en général droites, régulières et serrées, d'une uniformité constante. Ce n'est pas l'homme qui a écrit ici, c'est le personnage dont on ne voit que le masque.

Parfois encore peut-on, à travers ce masque de trompeuse indifférence découvrir quelques traits furtifs qui n'ont su se dissimuler. Il n'en reste pas moins que le jugement que l'on pourrait porter en se basant sur de semblables écritures ne saurait être que singulièrement incomplet.

A côté des écritures appliquées il faut aussi remarquer ce que nous pouvons appeler les écritures artificielles ou contrefaites.

Il faut bien se dire d'abord que toute lettre ayant une sorte d'apparat, tracée tandis que l'âme posait d'une certaine facon que, instinctivement, on a cru devoir être conservée et montrée,— n'a plus aucunement le caractère qui doit être essentiel d'une expression de l'individu dans ses trois formes de manifestation, — liberté, sensibilité, intelligence.

Les lignes ainsi tracées né le sont point dans l'état de nature et pour emprunter la pittoresque expression de M. Desbarolles, — l'âme est en toilette ; elle se trouve dans le monde, elle se sent écoutée, examinée, et ce n'est plus elle.

L'écriture ne devient le véritable miroir de l'âme que quand elle est bien celle de l'intimité ou de l'abandon.

Chaque fois que l'on déguise son écriture, soit en la régularisant de son mieux, soit en la déformant à plaisir, peu de chose reste du caractère original et, à côté de quelques points exacts et clairs s'en trouvent une multitude d'autres, trompeurs ou incompréhensibles.

L'analyse d'une pareille écriture conduirait à des conclusions absolument contradictoires dans la plupart des cas et l'on ne saurait que croire du pour ou du contre

Il faut ajouter cependant, — et c'est ce que fait judicieusement remarquer Desbarolles, — que dans l'étude de l'écriture il est un fait capital qu'il ne faut jamais perdre de vue ; c'est que l'âme humaine est faite de contradiction et d'hésitation mal dessinées. Ce seront choses qu'il ne faudra point chercher à dissimuler si l'on ne veut tomber en pleine erreur.

De même que l'on voit souvent les goûts dépravés et vils se rencontrer dans les natures les plus richement douées, de même les cœurs les plus sincères auront leurs mensonges ; les plus puissants leurs faiblesses.

On peut d'abord classer pour ainsi dire les diverses écritures ou groupes assez généraux ayant un caractère commun.

Les natures froides et sévères se redressent

tandis que les natures sensibles s'inclinent et nous pourrons tout de suite conclure qu'une écriture inclinée, comme un peu abandonnée, indiquera la sensibilité spontanée ou irréfléchie.

L'écriture est-elle bien nette et presque verticale, espacée, régulière et lisible, nous conclurons à l'ordre, à la clarté, au réalisme. Si dans cette même écriture nous trouvons la ponctuation placée de façon méticuleuse et comme typographique nous ajouterons, calcul, précaution, minutie.

L'écriture, au contraire, est-elle ardente, avec des écarts brusques de plume, nous conclurons à l'action, au mouvement, à l'esprit entreprenant et actif.

Une écriture droite, serrée, mesquine, petite, comme sèche, indiquera l'avarice.

L'écriture calme et comme reposée, bien lisible et de même hauteur, régulièrement espacée, claire avec une inclinaison légère et gracieuse indiquera la sérénité, le calme, l'esprit du beau et le sentiment de la justice.

L'écriture au caractère gothique, claire et bien accusée, indiquera un tempérament de chercheur et de savant.

Terminée comme en pointe d'épée, — légèrement gladiolée. — l'écriture dénonce l'intelligence spontanée, l'habileté ; aussi la ruse et le vol.

L'écriture anguleuse, pour ainsi dire hérissée marquera l'esprit batailleur, la contradiction, la brusquerie, l'exigeance.

L'écriture inclinée au rebours de l'usage ordinaire, — quand elle n'est pas déguisée, — indique l'inertie, l'agacement ou le caprice.

Si l'écriture est ascendante elle indiquera l'ambition, la volonté énergique, l'activité, la persévérance : — descendante, elle marquera la faiblesse, le découragement, la timidité, la souffrance de cœur.

Ascendante et descendante en même temps elle indique l'inégalité du caractère. L'âme commence à s'élever puis, impuissante, elle s'affaisse et retombe.

La forme générale des caractères n'est pas seule d'ailleurs à donner des indications précieuses.

Autant peut-on tirer de l'allure des lignes d'écriture.

Quand les lignes sont régulièrement espacées avec ordre et netteté elles indiquent une nature droite, une âme ouverte incapable de la moindre dissimulation.

La ligne droite, sans sinuosité, indique l'honnêteté, la candeur d'âme, — la ligne onduleuse ou serpentine dira l'habileté cauteleuse du diplomate retors.

Si la ligne descend il y a défiance de soi, parfois même mélancolie.

Arrêtons-nous là pour les généralités et

voyons maintenant ce que l'on peut tirer des caractères eux-mêmes, des lettres.

L'égalité absolue des lettres, aussi hautes à la fin d'un mot qu'au commencement dira la franchise : franchise qui n'exclut pas l'habileté loyale dans les affaires de la vie non plus que la prudence ou la réserve.

Les lettres juxtaposées sans liaison de plume seront la marque caractéristique de l'invention de la poésie, elles indiqueront aussi l'esprit d'ordre et d'économie.

Si les lettres deviennent comprimées et basses ce sera le terre à terre. la peur instinctive des idées neuves ou audacieuses.

Les lettres qui paraissent distinctes quoique petites mais lisibles seront le signe de la finesse ; bien tracées et régulières dans chaque mot elles marqueront la candeur.

La finesse s'accuse encore dans le mélange de lettres plus grandes avec des lettres plus petites dans le même mot, mais avec une pointe de dissimulation.

Les lettres serrées, sans intervalles, montreront l'homme des petits détails, le calculateur méfiant.

Les lettres grandes, comme majestueuses, avec parfois de l'exagération, seront la marque d'un orgueil excessif.

Nous ne dirons qu'un mot des finales.

La finale longue indique la générosité, parfois même la prodigalité; — brusquement arrêtée, au contraire, elle sera le signe de la retenue, de l'économie.

Les finales ascendantes, terminant des mots ascendants indiquent la vivacité, l'emportement. la colère. Arrondies ou adoucies elles indiqueront une nature douce et bienveillante mais avec un peu de paresse ou de mollesse.

La finale anguleuse, c'est-à-dire formant un angle aigu avec la lettre dira la nature vive et obstinée. C'est le type à peu près universel des esprits tenaces qui ne cèdent jamais quand ils ont une idée bien arrêtée.

Si la finale s'arrondit mollement elle indiquera un esprit gracieux, une nature pour ainsi dire élégante, ayant le sentiment de la forme.

Les finales tronquées ou presque supprimées sont celles de l'avarice, — chaque fois que l'écriture se terminera par un angle droit ou aigu, bien net et accentué ce sera un signe de grande volonté.

Une lettre est fort caractéristique dans l'écriture ; c'est la lettre t et la facon dont elle est barrée peut donner d'importants renseignements.

Si la barre se trouve au plus haut de la hampe du t ce sera un signe de domination.

L'emportement se caractérise par la barre basse et prolongée allant quelquefois toucher les lettres placées au-dessous.

Si la barre du t est non seulement très haute

mais terminée à droite par une sorte d'écrasement de plume, ce sera un signe d'orgueil, surtout si l'écriture est droite, agacée et nerveuse.

Le t faiblement barré indique le manque de volonté ou de résolution. l'indécision.

Si la barre manque tout à fait, il y a faiblesse, découragement, manque de résistance à la domination extérieure.

Le point va nous donner les mêmes explications avec plus de détails en certains cas.

Le point léger, à peine indiqué part d'un cerveau peu hardi, d'une nature peu sensuelle; il y a manque de fermeté et de résolution.

Accentué d'un coup lourd de la plume, il donne le cerveau hardi et la volonté ferme avec des instincts de vie positive.— Pâteux, il accuse des goûts peu nobles et un grand penchant à la sensualité.

Remplacé par une espèce d'accent il dira les natures vives, les caractères vigoureux, les excès de force intellectuelle et physique. Quand il est remplacé par un trait bizarre ou excentrique il y aura comme un certain désordre cérébral, une sorte de folie partielle.

Le point sur l'i bien placé. ni trop haut ni trop bas dit l'attention, l'esprit de détail et de minutie jusque dans les plus petites choses. Le point très haut et à droite indique la vivacité, l'imagination, l'esprit primesautier et ardent.

Le point manquant sur l'i est signe d'inattention, de dédain ou d'indifférence. La même remarque s'applique au point qui termine la phrase. Il veut dire encore une nature à peu près sans défiance.

Enfin le point terminant une signature sans paraphe indique la défiance.

Le petit trait isolé, — quand on l'emploie pour séparer des membres de phrases, — indique la clarté et la lucidité d'esprit. Placé à la fin des phrases, il indique la précaution minutieuse contre la tromperie possible ; l'attention ou la prévision.

Le crochet dans les majuscules indique l'égoïsme ; le retour de la personnalité sur son moi.

Les longs crochets, en particulier ceux de la lettre D impliquent la variété ou la prétention, la conscience élevée que l'on a de sa personnalité.

Lorsque le crochet se contourne en volute, il devient une fioriture. Cette forme gracieuse des lettres indique toujours le désir d'être remarqué ; elle n est ni grave ni simple, et se rapporte à la recherche, au manque de simplicité. Cette forme élégante d'ailleurs n'est pas distinguée et semble accuser un degré de moins dans la valeur intellectuelle.

De précieuses indications résultent encore

de la forme et de l'emplacement des marges.

Un esprit économe et rangé, mais sans tendances artistiques ne laisse pas de marge. Si la marge est toute petite, ce sont les mêmes faits mais atténués.

Laisser une très grande marge à gauche est signe de prodigalité si les lignes sont composées de trois ou quatre mots. Dans une écriture plus tassée la très grande marge indique des goûts de vie distinguée.

La marge irrégulière indique le manque d'ordre, l'insouciance du détail, l'irrégularité,

La grâce et la simplicité harmonieuse se traduisent par des marges des deux côtés. Les blancs en haut et en bas sont un indice de goûts élevés un peu mélangés d'originalité.

En règle absolument générale on peut dire que : Les écritures de toutes les natures puissantes et complètes ou géniales ont un cachet normal et comme harmonique.

L'individu s'approchera davantage de ces qualités tandis que son écriture sera plus près de ces caractères.

Toutefois, pour juger bien et sûrement un individu sur sa manière d'écrire, il est nécessaire d'avoir sous les yeux plusieurs pages distinctes écrites à plusieurs époques et en diverses circonstances.

L'habitude de voir des tableaux ou des dessins apprend à distinguer les écoles et à reconnaître les maîtres d'après leurs œuvres. Pourquoi, dit M. Delestre ne pourrait-on pas se familiariser avec la connaissance des caractères par l'étude de l'écriture.

La signature surtout est intéressante et c'est là une véritable affirmation de l'individu.

Moins l'art de la calligraphie est cultivé d'ailleurs, et plus seront précis et certains les renseignements donnés par l'écriture.

Ajoutons, et pour finir, que l'on peut modifier à son gré son écriture mais qu'il en perce toujours quelque chose dans le manque d'assurance de la plume, aussi bien que l'on reconnait le mensonge au timbre indécis de la voix.

II

DE L'EXPRESSION DU VISAGE

Il est un fait incontestable, — intuitif même, — c'est que le caractère de chaque individu est comme réflété, au moins en partie, sur son visage, — ou mieux l'expression de son visage, — sa physionomie.

Combien de sympathies ou d'antipathies profondes et durables, naissent et existent entre deux êtres dès leur première rencontre, suivant que la figure de l'un plaît ou ne plaît pas à l'autre, — en dehors de toute considération de plastique ou de beauté.

Dans son remarquable ouvrage *De la physiognomonie*, M. Delestre fait, avec juste raison, la remarque que la tête est, de toutes les parties du corps, la plus noble, celle qui porte comme le sceau du pouvoir intellectuel par lequel seul s'établissent les ascendants d'être à être, les immuables et complètes dominations ou soumissions.

C'est à l'aspect du visage que les hommes se reconnaissent, la tête est le criterium de l'individu, qui distingue entre eux les membres divers de la grande famille humaine, établit la différence ou la ressemblance, fixe et détermine en quelque sorte l'individualité.

On ne saurait donc trop s'attacher à l'étude de cette partie du corps, prêter trop d'importance aux indications nettes et précises que l'on peut tirer de la conformation générale et de l'allure d'une tête humaine.

Une tête ni trop petite ni trop grande, en proportion normale avec le reste du corps, — telle à peu près que l'ont déterminée les peintres et sculpteurs de l'antiquité, en se reposant uniquement sur des considérations d'esthétique pure, — sera presque toujours l'emblème d'un caractère, sinon parfait, au moins d'une pondération et d'un équilibre à peu près absolus.

Le volume trop exagéré de la tête indique en général un penchant à la grossièreté.

Une tête trop petite est un signe de faiblesse.

La tête ne doit être ni trop arrondie, ni

trop allongée ; la perfection de la tête réside dans sa régularité.

Une tête trop allongée est l'indice d'un caractère curieux, vain, d'une crédulité extrême et d'un penchant insurmontable à l'envie.

L'homme qui porte la tête penchée vers la terre sera constant et sage. Si, au contraire, il tourne la tête en tous sens comme une girouette légère on pourra sans crainte lui attribuer un caractère présomptueux fait de légèreté et de médiocrité.

Un autre portera la tête relevée et presque penchée en arrière, — il garde devant les autres un silence orgueilleux ou répond aux paroles qu'on lui adresse d'une voix brève et comme tranchante, il sourit froidement et fronce les sourcils d'une façon presque méprisante, au moins arrogante ; celui-là sera assurément un entêté et un orgueilleux ; sans doute encore un menteur, un fourbe et un avare.

Le développement du front dans la tête indique la noblesse des sentiments et des penchants : la sentimentalité se marque surtout par le développement de la partie postérieure de la tête.

Le développement de la région comprise au-dessous des tempes et autour des oreilles marque la prédisposition à s'occuper du monde matériel et à sacrifier toutes choses à la sensation ou à la jouissance brutale.

D'après M. Desbarolles, une tête en forme de poire indiquerait la grande prédominance des besoins matériels, des impulsions pour ainsi dire intuitives sur la réflexion et l'intelligence.

Il n'y a dans une pareille tête ni poésie, ni idéalité ; la prédominance ne s'accuse que du côté de la bouche, organe de la gourmandise, organe aussi de sensualité et emblème d'amour matériel.

Les hommes au tempérament complet, au caractère sain et bien équilibré ont la tête ronde, sans apparence d'organes prédominants car ils possèdent à peu près au même degré toutes les aptitudes dont se compose une individualité humaine.

C'est d'ailleurs la remarque générale faite par tous les physiologistes et tous les phrénologues dont les études expérimentales confirment ce que le raisonnement seul permet de prévoir.

Dans une tête humaine, la partie supérieure, le front, — seule partie non recouverte de cheveux et en contact immédiat avec le cerveau, — est assurément le point où se lisent le mieux les aptitudes et aspirations de l'âme.

Pour peu que l'on ait l'habitude de voir les hommes, de les étudier et de discuter leur caractère on y verra se refléter comme en un miroir fidèle tous leurs penchants ou leurs vices, — toutes leurs passions.

Il n'est pas rare de voir un physionomiste habile et bien doué, deviner et préciser, à l'inspection seule du front, les nuances les plus subtiles d'un caractère humain.

On peut distinguer trois sortes générales de fronts. Les fronts proéminents et comme penchés en avant, les fronts verticaux ou droits et les fronts penchés en arrière ou fuyants.

Le front fuyant est en général l'indice d'une imagination assez active, d'un esprit vif aux idées délicates et nuancées, mais avec, en général, une grande timidité et une grande douceur.

Un front proéminent, dont la partie supérieure semble surplomber les sourcils et le reste de la face, — conformation contraire à la précédente, — indiquera en général les aptitudes et les aspirations opposées. L'homme qui a un front semblable a généralement l'esprit borné, l'imagination lourde ; — aussi l'arrogance ou la brutalité. En résumé, un caractère détestable à moins que ce défaut de conformation ne soit racheté par d'autres signes plus favorables.

Le front vertical et droit des sourcils aux cheveux est en général d'un mauvais augure ; les lignes droites sont déplaisantes à la nature et il est fort rare qu'un homme ainsi fait possède quelque capacité intellectuelle ou quelque esprit.

Le front du penseur, de l'homme sage et profond est en général droit jusqu'aux deux tiers de sa hauteur et au dessus s'arrondit ensuite insensiblement vers le haut de la tête.

Un front très élevé surmontant un visage allongé, terminé par un menton qui s'allonge en pointe sera en général le signe indiscutable de la nullité presque complète des moyens, de l'ineptie.

Le naturel querelleur et opiniâtre se caractérisera par un front osseux. Ce front en même temps chauve sera l'indice d'un caractère grossier.

Un œil franc, regardant bien en face et sans effronterie, au-dessous d'un front carré et large marquera la sagesse et aussi le courage.

Les contours arrondis du front indiquent un caractère simple, une âme délicate et faite de bonté.

Si le front est arrondi, saillant par le haut pour descendre perpendiculairement sous l'œil, s'il paraît moins élevé que large, on devra conclure à un cœur froid mais à un caractère de jugement sûr. L'homme qui aura un tel front possédera encore de la vivacité dans l'idée et une mémoire précise et fidèle.

On ne peut avoir que de la défiance devant un front irrégulier, court, noueux, ridé ou plissé de façon toujours divers avec des inclinaisons de côté sans esthétique.

La peau fortement tendue sur un front allongé, la peau sans ride, unie et qui ne se détend aucunement même sous l'impression d'une joie extraordinaire ou d'une douleur brusque et violente, indiquera toujours un caractère soupçonneux et caustique, fait de froideur, rebelle à la générosité et rempli de prétentions outre-cuidantes.

Quant au front bombé dans le bas, au-dessus immédiatement des sourcils, il indique la notion de la localité, l'amour des voyages. Bombé au milieu ce sera la mémoire des faits, l'esprit historique ; — bombé dans le haut. — esprit philosophique, comparaison, causalité.

Telles sont les opinions générales des maîtres de la science physionomique et des phrénologues, ce que l'on retrouve dans les ouvrages de Porta, de Lavater, d'Albert Le Grand et de tant d'autres qui ont discuté ces faits et écrit sur cette matière.

C'est sur le front en général que se remarquent les rides. Voici à ce sujet ce que dit Delestre :

« Les rides sont au front ce que sont les plis à la surface de l'eau ; elles montrent la force d'un souffle extérieur ou d'un mouvement intérieur. Des deux côtés il y a trouble ; — seulement la trace en demeure chez l'homme, elle s'efface sans retour sur l'onde avec la cause de l'agitation. »

Le front sans la moindre ride indique presque toujours une âme superficielle et un caractère froid. Les femmes, comme les jeunes gens ont souvent le front poli comme une glace. Les soucis de l'existence, les émotions, les travaux de l'esprit ne l'ont pas encore sillonné ou bien il s'est trop épanoui sous l'influence du bonheur insouciant.

Les rides parallèles, horizontales et rapprochées des sourcils indiquent l'attention, la réflexion profonde. Si au contraire les rides se portent vers la racine des cheveux elles sont l'indice du dédain et de la fierté.

Un front uniformément couvert de rides épaisses indiquera la paresse et la grande nonchalance.

Des rides entrecroisée dans tous les sens sont l'apanage d'un original, d'un fou ou d'un imbécile.

Les rides verticales placées à la racine du nez et entre les sourcils sont, d'après le docteur Belouino le résultat d'habitudes de réflexion sérieuse, de pensées profondes et absorbantes à moins qu'elles n'indiquent des idées de haine et de vengeance.

On peut sur ce sujet consulter avec fruit le traité *Des Passions*.

Parmi les parties de la tête et du visage, il en est une pourtant qui semble plus parfaite, plus expressive que toutes les autres ; c'est l'œil, qu'un auteur n'a pas craint d'appeler avec juste raison *Le joyau de la nature animée.*

Et cependant, que de multitudes d'individus naissent, vivent et meurent sans se douter seulement des merveilles et des prodiges de la vision.

C'est à bon droit qu'on a appelé les yeux, des fenêtres ouvertes sur l'âme, car c'est en eux, alors même que la bouche veut mentir, que la vérité vient briller.

Il est bien rare que l'œil soit capable de mensonge, et l'on voit peu de criminels ou de fripons qui sachent et qui osent regarder bien en face.

Leur regard toujours baissé ou détourné a quelque chose d'indécis qui les dénonce et les trahit : aussi ont-ils soin toujours de ne regarder que comme à la dérobée.

La timidité donne des yeux baissés avec une grâce facilement reconnaissable. la fierté élève les yeux vers le ciel et la bonté les incline vers la terre.

La colère les rend menaçants, les emplit d'une flamme cruelle ; l espérance les dirige doucement vers le haut tandis que l'amour les faits brillants quoique légèrement voilées et comme un peu projetés en avant.

Les yeux très gros et ronds sont le signe assez général de facultés intellectuelles très médiocres

Quand ils sont très bleus, d'un bleu clair, et très grands. ils marquent une conception étendue et facile. Ils sont aussi l'indice d'un caractère soupçonneux, difficilement maniable, mais encore d'une grande sensibilité.

Les yeux humides, voilés et largement fendus indiqueront une sensibilité profonde; —petits ronds et perçants ils seront l'indice de la ruse, de la prédisposition à la raillerie et à la satire.

Les yeux noirs, brillants, marquent un esprit fin enclin à la gaieté.

Les yeux d'un gris bleuté ou bleus sont des yeux de douceur, d'aimable sensibilité. Les yeux verdâtres sont ceux des gens irrascibles et hargneux.

Un esprit courageux et viril sera caractérisé par les yeux bruns qui marqueront aussi la vivacité et parfois la colère.

On voit déjà maintenant les précieuses indications que fournissent les yeux, rendus brillants par l'intelligence ou le génie, — aussi par l'avidité ou le désir de posséder et d'acquérir, — encore par la luxure ou la débauche.

Mais il y a mieux encore et c'est surtout dans l'expression du regard que se révèle le mieux l'état de l'âme.

Le docteur Belouino dit que les yeux toujours vifs et brillants tiennent cette qualité bien plus de la constitution même de l'individu que de l'expression de sa pensée. L'âme ne peut être dans cet état perpétuel d'exaltation que traduit extérieurement le feu du regard.

Cependant, l'œil toujours terne et comme glacé ne peut appartenir qu'à un homme incapable d'émotions passionnelles et ne possédant aucune activité d'intelligence.

L'œil qui s'allume et brille sous la moindre influence extérieure ne peut être que celui d'un homme absolument superficiel ou doué d'un esprit qui vise d'une façon constante à l'effet.

L'homme, dont l'œil toujours sec ignore à jamais la larme même non épanchée est un incapable d'amour sincère, un sans cœur qui n'a aucun droit à l'affection de ses semblables. Nul ne conteste d'ailleurs la puissance irrésistible des larmes devant qui chacun cède et s'incline surtout quand pleurent de beaux yeux dans un jeune et joli visage.

Les larmes, a-t-on dit, sont tout en même temps la lance et le bouclier des femmes.

Elles sont l'indice de la joie intense ou de la grande douleur ; elles coulent tantôt au souffle du bonheur, tantôt aux brutalités d'une douloureuse infortune Désarmant la colère ou bien implorant la pitié, elles sont parfois communicatives et plus d'un souvent pleure, rien que de voir pleurer.

C'est la grande harmonie du cœur qui toujours trouve son écho près d'elle et fait vibrer à l'unisson le cœur d'autrui.

Si l'on sait lire dans l'œil la froideur glaciale d'un cœur endurci, la stupidité d'une âme imbécile ou bestiale on y peut trouver aussi le bonheur, la jouissance, la joie ou le plaisir.

Une âme endormie souvent s'éveille, une existence entière se vivifie et se poétise d'un regard dont jamais ne s'oublie la délicate et profonde caresse.

Après les yeux, ce sont tout de suite les sourcils qui frappent et impressionnent plus que n'importe lequel des autres traits du visage.

Dans un ouvrage intitulé *Le petit Lavater français*, Alexandre David dit avec grande raison que les sourcils sont une ombre dans le tableau, — une ombre qui relève les couleurs et accuse les formes.

Les sourcils droits et tracés en ligne horizontale sont, — d'après Lavater, — l'indice d'un caractère mâle et sage ; c'est-à-dire qui n'agit qu'à bon escient et sans se laisser influencer par les phénomènes extérieurs. C'est le caractère de l'homme qui se consulte d'abord, écoute les autres ensuite s'il y a lieu et prend un parti bien déterminé après. C'est le caractère de l'homme qui, — doutant de la force ou de la sincéri.édes autres, — a confiance en lui-même et n'admet qu'après preuves les indications qu'on lui apporte du dehors.

La bonté ingénue réunie à la force de l'esprit sera marquée par des sourcils moitié courbés, moitiés droits. Les sourcils entrecoupés et anguleux sont la marque d'un esprit productif d'une grande activité.

La force et la vigueur sont caractérisées par des sourcils épais et bas ; qui, quand ils seront minces et plats, indiqueront un manque d'intelligence.

Les natures d'élites aux aspirations et aux sensations délicates ont des sourcils fins et soyeux.

Les sourcils buissonneux, comme les appelle

Delestre, les sourcils indociles sont ceux d'individus à rude écorce, farouches, rebelles à la discipline, qui se trouvent eux-mêmes hors de place parmi les gens polis et amis des délicatesses de forme.

Les sourcils rapprochés l'un de l'autre et touffus indiquent la direction opiniâtre vers un but fixe et déterminé.

La timidité, la douceur, la faiblesse sont accompagnées de sourcils écartés.

Si les sourcils se renflent au niveau de l'angle externe de l'œil ce sera preuve d'un esprit de calcul ; le renflement situé au milieu dénote le goût musical.

Les sourcils irréguliers et mobiles sont ceux d'un homme facilement et vivement agité par la passion ; chez un homme froid et calme ils présenteront les caractères opposés et seront réguliers, bien tracés et fixes au dessus du visage impassible.

Dans le traité *Des passions*, le docteur Bélouino mentionne et remarque que dans la joie comme en général dans toutes les passions expansives les sourcils se dilatent, s'élèvent ou s'écartent ; ils se crispent au contraire, se resserrent et s'abaissent sous l'influence des passions tristes ou haineuses.

Les sourcils ont en général la même teinte que les cheveux. On voit cependant des hommes à cheveux tout blancs et ayant encore les soucils très noirs ; il en faut conclure que chez ces individus la diminution progressive de la force physique n'a point emporté la vigueur morale qui subsiste avec toute son énergie.

Pour en finir avec les yeux et la région du visage qui les avoisine immédiatement nous dirons un mot encore des paupières.

La paupière supérieure presque horizontale sur l'œil où elle coupe diamétralement la prunelle est en général dans l'homme l'indice certain d'un tempérament adroit et rusé.

Quand au contraire elle décrit un plein ceintre, une sorte de demi cercle, elle indique une bonne nature faite surtout de délicatesse et souvent même de timidité.

Les paupières d'un dessin très accusé qui sont peu larges et à peu près parallèles, montrent-elles un œil assez grand, transparent et ouvert, brillant d un feu mobile et rapide; il faut conclure à une notion exacte, vive et comme intuitive du goût et de l'élégance mais à un caractère orgueilleux et plutôt enclin à la colère.

De la forme du nez et des rapports de cet organe avec le visage il est facile de conclure les dispositions naturelles de l'individu, les points fondamentaux pour ainsi dire de son caractère.

Un nez dans le prolongement direct du front ne présentant à sa racine aucune trace d'inclinaison ou d'enfoncement au-dessous de la jonction des arcades sourcillières, ne peut appartenir à un individu ayant quelque noblesse de sentiment ou quelque grandeur d'esprit.

Lavater, dans ses *Etudes sur la Physionomie*, observe qu'un nez à la racine très large est l'indice de qualités supérieures. Il ajoute d'ailleurs que cette forme, assez rare même chez les grands hommes, est un criterium d'une infaillibité certaine.

Le nez courbé dans le haut de la racine indique un caractère impérieux et tenace, ferme toujours dans ses projets et ardent à poursuivre leur réalisation.

Le nez vertical ou perpendiculaire ou s'approchant de ce type est l'indice d'une âme active et énergique qui peut à l'occasion supporter tranquille la souffrance.

Quand le nez se creuse à la racine, il y faut voir un signe certain et jamais trompeur de mollesse ou de faiblesse. Le caractère poëtique — c'est-à-dire enclin aux excès d'imagination, — s'accuse par une bosse sur le milieu du nez.

Le nez court et plat, celui que l'on appelle nez camus ou nez camard indique la légèreté et l'insouciance. Le nez droit marque certainement la fermeté calme, l'énergie dans la souffrance.

Un nez aquilin, légèrement arqué, est un indice de puissance dans la volonté et dans la pensée ; il indique la force du caractère. Les ambitieux visant à dominer les autres, à les commander ou à les asservir, les chercheurs de grands problèmes, les avares et en général tous les hommes au tempérament fortement trempé ont été doués de cette forme de nez.

M. Delestre fait à ce sujet une curieuse remarque. Il observe que si le nez aquilin indique par sa forme même la puissance dans la direction vers un but déterminé, le bout de ce nez en indiquera le moyen.

Le nez terminé en pointe fine est un indice de pénétration d'esprit, de science et de rouerie diplomatique Le nez terminé en forme ronde indique la franchise des procédés qui peuvent être parfois violents, jamais hypocrites ; il marque aussi la générosité de l'âme et de l'esprit

Le nez qui s'épate en s'inclinant vers la bouche est un indice de luxure et de gourmandise il indique aussi la prédisposition aux violentes passions et se modifie peu avec l'âge. Il est difficile de réprimer ses tendances ou la mobilité du caractère qu'il décèle. C'est le nez qui se rapproche le moins des mœurs civilisées et aussi celui que l'on rencontre plutôt chez les sauvages.

Le nez court et obtus dénonce un esprit simple et facile à entraîner dans la duperie.

Petit, mobile, maigre, le nez indique un irrésistible penchant à la moquerie.

Un nez charnu, épais et gros serait l'indice certain d'une constitution lymphatique. tel est l'avis du moins des docteurs Belouino et Carus.

Le nez uni, poli, aux ailes immobiles, fixes et peu écartées indique un cœur froid et un esprit étroit ou borné :

Les ailes vibrantes, minces et écartées sont un sûr indice de sensualité et de volupté.

Le caractère affectueux se marque en général par un nez retroussé. Rouge et bourgeonné, le nez est un indice de débauche et d'ivrognerie.

Sous l'influence de la honte ou de la pudeur il est assez général que le nez se couvre subitement d'une vive rougeur.

La bouche est le siège du sourire signe presque certain de la bonté du cœur, gracieux indice du bien être de l'âme.

« La bouche a une éloquence propre »; — quand elle est régulière, bien faite. aux bords roses et comme fleuris de santé. elle indique ordinairement un caractère bon et honnête, un cœur franc et bien placé.

La bouche flétrie. irrégulière et grimaçante est celle d'un individu dominé et souvent même dégradé par les passions

Une bouche béante d'une façon continuelle est une indice de bêtise ou de stupidité : — contractée elle marque la fierté. la suffisance et la ruse, parfois même des penchants à la méchanceté ou à la cruauté.

La bonhomie se caractérise par des lèvres grosses et épaisses

Les lèvres minces sont celles de la régularité et de l'ordre, elles indiquent une prédisposition d'esprit à l'égoïsme et à la ruse ; d'après le docteur Belouino ce sont les lèvres des préjugés.

Un curieux proverbe chinois s'exprime ainsi:

« Regardez le front d'un homme pour savoir ce qu'il deviendra ; regarde sa bouche à l'état de repos pour savoir ce qu'il est devenu ».

La bouche, dit le docteur Carus, suit les mouvements des sourcils ; — comme eux elle s'élève où s'abaisse.

Les grandes lèvres, retrécies, minces et tirées sont celles d'individus à l'âme froide et comme absente. Les poètes ont des lèvres aux formes rondes et élégantes, les entêtés les ont bien accusées et pleines de sécheresse.

Les lèvres fortes sont celles des viveurs et des flegmatiques. Desbarolles dit cependant que le viveur a la lèvre rebondie et le flegmatique la lèvre molle et pendante.

La lèvre supérieure sera l'organe de la sensibilité, la lèvre inférieure s'intéresse davantage à la réception de la nourriture et beaucoup moins à traduire les affections de l'âme.

La bouche souriante et comme persuasive est celle qui prend le plus haut rang dans le monde matériel.

La satisfaction intérieure, la joie se manifestent par le rire. L'homme qui rit continuellement ne peut-être que d'esprit épais et lourd. La satisfaction matérielle, la grosse joie se manifestent par un rire éclatant.

Le sourire est plutôt l'apanage de l'homme d'esprit et de goût, le sourire est en quelque sorte le rire de l'intelligence ; il tient souvent à la bonhomie, à la bonté et quelquefois sert simplement de masque à la ruse et même à la perfidie.

Coquelin Cadet, qui écrit un livre sur *Le Rire*, et qui est aussi un maître en l'art de faire rire, dit quelque part qu'on a beaucoup écrit sur le rire, mais qu'on n'a pas déterminé exactement ce qui fait rire

Les choses tristes, reconnaît-il d'ailleurs, quand elles font rire, font bien plus rire que les choses gaies et les comiques tristes ont toujours obtenu des succès d'hilarité bien plus grands que les comiques gais.

Le rire excité par un tempérament de gaieté se propage peu à peu ; s'étend par degrés dans la salle ; c'est un crescendo continu.

Le rire qui part dans le public sous l'influence d'un tempérament lugubre est au contraire soudain comme une explosion, et il en faut voir la raison dans ce fait que l'étincelle qui allume ce feu de grosse joie est inattendue.

Le milieu dans lequel on se trouve,— dit encore Coquelin Cadet, — la digestion, l'atmosphère que l'on respire, ont une influence considérable sur le rire.

Les gens qui ont la colique ne rient pas, non plus ceux qui souffrent de l'estomac. Pour bien rire, rire vraiment, il est nécessaire d'être bon et de se bien porter ; c'est le châtiment des méchants de ne pas rire.

Le rire part, — peut-on dire, — de l'entresol de l'individu, mais son siège est dans le cerveau. Ils rient volontiers ceux dont la constitution intellectuelle est bonne et solide.

Il n'est pas fort commode de rire à se tordre ; et pourtant tel est l'idéal de bien des gens. — presque de tout le monde ; — et ce parce que le rire est conservateur de santé, hygiénique et guérisseur des maux. Il fait épanouir la rate, active l'organisme et rassénère le cerveau.

Le rire a d'ailleurs une personnalité nette, et il y a autant de rires divers que d'individus. C'est en quelque sorte la signature morale de l'homme, un criterium de son caractère et de sa santé et nul ne conteste que les vieillards ne rient pas comme les enfants.

Telle chose fait rire un homme et n'influe en rien sur un autre.

Les dents que découvre le rire parfois, ont aussi des rapports immédiats avec le caractère.

Longues, elles indiquent la timidité ; — courtes et petites elles dénotent un tempérament faible ou une constitution peu robuste.

Les dents larges, épaisses et fortes seraient, — d'après Aristote déjà, — l'indice d'un fort tempérament, et présageraient une longue vie.

Les dents bien rangées, propres et blanches. sont l'indice d'un cœur honnête et bon, d'un esprit doux, poli.

L envie se marque par des dents irrégulières.

Cadre inférieur de la bouche et comme fin du visage, le menton accuse aussi les caractères.

Le menton ferme, osseux représente l'action sur la matière, la raison.

Mou, charnu, double et comme à deux échelons il indique la sensualité.

Froideur, sécheresse d'âme, égoïsme en un mot sont caractérisés par un menton plat.

Le menton avançant au-dessous d'une bouche rentrante donne de la noblesse à la physionomie.

Le menton pointu et en saillie dénote un esprit de sarcasme et de raillerie.

Le menton rentrant en arrière est celui d'un individu tranquille et doux.

Le tempérament résolu, judicieux et rassis se marque par une coupure médiane en forme de profonde incision.

La timidité se caractérise par le menton petit et en retrait sur la face.

Un menton épais et gros est l'indice certain d'une intelligence lourde et épaisse.

Ce sont généralement les gens ainsi conformés qui méritent l'appellation, figurée de « Ganache. »

Les joues, ainsi que le disait fort bien Alexandre David, forment en quelque sorte le sentiment de la physionomie.

Les joues charnues, sont-celles d'un tempérament humide : les joues rétrécies, maigres, au contraire, n'indiquent que la sécheresse de caractère.

Des lignes légères, mollement ondulées se

découpant sur les joues sont l'indice d'un esprit sage et fin, propre à l'expérience.

Des traits sillonnants et grossiers sont un signe de rudesse ou de bêtise.

Enfoncées et comme creuses, triangulaires et légèrement soulevées vers le haut de la figure et du côté des yeux elles semblent garder la marque d'un habituel sourire et sont le signe d'un naturel affable et aimant servi par un cœur sensible.

« Le penseur absorbé par une idée fixe a le cerveau plein et les joues creuses. Cicéron s'amaigrit en songeant à Catilina. »

C'est sur les joues en général que se remarque le mieux la nature et la couleur du teint, d'où nous tirerons encore de précieuses indications.

Un teint jaunâtre et comme brun est l'indice d'un tempérament bilieux.

Le tempérament sanguin est caractérisé par un teint vermeil. La conception est prompte, l'imagination active et gaie, la mémoire bonne et fidèle chez de tels individus qui sont en général doués d'une sensualité qui les porte vers les plaisirs.

Chez les bilieux au contraire le caractère est dominé par une ambition très grande et comme personnelle

On demandait un jour à la fille d'Aristote, — Pithia, — quelle était sa couleur préférée sa réponse fut la suivante : « Celle que la pudeur fait naître sur les joues de l'innocence. »

De chaque côté de la tête, flanquant la face on remarque les oreilles souvent très caractéristiques.

Chez les individus distingués et spirituels, d'une judicieuse sagesse, l'oreille est en général moyenne de taille et bien arrondie sur ses contours, l'épaisseur en est ordinaire sans excès de force ou de faiblesse

Les petites oreilles sont un signe de timidité ; grandes au contraire, charnues et plates elles sont l'indice d'un esprit lourd et obtus.

Les oreilles lisses et immobiles indiquent la froideur, l'insensibilité, l'égoïsme.

Mobiles, minces et détachées de la tête elles dénotent une intelligence simple et vive, l'indépendance de caractère, la spontanéité d'impulsion et le courage.

Supportant la tête, le cou en subit l'influence. Mince et long, il apppartient à un individu faible ; chez un homme actif, courageux et fort le cou est gros et charnu.

D'après Delestre, le cou raide est l'indice d'un caractère qui s'apprécie et s'estime lui-même, d'un présomptueux qui a le tempérament tenace et l'habitude de commander.

Les voluptueux ont un cou qui se gonfle et s'arrondit gracieusement lourd.

Les modifications du tempérament se tracent et s'impriment facilement sur le cou et, selon le caractère prédominant de l'être, il devient et demeure, mou ou ferme, d'une musculature délicate ou brutale ; il prend l'épaisseur apoplectique, ou s'amaigrit et s'étiole.

Voici d'ailleurs ce que dit, *Le petit Levater Français* :

« Tantôt son attitude noble et dégagée annonce la dignité de la condition, tantôt, en se courbant. il exprime la résignation du martyr, et tantôt, c'est une colonne emblême de force.

« Enfin, ses difformités. son enfoncement dans les épaules sont des signes caractéristiques et pleins de vérité. »

Pour en finir avec la tête et la figure il nous reste à parler des cheveux.

Les cheveux rudes ou crépus sont un signe certain d'apreté dans la lutte,—de force Ils sont plus fréquents dans les climats. extrêmes. Si les cheveux sont doux et fins, ils indiquent la timidité, la délicatesse, la faiblessse de l'organisation.

Les cheveux noirs se rencontrent chez les individus mélancoliques, au tempérament bilieux ou nerveux.

Les tempéraments sanguins et bilieux ont souvent des cheveux châtains ; tandis que le sanguin flegmatique a l'apanage du blond foncé.

Le blond vrai est l'indice d'une constitution frêle et délicate.

Entre ces diverses nuances est toute une gamme chromatique decouleurs que l'on interprête par une sorte d'interpollation morale basée sur les documents fixés ci-dessus.

Nous terminerons ce bref aperçu par quelques notes sur ce que Lavater appelle *le tempérament*.

On désigne sous ce nom les états qui résultent dans l'individu vivant des proportions de ses organes constituants dans leurs rapports avec l'état de santé.

On peut fixer de façon précise d'ailleurs les caractères moraux et physiques de chaque tempérament.

Le tempérament sanguin présente au moral une conception rapide, une imagination active, une mémoire fidèle avec de l'inconstance, de la légèreté, l'amour du plaisir et l'horreur des travaux d'application.

Au physique, le pouls est vif, régulier, rapide. Physionomie animée, teint vermeil. La taille est plutôt grande, aux formes douces, mais bien dessinées par des chairs fermes. Peu d'embonpoint et des cheveux châtains ou blonds.

Les gens de tempérament bilieux ont des passions violentes, ils sont courageux, actifs, propres aux travaux appliqués et possèdent un caractère ferme et inébranlable.

Leur pouls et dur, fort, rapide, les veines saillent fortement, le teint est jaunâtre et les cheveux noirs. Peu d'embonpoint encore, mais des chairs fermes et des muscles bien accusés.

Les mélancoliques sont inquiets, soucieux et chagrins Ils ont un naturel timide, soupçonneux et jaloux. Leur pouls est dur encore, le teint foncé, les cheveux noirs et plats, les mouvements assez lents et la taille grêle et élevée.

Les nerveux sont sensibles avec beaucoup de variété dans les idées, les affections et les jugements. — Ils sont maigres, avec des muscles amollis et gros ; ils se fatiguent au moindre effort un peu violent.

Le tempérament pituiteux ou flegmatique donne des pensées peu actives, pas d'imagination, mais une patiente persévérance et beaucoup de circonspection. Les chairs sont molles ou flasques, le teint pâle et comme décoloré, — cheveux cendrés ou blonds — pouls lent, faible et mou ; formes rondes et peu expressives.

Les athlètes au tempérament musculaire sont courageux, mais sans intelligence ni sensibilité. La tête est en général petite, les épaules larges et le cou court. Les muscles très développés et la poitrine large et saillante.

Le tempérament se modifie d'ailleurs sous l'influence d'un grand nombre de causes et quelquefois s'altère d'une façon complète. Il y a donc lieu de distinguer entre le tempérament naturel tel que l'avait établi la constitution primitive et le tempérament consécutif et acquis, qui provient de causes diverses que nous allons énumérer.

Il faut d'ailleurs les distinguer en deux classes : Causes physiques et causes morales.

Parmi les causes morales, citons : le genre d'études, les habitudes morales, l'éducation, les exemples ; — nous verrons comme causes physiques : l'âge le sexe, le climat, le régime le genre d'occupation matérielle et les habitudes physiques

Bichat fait d'ailleurs remarquer non sans ingéniosité, quel rapport intime existe entre le tempérament et les passions.

L'individu dont le poumon est grand et qui jouit d'une circulation puissante a l'affection impétueuse et se trouve enclin à l'emportement et à la colère, mais aussi au courage.

L'envie et la haine sont plutôt caractéristiques du tempérament bilieux tandis que les passions calmes et indolentes sont l'indice d'un tempérament plutôt lymphatique.

III

LA PHRÉNOLOGIE

Avant d'indiquer très rapidement les principes de la Phrénologie, ou détermination des aptitudes et des qualités de chacun d'après la forme de son crâne, ce nous est une nécessité, — un devoir au moins, — de mentionner le docteur Gall, fondateur de cette science à laquelle il consacra sa vie toute entière.

Le docteur Gall, naquit à Tieffenbrunn dans le grand duché de Bade en 1758, et mourut à Paris en 1828, à l'âge de 70 ans.

Il nous a laissé comme œuvre intéressante et dont il faut conseiller la lecture, le récit de ses premières impressions et de ses premières observations. Il nous met ainsi en état de suivre le développement d'une doctrine dont la découverte est à elle-même une preuve de plus à ajouter à celles sur lesquelles elle est fondée.

L'origine de son idée de Phrénologie fut celle-ci.

Studieux par nature, Gall tout jeune encore remarqua que, chaque fois qu'il se trouvait avec de nouveaux camarades, il était sûr d'avoir des rivaux redoutables pour leur mémoire, dans ceux qui avaient de gros yeux à fleur de tête.

Ce fut là l'origine de toutes ses études approfondies. Un procédé curieux d'études qu'il employa souvent est celui-ci :

Il faisait venir chez lui des gens, les servait bien et les faisait boire en abondance ; puis il provoquait leurs confidences, et étudiait leur caractère en même temps qu'il notait les particularités de forme de leur tête.

Il étudia aussi les têtes des animaux et sur-

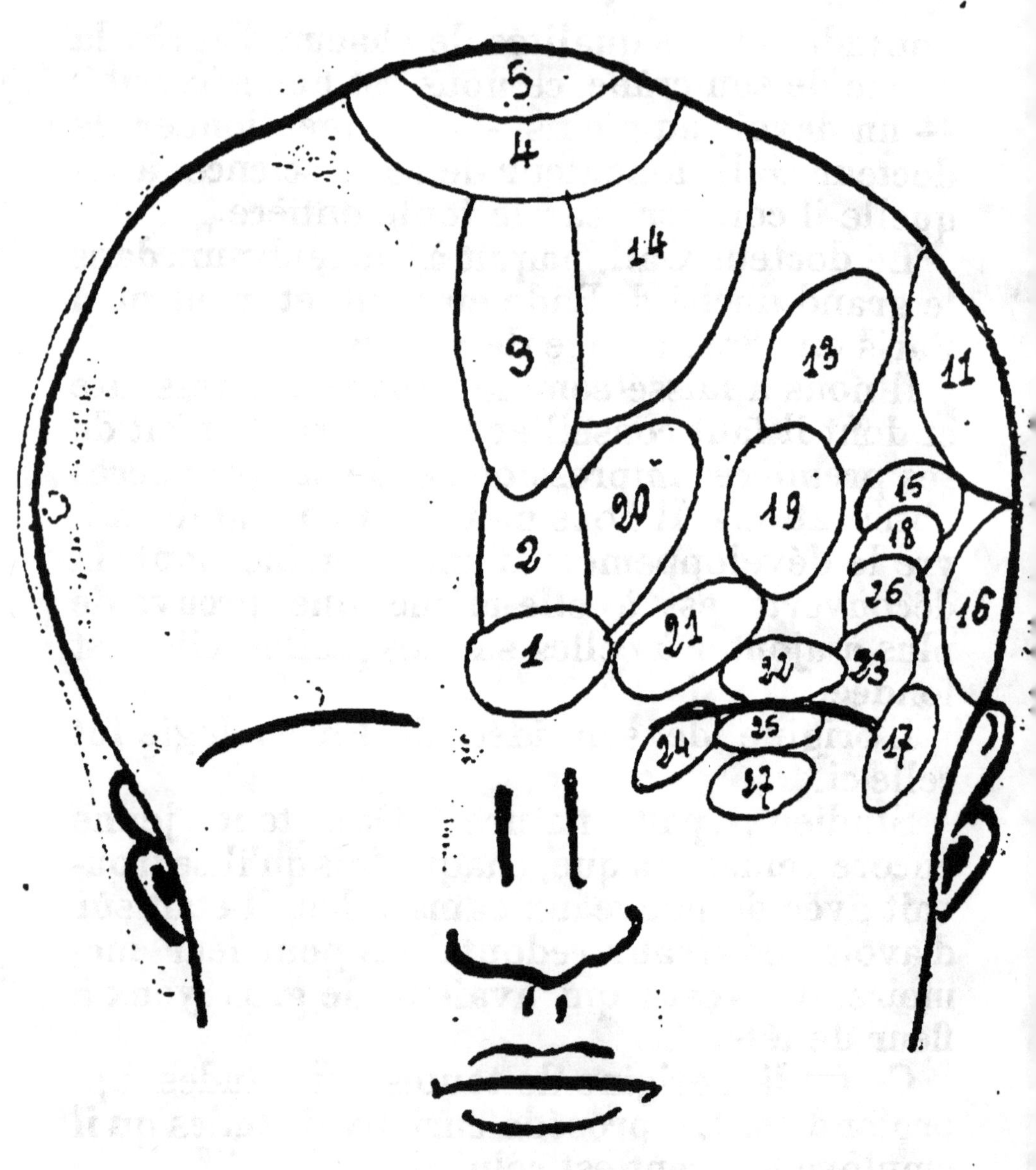
5
4
14
3
13
11
20
19
15
18
2
26
16
21
1
22
23
25
24
17
27

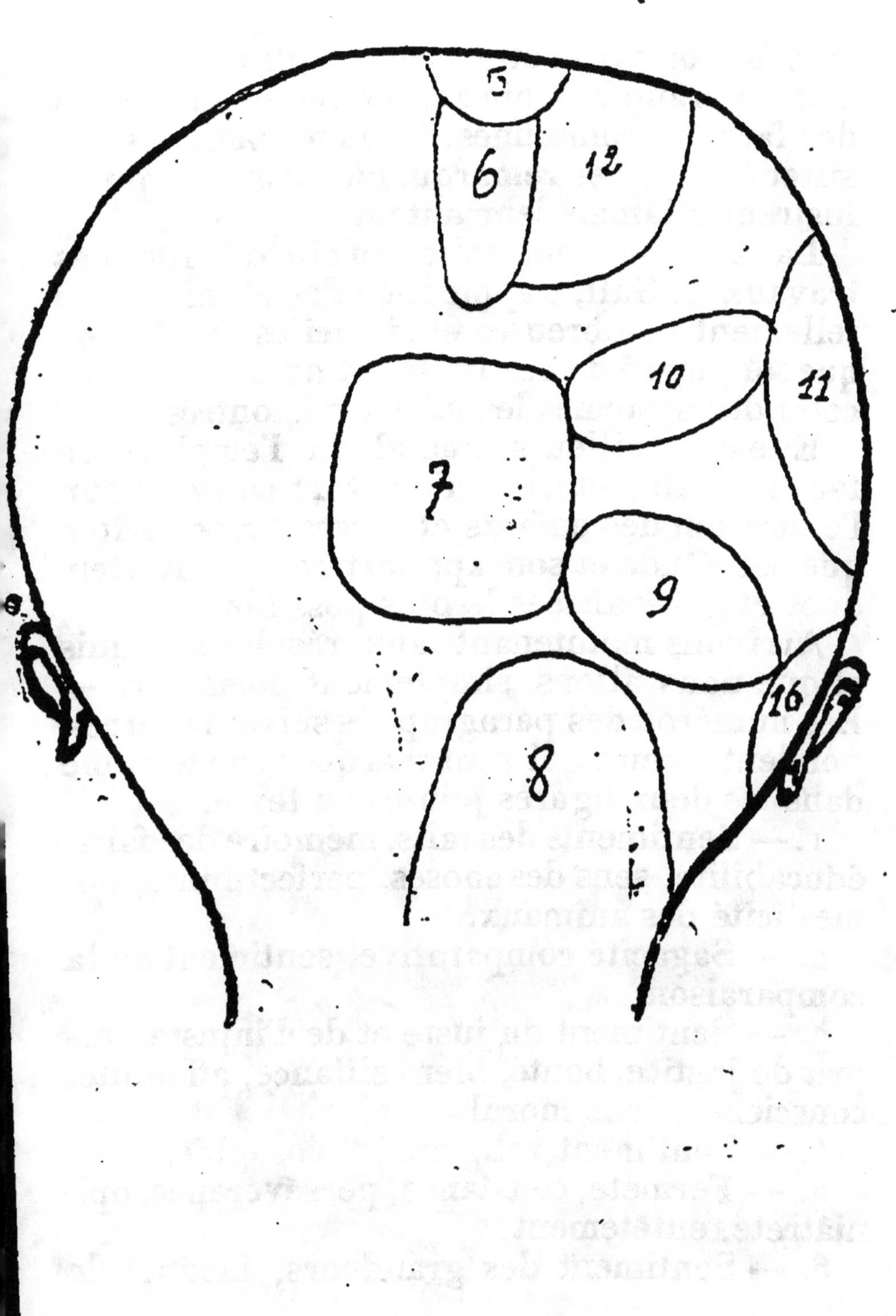
5
6
12
10
11
7
9
16
8

tout des oiseaux et y trouva des analogies avec le crâne humain aux points où s'accusent des facultés communes. Nous ne pouvons insister ici sur ces remarquables travaux qui illustrent à jamais leur auteur.

La Phrénologie, telle qu'elle résulte des travaux de Gall, s'appuie sur des observations tellement nombreuses et si faciles à vérifier, que son degré de certitude est au moins égal à celui des systèmes les mieux démontrés.

Elle est d'ailleurs, quand on l'emploie de façon intelligente, un guide et un conseil pour l'éducation des enfants et il serait à souhaiter que son étude et son application soient étendues et généralisées le plus possible.

Arrivons maintenant aux résultats acquis et que nous allons simplement formuler. — Les numéros des paragraphes suivants correspondent à ceux qui sont marqués sur le crâne dans les deux figures jointes au texte.

1. — Sentiments des faits, mémoire des faits, éducabilité, sens des choses, perfectibilité, domesticité des animaux.

2. — Sagacité comparative, sentiment de la comparaison.

3. — Sentiment du juste et de l'injuste, esprit de justice, bonté, bienveillance, affabilité, conscience, sens moral

4. — Sentiment religieux, théosophie.

5. — Fermeté, constance, persévérance, opiniâtreté, entêtement.

6. — Sentiment des grandeurs, instinct de

l'élévation, amour du pouvoir, de l'autorité, du despotisme ; amour de l'indépendance ; sentiment du grandiose, du sublime ; sentiment de sa propre dignité, estime de soi-même, fierté, orgueil, arrogance, dédain, présomption.

7. — Amour des enfants, philogéniture.

8. — Amour.

9. — Instinct de sa propre défense ; courage, penchant à la rixe, à la querelle.

10. — Instinct de la sociabilité, attachement, amitié, mariage.

11. — Sentiment de la circonspection : prévoyance, prudence, hésitation, indécision, penchant au suicide.

12. — Vanité, amour de la gloire, émulation, fatuité, amour propre.

13 — Sentiment poétique, poésie.

14. — Sentiment de la mimique, esprit d'imitation, faculté d'imiter.

15. — Sentiment de la propriété, amour de la propriété, instinct de faire des provisions, convoitise, penchant au vol.

16. — Esprit de destruction, instinct carnassier, penchant au meurtre.

17. — Esprit de construction, de composition, instinct mécanique, sens des beaux-arts.

18. — Esprit de ruse, habileté, adresse, savoir faire, tact, finesse, hypocrisie, mensonge, fausseté, dissimulation, fourberie, astuce.

19. — Esprit critique, penchant à la satire.

esprit de saillie, présence d'esprit, sel, causticité, répartie.

20. — Esprit d'induction, idéologie, métaphysique, profondeur d'esprit.

21. — Mémoire des lieux, instinct des voyages, amour des paysages, facilité d'orientation, sentiment des rapports dans l'espace.

22. — Sentiment du coloris, harmonie des couleurs.

23. — Sentiment du calcul, mémoire des nombres, des dates ; mathématiques.

24. — Sentiment des personnes, mémoire des physionomies, amour des portraits.

25. — Sens des mots, instinct des collections, facilité d'élocution, mémoire des noms.

26. — Sentiment de la musique, sens des rapports de tous.

27. — Sentiment des langues.

Que ces simples indications suffisent ici pour faire concevoir de quelle importance est la découverte du docteur Gall, et combien il serait bon, avant de diriger un individu dans une voie quelconque de rechercher dans la forme de son crâne quelles aptitudes il présente.

Combien peut-être de talents ne demeureraient pas ignorés, combien de fausses vocations seraient évitées, — combien de vies perdues, rendues heureuses.

Que tout le monde y réfléchisse et que chacun en profite, le monde entier n'aura qu'à y gagner.

Pour faciliter l'étude des formes d'un crâne, il nous est nécessaire de grouper les facultés importantes par similitudes approchées. Prenons ensemble le sentiment des grandeurs; l'instinct d'élévation; l'amour du pouvoir, de la domination de l'autorité, du despotisme, de l'indépendance ; le sentiment du grandiose, du sublime : le sentiment de la propre dignité ; l'estime de soi-même, — la fierté ; l'orgueil ; l'arrogance ; le dédain ; la présomption.

Toutes ces expressions se rapportent à l'action d'une seule faculté, d'un seul sentiment développé à différents degrés et réuni à d'autres penchants ou à d'autres qualités morales dont l'activité plus ou moins énergique en modifie l'expression.

Le siège de l'organe de cette faculté est placé sur la ligne médiane, un peu en arrière du sommet de la tête. Il a la forme d'une proéminence allongée ; nous l'avons désigné par le numéro 6.

La découverte du siège de ce sentiment a eu lieu sur un mendiant qui frappa le docteur Gall par ses manières distinguées.

A cette époque il recherchait les causes qui peuvent réduire un homme à la mendicité. Quelques observations l'avaient déjà porté à croire que l'imprévoyance et la légèreté amenaient le plus souvent les hommes à ce triste résultat, et ce mendiant le confirmait dans cette opinion, car la forme de sa tête indiquait un très faible développement de l'organe de la circonspection. Cette tête fut moulée et, en l'examinant avec soin il vit pour la première fois une proéminence allongée. (n° 6) qu'il n'avait pas encore observée sur d'autres crânes. Impatient d'en connaître les fonctions, il questionna ce mendiant de mille manières afin de découvrir les traits saillants de son caractère. Il le pria enfin de lui raconter son histoire.

Le mendiant lui dit qu'il était le fils d'un riche négociant qui lui avait laissé une immense fortune mais qu'il avait toujours été trop fier pour se résoudre à travailler soit pour conserver sa fortune, soit pour l'augmenter. Et que ce malheur l'avait fait tomber dans la misère.

Ce récit rappela au docteur Gall qu'il connaissait des personnes qui laissaient pousser leurs ongles afin d'éloigner toute idée qu'ils eussent besoin de travailler.

Il ne put d'abord concevoir comment par orgueil un homme aimait mieux mendier que travailler ; mais il avait déjà observé tant de fois d'inexplicables bizarreries, produites par les différents penchants des hommes qu'il renonça à vouloir expliquer des faits dont il se contenta seulement de constater la réalité !

Une fois sur cette voie, il ne tarda pas à recueillir de nouvelles preuves de l'existence de l'orgueil, comme le résultat d'une organisation spéciale, produisant des effets variés quant aux détails, mais semblables quant au fond.

Gall se rappela alors qu'à l'âge de six ans il avait été extrêmement choqué de la fatuité et et de l'orgueil d'un de ses cousins qui, âgé de sept ans seulement, se rendait déjà insupportable à tout le monde par ses airs d'arrogance. Il avait dans la seule manière de tirer son mouchoir, de le déployer et de le remettre dans sa poche un air de hauteur et de dédain inconcevable à cet âge. Cet enfant dédaignant toutes les occupations auxquelles on se livrait dans la famille, ne voulait rien apprendre et ne rêvait que d'être militaire. — A Vienne, Gall connut un prince qui se faisait remarquer par son orgueil ridicule, par sa démarche fière et guindée ; par son habitude de citer à tout propos ses aïeux avec emphase. Heureusement il était chauve dans cette portion de la tête, que nous avons désignée par le n° 6 et où il avait remarqué la proéminence chez le mendiant : il s'assura que le prince avait la même conformation.

Antisthène était un mendiant couvert de haillons ; il était si fier qu'il ne pouvait se résoudre à travailler pour vivre. Il était rempli du plus profond mépris pour tout ce qui n'était pas lui, et dédaignait avec insolence la société des hommes. Socrate passant près de lui et voyant l'affectation avec laquelle il détournait la tête lui cria : « Je vois ton orgueil à travers les trous de ton manteau. »

Le docteur Gall était, à Vienne, le médecin de la famille Cerracchi ; il sut par elle quelques détails concernant les premières années de cet homme, qui, dès son plus jeune âge avait manifesté des sentiments extrêmement développés de fierté et d'indépendance. Toute autorité et surtout celle du pape était pour lui une cause d'irritation continuelle. Plus tard il négligea complètement son art pour ne plus penser qu'aux moyens de renverser toutes les monarchies.

L'exaltation de ses opinions républicaines lui fit concevoir une haine violente pour le premier consul Bonaparte. Il ne pouvait lui pardonner le coup d'État du 18 Brumaire. Aussi fut-il un des principaux auteurs de la conspiration dont l'objet était l'assassinat de Bonaparte. Il se chargea lui-même de poignarder le premier consul à l'Opéra. La conspiration fut découverte et Cerracchi fut condamné à mort avec ses complices. Son exécution eut lieu à Paris le 30 janvier 1801.

Son crâne fait partie de la collection du docteur Gall ; il s'en servait dans ses cours pour montrer le siège et la forme en l'organe de l'indépendance.

— Il nous serait facile de multiplier ces exemples et de faire sur chaque bosse du crâne un étude analogue.

Nous nous en tiendrons là au sujet de la phrénologie, — science aujourd'hui très complète et très documentée, — les quelques indications que nous avons données sont suffisantes et au-delà pour satisfaire la curiosité d'un public intelligent et même pour acquérir sur ce point des connaissances utiles et applicables dans les circonstances de la vie.

Que chacun se pénètre des idées ici émises et surtout en fasse, pour lui et ses proches, le meilleur profit.

IV

PHYSIONOMIE DE LA MAIN

La main à coup sûr est aussi intéressante sinon plus que la figure et donne sur le caractère de l'individu des renseignements précieux et complets, d'une exactitude indiscutable.

On peut dire que la main a en réalité une physionomie propre et expressive.

Il n'y a donc pas lieu de s'étonner de l'importance considérable que Balzac attachait à la main. La main est, en effet, le plus parfait des organes que possèdent les êtres vivants, et certains philosophes n'ont pas craint de s'en reposer seulement là-dessus pour établir et prouver la supériorité incontestable de l'homme sur les autres espèces vivantes.

Les mains sont sensibles, participent à toutes les émotions de l'âme et comme involontairement les traduisent au dehors, et cela même lorsque dès son plus jeune âge on a forcé l'enfant à s'étudier, à ne pas multiplier ses mouvements.

A-t-on pris l'habitude d'observer ses mains pour en dissimuler les impressions, le moindre moment d'inattention suffit pour que toute l'émotion intérieure se traduise clairement et que les passions se lisent de façon très claire sur les mains inconsciemment agitées.

Toute l'étude rapide que nous allons faire, nous l'emprunterons aux remarquables travaux de Desbarolles, de Para d'Hermès et du capitaine d'Arpentigny qui ont écrit longuement sur la matière.

Il y a lieu d'admettre tout de suite avec Para d'Hermès la division de la main en deux parties.

La paume ou partie pleine et massive.

Les doigts ou partie séparée et mobile.

Les doigts ont des formes bien diverses que nous allons passer en revue rapidement en indiquant leurs différentes significations.

Une organisation brutale et lourde, apte aux ouvrages pénibles est caractérisée par des doigts gros qui sont aussi l'indice certain de goûts communs et grossiers et d'une intelligence épaisse.

Les doigts minces, mais sans maigreur, sont

la marque d'une intelligence fine et déliée mais avec peu de franchise et plutôt de la dissimulation.

Les doigts gras surtout au voisinage de la paume de la main et sur la première phalange sont un indice d'amour du bien-être, du goût des voluptés : quand ils sont gras partout ils indiquent la paresse

La maigreur de la première phalange des doigts indique l'insouciance du confortable et du bien-être materiel. Quand ils sont maigres et secs sur toute leur longueur, ils sont l'indice d'un esprit chercheur et posé, de goûts simples et même quelquefois d'avarice.

Sur les doigts de cette forme il se peut que la peau soit lisse ou bien que le doigt présente des sortes de nœuds

M. Para d'Hermès affirme que le doigt lisse indique la conception facile dans la fonction que caractérise le doigt examiné et en particulier l'aptitude aux choses d'art.

Les doigts noueux indiqueront la conception pénible et lente avec beaucoup d'application et de travail toujours suivant la fonction spéciale qui se rapporte au doigt que l'on examine.

Il faut en conclure que les études artistiques et gracieuses ou légères seront l'apanage des gens ayant la main et les doigts lisses.

Les travaux sérieux et scientifiques seront pour les gens à doigts rugueux ou noueux.

Les doigts pointus sont l'indice d'une conception rapide et facile de l'intelligence. Dans le cas assez rare où le pouce est pointu il faut conclure à une rapide décision, à une prompte fixation de la volonté.

L'index pointu veut dire que les choses commodes ou agréables sont facilement conçues ; il marque aussi une aptitude à commander.

La forme pointue du doigt majeur est pour la rapide intuition des grandes questions de philosophie ou de morale.

L'annulaire terminé en pointe est l'indice de l'inspiration naturelle pour les choses d'art.

La même forme au petit doigt veut dire, prédisposition à l'industrie ; adresse et ruse.

La forme carrée du bout du doigt est l'indice de déterminations raisonnées et positives.

Le pouce carré est l'indice d'une volonté irrésistible et raisonnée.

L'index carré veut dire, respect des conventions sociales, des règles établies, de l'ordre extérieur ; il indique aussi la rapidité du commandement.

La forme carrée du doigt majeur est signe d'intolérance pour les choses de dogme ou d'idée.

L'annulaire carré indique une faible inspiration artistique. C'est le doigt du géomètre ou de l'architecte.

Lorsque, fort rarement, le petit doigt est carré, il y a difficile compréhension et inaptitude aux choses subtiles de l'intelligence.

Certaines mains présentent des doigts de forme mixte, arrondis par le bout. Ils sont l'indice d'aptitudes très générales mais avec peu d'intensité ou de supériorité

Ce sont les doigts qui conviennent aux gens qui doivent être des auxiliaires intelligents et dévoués qui suivent les conseils d'un maître supérieur et intelligent.

Les doigts obtus, c'est-à-dire massifs et épais, ayant à peu près la même grosseur à la base et à l'extrémité sont l'indice d'une nature impulsive sous l'influence des choses matérielles et brutales. Ils sont souvent capables de délicatesse ou même d'adresse.

Nous ne pouvons que conseiller à ce sujet la lecture de l'ouvrage de M. Desbarolles : *Les Mystères de la main*, fort intéressant et non moins instructif.

Un mot spécial sur le pouce, plus intéressant que tous les autres doigts.

Newton disait que, à défaut même d'autres preuves, le pouce le convaincrait de l'existence de Dieu. Nous avons, comme les animaux, un instinct irréfléchi, — le pouce se rapporte uniquement à la volonté raisonnée, à la décision basée sur la logique.

Le pouce agit dans le sens opposé de celui des autres doigts, il est aussi le symbole des choses intérieures ou morales, symbole qui se place à notre gré en opposition avec nos instincts sensuels.

C'est à première inspection que le pouce indique d'une façon générale les grandes lignes du caractère, qui seront seulement modifiées par l'influence des autres doigts.

C'est le pouce, qui, par la puissance peut dominer les autres doigts et Para d'Hermiès remarque à ce sujet que les personnes à qui le pouce fait défaut soit de naissance soit par accident ont en général un caractère faible.

Il dit encore que le pouce est l'emblème de la volonté, la plus grande puissance du cerveau.

Il en résulte qu'un pouce très long sera l'indice d'une volonté très puissante et très énergique, d'une pensée active et têtue. Ce sera le pouce des gens prédisposés au commandement.

On le rencontre aussi chez les nerveux et bilieux dont la volonté tient sa force d'une adresse et d'une finesse d'esprit qui donnent plus de ressources d'action.

Le pouce trop court est l'indice d'une faiblesse excessive de la volonté. C'est le doigt des gens sans énergie ou dont la constitution, ne permettant pas l'initiative personnelle, les prédispose à se laisser dominer.

Les lymphatiques ont le pouce court et manquent toujours d'énergie.

Les individus à organisation sentimentale ont le pouce court ; — c'est l'aptitude normale de la femme et il y a lieu toujours de se défier d'une femme qui a le pouce trop long. Elle sera autoritaire et voudra dominer et commander.

Les individus sanguins et musculeux dont le tempérament est en général brutal, violent et emporté ont le pouce court parce que ces gens ont besoin d'être tenus sous la domination des autres. C'est une loi de nature que de tels hommes demeurent sous la domination d'individus mieux organisés au point de vue de la volonté, de l'énergie et du caractère.

M. Para d'Hermès, remarque non sans raison qu'il est de toute importance que les parents veillent avec attention sur les enfants présentant un pouce trop court, ils doivent surveiller avec soin leurs fréquentations et leurs habitudes.

Les enfants, en effet, dont la volonté est faible se laisseront facilement dominer par autrui et deviendront bons ou mauvais selon qu'ils auront subi une bonne ou une mauvaise influence extérieure.

Le pouce moyen, — ni long ni court, — et d'une exacte proportion avec les autres parties de la main est l'indice d'une organisation harmonique et bien équilibrée. Il appartient aux individus généreux et de haute inspiration.

C'est le pouce des poëtes, des artistes, des hommes de génie.

Dans chaque doigt il faut encore distinguer les phalanges dont chacune a sa signification propre.

La première phalange, la phalange onglée, est d'après le capitaine d'Arpentigny, la caractéristique de l'initiative et de l'invention, elle se rapporte à la volonté ou à la domination.

La deuxième, celle du milieu, est l'indice de la raison, de la logique, de la sûreté du coup d'œil, de l'appréciation

La troisième phalange, celle qui tient à la paume de la main, se rapporte à la plus ou moins grande puissance des sens mais est surtout l'indice relatif à l'amour sensuel et fait de matérialités.

La première phalange du pouce, quand elle est longue, indique une volonté précise et honnête : courte au contraire, elle sera l'indice d'un caractère impulsif, sentimental et passionné mais peu raisonnable.

Il est courant de voir chez la femme la première phalange du pouce plus courte que la seconde.

Au doigt index, si la phalange onglée est plus longue que les autres ce sera signe d'aptitude au commandement et à la justice. Para d'Hermès voit là l'indice d'un caractère loyal et droit. Si cette phalange est plus courte que les autres elle indiquera l'autoritarisme et l'arbitraire.

La première phalange du doigt majeur indique, quand elle est longue, un amour de de la science au point de vue purement spéculatif, c'est-à-dire sans mélange d'intérêt présent ou futur mais seulement pour la joie de savoir.

Au doigt annulaire la longueur de la phalange onglée est un indice de sentiment artistique et d amour d'art pur et beau ; courte elle est l'indice que l'on ne s'intéresse à l'art ou que l'on ne s'en occupe que dans un but de gloire future ou d'intérêt.

La phalange onglée du petit doigt indique quand elle est longue, l'aptitude et le goût des choses d'adresse et de finesse même dans leur plus grande difficulté ; courte elle indique l'indifférence pour ces choses sauf le cas où elles seraient d'un intérêt de gloriole ou de bénéfice matériel pour l'individu.

La deuxième phalange au doigt index indique par sa longueur l'aptitude aux commandements intelligents ; courte elle dénote un individu ne sachant ni commander ni obéir.

La longueur de la deuxième phalange du doigt majeur indique la capacité pour les études élevées ; courte l'incapacité de ces mêmes choses.

Dans le doigt annulaire la deuxième phalange indique par sa longueur la finesse d'esprit, l'intelligence des choses d'adresse; courte elle veut dire le contraire.

Dans le pouce enfin la deuxième phalange longue veut dire que l'individu a l'esprit de ne vouloir ou désirer que ce qu'il peut produire ou exécuter; courte elle dénote une volonté arbitraire et inintelligente.

La longueur de la troisième phalange de l'index est l'indice d'un caractère autoritaire, ayant besoin de dominer mais dans le but d'en retirer toutes les satisfactions matérielles possibles.

La troisième phalange du majeur quand elle est longue, indique un individu qui recherche et étudie la science pour le bénéfice pécuniaire qu'il en retire.

Au doigt annulaire, le même caractère sera l'indice d'un amour des arts dirigé vers le bien-être matériel que peut procurer leur culture.

La même conformation du petit doigt montre que l'individu dépense volontiers toute son adresse et sa finesse d'intelligence pour se procurer le confort nécessaire.

Il est facile, avec les indications qui précèdent, de conclure des caractères qui décèlent les formes opposées ou intermédiaires à celles que nous avons signalées.

Les doigts peuvent encore présenter, à la jonction des phalanges des sortes de nodosités en saillies plissées ou rugueuses qui sont des indices certains sur le caractère ou les aptitudes.

Entre la première et la seconde phalanges un nœud indique l'ordre dans les idées.

C'est le nœud philosophique, propre à l'individu raisonnant qui demande la preuve de tout ce qu'on lui avance.

Les utopistes possèdent le nœud philosophique sur un doigt effilé ou pointu. — Les individus de bonne foi et au tempérament de justice innée ont des doigts carrés avec le nœud philosophique.

Ce même nœud sur des doigts en spatule est l'indice d'un caractère remuant.

Quand au second nœud, placé entre la deuxième phalange et la troisième, il participera de leurs affinités propres à chacun, — raison pour la deuxième, — matérialité pour l'autre. — Il en faudra conclure que la matière subira la loi de la raison quand celle-ci lui sera physiquement agréable ou utile. C'est le nœud des spéculateurs et des commercants et son développement exagéré est un signe d'égoïsme

Il faut enfin remarquer, comme le fait M. Desbarolles, que les nœuds donnent des indications précises qui doivent être prises avec plus ou moins de force et d'autorité, selon le plus ou moins grand développement du nœud.

Pour en finir avec les doigts nous dirons un mot des ongles qui les terminent.

Les ongles peuvent être étroits ou long, courts ou allongés.

Des ongles fins et allongés terminent en général des doigts effilés et pointus Les doigts épais d'une main massive se terminent par des ongles écourtés.

M. Delestre fait remarquer que la corne de l'ongle, faible, mince et translucide chez les individus débiles, devient opaque et résistante chez les robustes travailleurs

1 es ongles cerclés de noir sont l'indice de la malpropreté ou de la négligence, à moins que le travail opiniâtre nécessaire n'en soit l'excuse

Des ongles nets, coupés d'une manière élégante, sont l'apanage du mondain frivole, préoccupé de ses succès de salons.

L'ongle, renfort solide du bout du doigt, prend une dureté en rapport direct avec les devoirs imposés.

Les ongles usés par le bout indiquent l'opiniatreté du travail et la largeur de cet ongle marque la force de pression de la première phalange.

Les ongles régulièrement coupés indiquent des habitudes bien ordonnées. Des ongles rongés sont l'indice d'un caractère turbulent et agité.

Avant de passer à la partie la plus curieuse, — la paume de la main, — avec ses lignes bizarrement hyéroglyphiques, il nous reste un mot à dire des formes générales de la main, dans le cas où ces formes s'accusent avec excès dans un sens ou dans l'autre.

Un doigt trop carré est un signe d'ordre exagéré de méthode rigoureuse et intolérante. — Trop pointu il indiquera la prédisposition aux aventures romanesques et impossibles, il sera celui d'un imprévoyant, aux gestes affectés, à la voix bizarrement étudiée, — d'un individu cabotin et héros de roman dans les actes les plus ordinaires de la vie.

La spatule exagérée du doigt est l'indice d'une activité excessive, d'un tempérament inquiet, tracassier, prêt à se tourmenter pour rien et à tourmenter les autres.

Les doigts lisses et courts dénotent un esprit au jugement rapide, embrassant d'un coup d'œil les grandes masses sans se préoccuper des détails.

Les individus aux doigts courts et lisses sont sans façons, — brefs de style et concis de parole.

Les gens aux doigts longs et nerveux sont précautionneux et maniaques,

Il faut toujours se défier d'un homme aux doigts trop longs dont le nœud philosophique indiquera la recherche minutieuse des causes.

Le capitaine d'Arpentigny attribue aux grandes mains l'esprit de détail et de minutie.

Une main dure, spatulée ou non, est une main d'action physique, apte aux exercices du corps, ne craignant pas la fatigue, mais incapable d'oisiveté.

La spatule dans la main dure indique encore ces qualités. L'excès de dureté est un indice de lourdeur d'esprit.

La main molle est signe de paresse. M. Desbarolles indique que la main molle et spatulée est physiquement paresseuse. Elle craint le soleil et la fatigue, appartient à une personne qui dort beaucoup et se lève tard.

La spatule n'en indique pas moins, comme toujours, l'amour du tapage, du spectacle brillant et bruyant ; — de plus la main molle indique toujours une prédisposition instinctive dans la croyance au merveilleux.

Une main trop longue dénote l'instinct du détail poussé jusqu'à la mesquinerie. Quand elle s'adorne de nœuds développés elle appartient en général aux gens de chicane.

La main moyenne est la main de détail et d'ensemble ; — d'analyse et de synthèse ; — c'est le signe de l'équilibre du caractère quand les doigts ont la même longueur que la paume.

La main trop courte quand elle est noueuse est une main de raisonnement et de calcul mais prédisposée au jugement synthétique et rebelle à l'analyse.

Une main mixte, aux doigts ni carrés ni pointus, peut appartenir à un individu très bien doué et réunissant le bons sens rassis aux fougues imaginatives ; — c'est souvent un indice de génie, — en tous cas la main d'un homme supérieurement organisé et doué intellectuellement et moralement.

Reste à parler de la main de plaisir, main de volupté et de délicieuse paresse, main ardente aux plaisirs et apte à en jouir, C'est une main potelée, aux doigts lisses et effilés en pointe. Il n'y a pas de nœuds et la troisième phalange est gonflée à sa base, point où se dénoncent les plaisirs matériels.

C'est une main à fossettes dont la paume est charnue et forte. Le poucc court repose sur une base très développée.

Cette main, généralement regardée comme très belle, est la main des gens de plaisir.

Remarquons enfin que tout instinct peut être changé ou modifié par la forme du pouce dont l'influence est toujours prédominante.

Ainsi si une main spatulée est munie d'un pouce très court ce sera la main incertaine qui essayera tout sans rien terminer. Elle sera aussi, — ce qui semble contradictoire, — très expansive, tendre et aimante. Il se pourra même que la logique y soit très développée et arrive à vaincre les incertitudes.

La main molle encore, est la main de paresse. Si toutefois la première phalange du pouce, très longue, indique une grande volonté ; ce sera une main travailleuse mais qui travaillera sans amour du travail, comme avec dégoût, mais avec courage, par volonté ou par devoir.

Arrivons maintenant à la paume de la main qui va compléter et préciser toutes les indications.

C'est dans la paume de la main que se localisent et s'indiquent d'une façon toute spéciale, les instincts de la vie animale et des préoccupations matérielles.

Les individus qui ont la paume de la main épaisse, large et massive avec un peu de dureté sont en général des individus à l'esprit lourd fait de matérialité.

Ces mains ont habituellement des doigts peu flexibles, gros et cylindriques, aussi épais à la racine qu'à l'extrémité.

C'est une loi générale de ne pas voir la nature en contradiction avec elle-même. et il semble normal que la main, — instrument actif et d'exécution. obéissant aux ordres du cerveau, — en reflète la disposition générale.

Comment alors concevoir qu'un cerveau lourd et épais soit servi par des mains fines, délicates, — spirituelles, qui indiqueraient la finesse de la pensée, — la hauteur et la délicatesse de la conception.

Si la paume de la main est étroite et courte, — ne semblant être que le prolongement de la racine des doigts, ce sera chez un individu délicat et fin, à l'esprit subtil et dégagé des préoccupations matérielles, mais remarquablement doué pour les choses d'adresse, de goût et de sentiment. Une telle paume de main se prolonge en général par des doigts effilés et minces, — extraordinairement agiles, souples et adroits.

Quand la paume de la main, mesurée de la jointure du bras à la racine des doigts est plus longue que le doigt majeur mais sans lourdeur ni massivité, c'est un indice que l'instinct est plus fort que le raisonnement, que le caractère s'inquiète surtout de l'ensemble des choses en négligeant les détails.

Ce sont les mains de gens qui ne cherchent pas la petite bête et qui ont la rondeur et la franchise en affaires comme en relations et en sympathies et s'occupent peu de critiquer ou de contredire.

De tels individus, — peu aptes, en général, à apprendre par cœur des phrases faites à l'avance, — auront, au contraire, l'improvisation facile et la conversation vive et précise sur tous les sujets qu'ils connaissent un peu.

Dans le cas, au contraire, où la paume de la main est sensiblement plus courte que le doigt majeur ; il faut conclure à une aptitude beaucoup plus grande aux choses de l'esprit qu'aux choses matérielles.

Ces individus, — spirituels à tout propos, — sont, en général, prédisposés à la critique et à la contradiction, même sur les moindres détails de faits ou de choses les approchant. Ils sont de plus, en général, doués de la mémoire des mots mais sans inspiration matérielle

L'égalité de longueur entre la paume de la main et le doigt majeur, indique l'équilibre normal entre l'intelligence et l'instinct matériel. Une telle main est celle d'un individu à l'esprit juste et droit, et d'un bon caractère à qui on peut se fier complètement à moins que d'autres signes importants ne se présentent qui excitent la défiance.

Mais à part ce cas assez rare, on peut donner aux gens ainsi faits une confiance qui ne sera pas trompée.

Quand la paume de la main est flasque, molle, boursoufflée, sans résistance, elle indique un caractère mou, sans valeur et sans énergie.

Sur cette paume se plantent en général des doigts de même nature, gros et arrondis en fuseau vers leur racine, pour s'effiler en pointe à leur extrémité. C'est, en général, l'indice d'une organisation lymphatique.

La paume de la main solide, ferme, dure même, indique un caractère vigoureux, dur à la fatigue et opiniâtre au travail.

C'est encore la marque d'un esprit patient, persévérant et d'une grande constance.

Une telle main munie de doigts maigres, noueux aux jointures et osseux, sera la main d'un penseur à la conception difficile et lente, demandant beaucoup de travail pour arriver à la clarté lucide de la pensée.

Une paume dure, au contraire, terminée par des doigts gros et massifs, dont les bouts sont épais et tronqués, — indiquera un homme incapable de travaux intellectuels, à la pensée lourde et sans initiative, — mais aussi il y aura chez un tel individu une grande puissance de travail matériel.

Plus rien n'est à dire sur la forme générale et sur les proportions de la main ; il nous reste à lire les curieux hiéroglyphes qui illustrent l'intérieur de la paume ; — c'est ce que nous allons faire maintenant.

V

LA CHIROMANCIE

De toutes les manières de consulter le sort, la chiromancie qui tire ses inductions des lignes de la main est à juste titre la plus célèbre.

C'est à la chiromancie que les docteurs en l'art de deviner l'avenir ont dû leurs plus éclatants succès.

Mlle Lenormand dont le nom reviendra bientôt au sujet de la cartomancie, fut encore une chiromancienne illustre et habile et ce fut elle qui, — alors que Bonaparte était encore élève à l'Ecole de Brienne, — lui prédisit, à la seule inspection de sa main, sa fortune future, sa gloire, sa toute puissance et aussi sa chute.

Puisque nous parlons de Napoléon, une anecdote vaut la peine d'être racontée.

Un officier de la garde de l'empereur avait eu la curiosité de dessiner d'une façon très exacte les croisements de ligne qui sillonnaient la paume de la main de son souverain. Il gardait ce dessin dans sa poche et, un jour, le montra à un paysan des Flandres qui avait une réputation de grand sorcier et de devin. Il ne lui dit pas d'ailleurs quel était le modèle qu'il avait copié et présenta cette main comme celle d'un de ses proches et amis : « L'homme qui a une telle main, — dit le sorcier après étude approfondie, — a fait ou fera de grandes choses. Je vois ici la gloire, la victoire, la puissance, enfantée par un génie. Mais cet homme ne sera pas toujours heureux, il y a deux grands malheurs dans sa vie et il mourra triste et dans l'exil. »

Cet horoscope était tiré quelques jours avant la bataile de Waterloo. C'est là, nous semble-t-il, étant données les circonstances, un fait qui se passe de commentaires.

Il y a d'ailleurs dans la chiromancie, matière à distinction Les plus doctes en cette matière reconnaissent deux sortes de divination par le moyen de la main : La *Chiromancie physique* qui, par la simple inspection de la main, devine le caractère et les destinées des personnes ; — la *Chiromancie astrologique* qui examine les influences des planètes sur les lignes de la main et se sert de cela pour déterminer le caractère et prédire ce qui doit arriver en calculant l'influence des astres,

Nous nous arrêterons davantage sur les principes de la chiromancie physique parce que c'est à peu près la seule qui soit encore en usage. C'est d'ailleurs aussi la plus claire, malgré que de beaucoup la plus ancienne.

Job dit que le ciel met dans la main de chaque homme le secret de sa destinée ; — Salomon dit qu'on trouve dans la main droite des hommes des signes de la longueur de leur vie, et dans la main gauche les indices certains des honneurs et de la fortune.

Aristote regarde la chiromancie comme une science certaine, et Auguste lui-même, le grand empereur romain, s'occupait de cette science et y avait grande foi.

Nous ne nous occuperons ici que de la main gauche et nous donnerons d'ailleurs le motif de notre préférence.

Il y a dans la main plusieurs parties qu'il est d'abord important de distinguer, — la paume ou dedans de la main quand elle est fermée, le poing ou dehors de la main quand elle est fermée, — les doigts, — les ongles, — les jointures, — les lignes et les montagnes.

Il y a cinq doigts : le pouce, l'index, le médius ou doigt du milieu, l'annulaire et l'auriculaire ou petit doigt.

Il y a quinze jointures : trois au petit doigt, trois à l'annulaire, trois au doigt du milieu, trois à l'index, deux au pouce et une entre le bras et la main.

Il y a quatre lignes principales, — *la ligne de la vie*, qui est la plus importante, commence au bout de la main entre le pouce et l'index et se prolonge du bas de la racine du pouce jusqu'au milieu de la jointure qui sépare le bras de la main.

La ligne de santé et d'esprit qui a la même origine que la ligne de vie entre le pouce et l'index, coupe la main en deux et finit au milieu de la base de la main, entre la jointure du poignet et l'origine du petit doigt ;

La ligne de fortune ou *de bonheur* qui commence à l'origine de l'index et finit sous la base de la main, en deça de la racine du petit doigt ;

Enfin, *la ligne de jointure* qui est la moins importante de ces lignes, se trouve sous le bras, dans le passage du bras à la main ; — c'est d'ailleurs plutôt un pli qu'une ligne.

On remarque et compte aussi des tubérosités ou montagnes qui portent le nom des sept planètes de l'ancien système astronomique.

Nous nous en occuperons un peu plus tard.

Pour une étude de chiromancie on se sert toujours de la main gauche parce que la main droite étant plus fatiguée présente quelquefois dans les lignes des irrégularités qui ne proviennent point du caractère ni de causes naturelles.

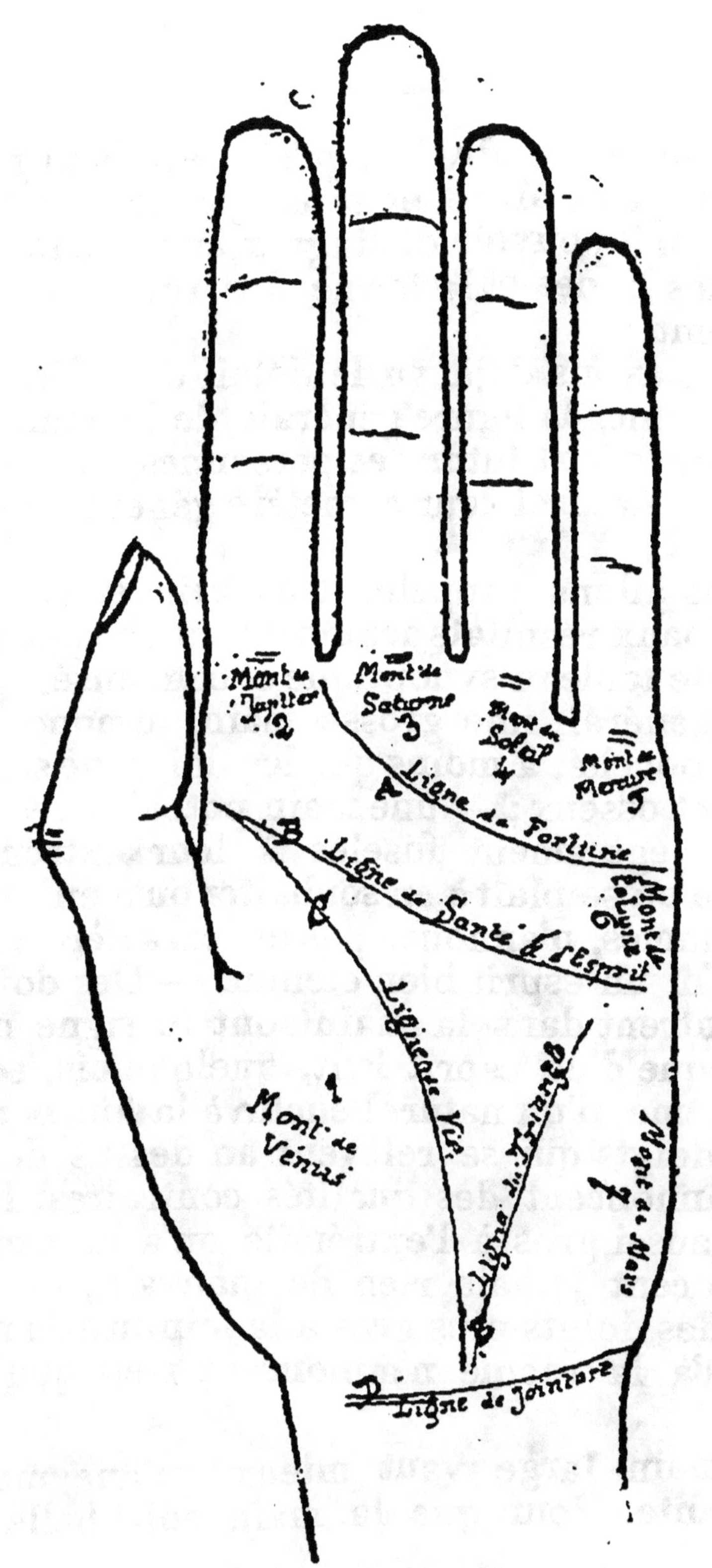

Mont de Jupiter 2
Mont de Saturne 3
Mont du Soleil 4
Mont de Mercure 5
A Ligne de Fortune
B Ligne de Santé & d'Esprit
Mont de la Lune 6
C Ligne de Vie
Ligne du Triangle
Mont de Venus 1
Mont de Mars 7
D Ligne de Jointure

Il faut la prendre lorsqu'elle est bien reposée, un peu fraiche, et sans aucune agitation, de façon à pouvoir distinguer au juste la couleur des lignes et la forme des traits qui s'y trouvent.

Nous avons déjà vu le détail des idées que peut donner la figure générale de la main, sinon sur le sort futur des personnes, au moins sur leur naturel, leur caractère général et leur esprit.

Nous allons rappeler très brièvement les principaux résultats acquis en en faisant une sorte de tableau synoptique et condensé.

En général, une grosse main, annonce un esprit bouché, à moins que les doigts ne soient longs et osseux ; — une main potelée avec des doigts légèrement fuselés à leur extrémité comme on se plaît à en souhaiter ou à en rêver aux femmes, n'annonce pas un caractère bien ferme ni un esprit bien étendu. — Des doigts qui rentrent dans la main sont le signe non équivoque d'un esprit lent, quelquefois, souvent même, d'un naturel enclin à la fourberie. Des doigts qui se relèvent au dessus de la main annoncent des qualités contraires. Des doigts aussi gros à l'extrémité qu'à la racine n'annoncent jamais rien de mauvais ; — De même des doigts plus gros à la jointure du milieu qu'à la racine n'annoncent rien que de bon.

Une main large vaut mieux qu'une main trop étroite. Pour que la main soit belle il faut qu'elle porte en largeur la longueur du doigt du milieu.

Souvent *la ligne de jointure* est double, vive et colorée ; elle annonce toujours alors un heureux tempérament. Si elle est droite, également marquée dans toute sa longueur, elle promet des richesses et du bonheur. — Si la jointure présente quatre lignes visibles, égales et droites, on peut s'attendre à des honneurs, à des dignités et à de riches successions. Si elle est traversée de trois petites lignes perpendiculaires ou marquée de quelques points bien visibles c'est, pour un homme, le signe certain qu'il sera trahi par les femmes, et, pour une femme, c'est le présage de quelque outrage qu'elle recevra d'un amant.

S'il sort de la jointure des petites lignes qui se perdent sous la racine du pouce, c'est l'assurance qu'on sera trahi par ses proches.

S'il en sort une ligne qui se rende à la racine du doigt du milieu, c'est le gage du bonheur et des succès ; — Cette ligne n'annonce que des malheurs lorsqu'elle va se perdre sous la racine du petit doigt.

Des lignes qui partent de la jointure et se perdent le long du bras annoncent qu'on sera exilé de sa patrie. Si ces mêmes lignes se perdent dans la paume de la main, elles présagent de longs voyages sur terre et sur mer et une vie continuellement agitée.

Coupée vers le milieu par deux petites lignes traversales et bien apparentes, cette ligne annonce une mort prochaine.

Si la *ligne de vie* est entourée de petites rides qui lui donnent la forme d'un arbre chargé de rameaux, pourvu que ces rides s'élèvent vers le haut de la main, c'est le présage des richesses et des honneurs, — selon quelques chiromanciens c'est le plus heureux de tous les signes. Mais si ces rides sont tournées vers le bas de la main, elles annoncent la pauvreté et une ruine peu éloignée.

Si ces rides sont étroites et divisent transversalement la ligne de vie, elles promettent un mélange de bien et de mal. Toutes les fois que la ligne de vie est interrompue et brisée c'est signe d'autant de maladies. Si la ligne de vie est chargée de points ou de petits trous, c'est la marque d'un tempérament impudique ; si ces points sont rouges ils annoncent un grand péril dans une aventure galante.

Si l'on trouve sur la ligne de vie un point entouré d'un petit cercle on sera borgne parce que cette figure annonce la perte d'un œil. Si ce signe est double il y a lieu de craindre de devenir aveugle.

Une croix placée en haut de la ligne de vie, entre le pouce et l'index annonce, un penchant déterminé à la luxure et à la débauche. Si cette croix est au contraire à la fin de la ligne de vie, vers la jointure, elle présage la mort et quelquefois une mort violente.

La ligne du milieu est aussi appelée la *ligne de la santé et de l'esprit*. Lorsqu'elle est droite, bien marquée, d'une couleur naturelle elle donne la santé et l'esprit, le jugement sain, une heureuse mémoire et une conception vive. Si elle est longue on jouira d'une santé parfaite jusque dans l'extrême vieillesse. Si elle est tellement courte qu'elle n'occupe que la moitié de la main, elle dénote la timidité, la faiblesse, l'opiniâtreté, l'avarice, si elle est livide la perfidie.

Recourbée vers le petit doigt elle présage une vieillesse pauvre. Si cette courbe forme une espèce de crochet c'est un signe de méchanceté.

La ligne de santé et de l'esprit, lorsqu'elle se recourbe, dénote la sottise et la grossièreté. Quand elle est tortueuse elle donne l'esprit du vol ; droite au contraire et d'une couleur brillante c'est la marque d'une conscience pure et d'un cœur juste.

Large, profonde et d'un rouge épais, cette ligne annonce la rudesse et l'importance... Chargée de petits ronds c'est autant de meurtres que l'on commettra si l'on n'y prend garde.

Si cette ligne s'interrompt vers le milieu, pour former un espèce de demi cercle c'est le présage que l'on sera exposé à de grands périls avec les bêtes féroces

Quand il s'élève une petite croix au milieu de la ligne de santé on peut s'attendre à mourir dans l'année. Si la ligne de la santé et de l'esprit est fourchue vers son origine elle annonce un esprit précoce mais qui s'affaiblira avec l'âge. Si elle est fourchue à son extrémité ou qu'elle se divise en plusieurs rameaux descendant vers la base de la main, elle annonce un esprit tardif mais qui se fortifiera avec l'âge. Ce trait promet encore une longue vie mais souvent une vieillesse pauvre.

La *ligne de la fortune* ou *du bonheur* commence sous la racine de l'index et se termine à la base de la main, en deça de la racine du petit doigt ; elle est en général presque parallèle à la ligne de la santé.

Si la ligne de la fortune est égale, droite, assez longue et bien marquée, elle annonce un excellent naturel, la force, la modestie et la constance dans le bien ; — si, au lieu de commencer sous la racine de l'index, entre l'index et le doigt du milieu, elle commence presque au bout de la main, c'est un signe d'orgueil et de cruauté.

Si elle est très rouge dans sa partie supérieure elle dénote l'envie, — elle annonce un délateur prompt à nuire et heureux du mal d'autrui. Si la ligne de la fortune est chargée de petites lignes formant des rameaux qui s'élèvent vers le haut de la main, elle présage les dignités, le bonheur, la puissance et les richesses ; — mais si cette ligne est absolument nue, unie, sans rameaux, elle est un présage de misère et d'infortune.

Si les rameaux dont elle est ordinairement chargés sont au nombre de trois, qu'ils se dirigent vers le haut de la main du côté de la santé, c'est l'indice d'un esprit enjoué, d'un cœur généreux ; — c'est le signe de la modestie et de l'amabilité. Il est rare qu'avec ces trois rameaux on ne plaise pas aux dames, et, avec ces trois rameaux encore, aucune femme ne doit craindre de manquer d'amants.

S'il se trouve une petite croix sur la ligne de la fortune c'est la marque d'un cœur, libéral, bon, ami de la vérité, affable, orné de toutes les vertus.

Lorsque la ligne de la fortune ou du bonheur, au lieu de naître sous la racine de l'index prend naissance entre le pouce et l'index au même point que la ligne de la santé et de l'esprit, de telle façon que ces deux lignes forment entre elles un angle aigü, on doit présager de grands chagrins, des périls et le dégoût de la vie. Si la ligne de la santé ne se trouvait pas au milieu de la main et qu'il n'y restât que la ligne de vie et la ligne de fortune ou du bonheur réunies à leur origine, de manière à former un angle aigü, c'est le présage qu'on aura un grand désavantage dans une affaire ou bien que la mort est prochaine et ne doit pas avoir une cause naturelle.

Au contraire, si la ligne de la fortune est droite et déliée dans sa partie supérieure, elle donne le talent de gouverner sa maison et de faire face honnête à ses affaires. Si cette ligne est interrompue vers le milieu par de petites lignes transversales : elle indique l'adulation et la duplicité, défauts qui finissent par amener la haine générale.

Lorsque la ligne de la fortune est pâle dans toute sa longueur, elle promet la pudeur, la chasteté, un tempérament froid, mais une grande faiblesse de corps et d'esprit. Si elle manque totalement dans la main, c'est un mauvais présage et la personne privée de cette ligne n'aura aucun caractère ; — déguisée on aurait peine à reconnaître son sexe parce qu'elle tient de l'homme et de la femme ; — elle aura plus de dispositions pour le mal que pour le bien, peu de constance et un penchant à se fâcher pour la moindre chose. Si dans la partie inférieure de la ligne de la fortune se trouvent de petites lignes transversales c'est autant de nouveaux mariages que l'on fera ou qu'on a fait déjà.

Dans beaucoup de mains la *ligne du triangle* est imperceptible, sans qu'on en puisse rien conclure de défavorable. Si la ligne du triangle est droite, apparente, — car ordinairement elle paraît fort peu, — et qu'elle s'avance jusqu'à la ligne de la santé, elle promet de grandes richesses. Si elle se prolonge jusque vers la racine du petit doigt, vers le bas de la main, elle présage des malheurs, des rivalités, des haines. Si elle est tortueuse, inégale, de quelque côté qu'elle se dirige elle annonce que l'on ne sortira pas de la pauvreté.

L'éminence qui se trouve à la racine du pouce et s'étend jusqu'à la ligne de la vie se nomme *Mont de Vénus*. Quand cette aspérité est douce, unie, agréalement colorée, c'est l'indice d'un heureux tempérament et de grandes dispositions pour les aventures amoureuses.

Si cette montagne est ornée d'une petite ligne parallèle à la ligne de vie et voisine de cette dernière ligne, c'est le signe d'un goût insatiable pour les plaisirs de Vénus ; c'est aussi le présage des richesses. Si l'éminence qui se trouve au-dessous du pouce est chargée de petites lignes parallèles à la ligne de vie on sera riche dans sa jeunesse et pauvre dans un âge avancé. Si les lignes qui couvrent le Mont de Vénus se dirigent dans un autre sens, c'est-à-dire si elles viennent de la jointure du pouce à la ligne de vie on sera pauvre dans sa jeunesse et riche dans sa vieillesse.

Si cette éminence est à la fois chargée de lignes qui se croisent en longueur et en largeur on sera riche toute sa vie ou du moins on jouira d'une aisance honnête. Si le pouce est traversé dans toute sa longueur de petites lignes qui se rendent de l'ongle à la jointure, ces lignes promettent un grand héritage. Mais si le pouce est coupé de lignes transversales, parallèles à la jointure cela indique que l'on fera des voyages longs et périlleux.

Si le pouce ou la racine du pouce présentent des points ou des étoiles c'est un signe de gaieté.

La figure d'un petit cercle sur le pouce annonce encore un tempérament heureux et amoureux. Les figures de une ou plusieurs petites croix dénotent la piété, la dévotion, l'amour de la retraite.

L'éminence qui se trouve à la racine de l'index se nomme *Mont de Jupiter*. Quand cette aspérité est unie et agréablement colorée c'est le signe d'un heureux naturel et d'un cœur porté à la vertu. Si elle est chargée de petites lignes doucement marquées on recevra des honneurs et des dignités importantes.

Si ces plis que forment la seconde jointure de l'index sont larges et d'un rouge foncé ils annoncent un homme impuissant en amour, dans une femme c'est l'indice de quelque couche dangereuse.

Si le dessus de l'index est traversé d'une ligne dans toute sa longueur, on mourra de mort violente. Si la jointure qui avoisine l'ongle de l'index est doucement plissée et naturellement colorée, elle dénote une humeur affable, une voix sonore : la même personne aura les deux premières dents de la mâchoire supérieure un peu fortes sans en paraître plus laide. Plusieurs petites lignes entre la seconde jointure et la racine de l'index présagent de riches successions de la part de parents éloignés dont on n'attend rien.

L'aspécité qui s'élève dans la paume de la main, à la racine du doigt du milieu se nomme le *Mont de Saturne*. Si cette éminence est unie et naturellement colorée elle marque la simplicité et l'amour du travail ; mais si elle est chargée de petites rides, c'est le signe de l'inquiétude, c'est l'indice d'un esprit prompt à se chagriner.

Lorsque la jointure qui sépare le doigt du milieu de la main présente des plis tortueux elle indique un jugement lent, un esprit paresseux, une conception difficile. Une petite ligne dans la main d'une femme, de chaque côté de la racine du doigt du milieu annonce de bonnes dispositions pour être mère. On peut même être assuré que si ces lignes sont bien marquées cette femme mettra au monde des garçons.

Une femme qui aurait, sous le doigt du milieu, entre la seconde jointure et la jointure de l'ongle la figure d'une petite croix porterait là un signe heureux pour l'avenir. Chez un homme ce signe change de nature et présage des malheurs.

La femme qui aura entre ces deux jointures cinq ou six petites lignes disposées en long accouchera d'un fils qui parviendra dans le monde. Ce fils sera tué s'il se trouve au milieu de ces lignes un point ou la figure d'une étoile.

L'aspérité qui se trouve à la racine du doigt annulaire, se nomme *Mont du Soleil*. Si cette montagne est chargée de petites lignes naturellement marquées, elle annonce un esprit vif et heureux, de l'éloquence, des talents pour les emplois politiques et ecclésiastiques, peut-être un peu d'orgueil. Si ces lignes ne sont qu'au nombre de deux, elles donnent moins d'éloquence, mais aussi plus de modestie et de probité.

Si la racine du doigt annulaire est chargée de lignes croisées les unes sur les autres, celui qui porte ce signe l'emportera sur ses rivaux.

Si ces lignes sont déliées et d'une couleur un peu vive elles donnent la gaîeté et des talents agréables.

Si elles sont tortueuses et d'un rouge épais, elles décèlent un tempérament vicieux et présagent des maladies. Si elles forment une croix de St-André, c'est un signe de modération et de prévoyance. Une femme qui aura sous le doigt annulaire, auprès de la seconde jointure de petites lignes disposées en long sera enrichie par son mari qui acquerra une immense fortune pour la lui donner. Si ces lignes sont auprès de la jointure voisine de l'ongle cette femme sera dévote.

L'éminence qui s'élève dans la main à la racine du petit doigt se nomme *Mont de Mercure*. Si cette éminence est unie, sans ride, également colorée, on aura un heureux tempérament, de la constance dans l'esprit et dans le cœur Les hommes de la modestie ; les femmes de la pudeur et une vertu inaltérable. Si cette éminence est traversée par deux petites lignes qui se dirigent vers le petit doigt c'est la marque de la libéralité. Si les lignes sont d'un rouge obscur, interrompues de taches livides en quelque nombre qu'elles se trouvent, elles dénotent l'esprit de mensonge et l'instinct du vol. Si la jointure qui unit le petit doigt à la main est chargée de lignes tortueuses elle donne de grandes espérances et promet au moins les faveurs de la fortune. Si une femme a au bout du petit doigt une croix plus ou moins formée elle est insolente et babillarde. Deux lignes formant un angle au-dessus de la seconde jointure du petit doigt indiquent l'amour de l'étude, l'esprit hardi, le cœur superbe.

Entre la seconde jointure et la jointure qui avoisine l'ongle, une croix décèle des passions tumultueuses, un sommeil paisible et une conscience agitée. La figure d'un cercle sur le petit doigt promet les dignités et la puissance.

Le *Mont de la Lune* est l'espace qui se trouve sur le bord inférieur de la main, au-dessous de la montagne de Mercure, depuis la ligne du bonheur jusqu'à la ligne de l'esprit. Quand cet espace est uni, doux, net, il indique la paix de l'âme et un esprit tranquille. Lorsqu'il est fort coloré, c'est le signe de la tristesse, d'un esprit chagrin et morose et d'un tempérament mélancolique. Si cet espace est chargé de rides, il annonce des voyages et des dangers sur mer.

Le *Mont de Mars* est l'espace qui se trouve sur le bord inférieur de la main en deça du Mont de la Lune, depuis la ligne de l'esprit jusqu'à l'extrémité inférieure de la ligne de jointure. Quand il est uni, doux et net, il est le caractère du vrai courage et de cette prudence que la bravoure accompagne toujours. S'il est fortement coloré il désigne l'audace, la témérité.

Lorsque la montagne de Mars est chargée de grosses rides, ces rides sont autant de dangers plus ou moins grands suivant la profondeur et la longueur des rides. C'est aussi le présage d'une mort entre les mains des brigands, si les lignes sont livides. Elles sont l'indice d'un trépas funeste si elles sont fort rouges, d'une mort glorieuse au champ de bataille si elles sont bien droites, d'une mort honteuse si elles sont tortues. Des croix sur la montagne de Mars promettent des dignités et des commandements.

Plusieurs auteurs prétendent, pour les jointures que, quand la jointure qui sépare le pouce de la main forme une ligne profonde, simple et bien tracée, elle annonce un tempérament solide et une constitution bien organisée, si elle est inégale, brisée, ou doublée par d'autres lignes elle indique une faiblesse plus grande.

Quand on trouve dans la jointure qui sépare le pouce en deux, trois lignes inférieures, plus ou moins jointes, plus ou moins marqués, c'est le signe d'un bonheur certain.

Quand la première jointure de l'index est chargée de petits rameaux, c'est le caractère de la probité et d'un heureux naturel. Si la ligne de la seconde jointure de l'index est brisée au milieu et qu'elle soit doublée, dans sa rupture, de deux autres petites lignes droites, courtes et bien marquées, on peut s'attendre à des honneurs. Lorsque la ligne de la plus haute jointure de l'index est simple, unie et bien marquée etle promet une santé toujours florissante.

Quand la première jointure du doigt du milieu est chargée de traits et de lignes elle dénote un esprit crédule, une personne un peu simple et de bonnes mœurs. Quand la seconde jointure du doigt du milieu porte plusieurs lignes, elle indique un cœur ambitieux et un esprit inquiet. Quand la troisième jointure est composée de lignes plus ou moins prononcées, elle annonce une âme sans détours et un grand éloignement pour toute espèce de fraude.

Si la première jointure du doigt annulaire est chargée de lignes et de rameaux, c'est le signe d'une grande imagination. Si la seconde jointure porte trois lignes dont celle du milieu soit brisée, c'est le caractère d'un esprit enjoué. Si la jointure du bout du doigt n'est composée que d'une ligne unie, simple et bien marquée elle annonce un bon cœur.

Quand les trois jointures du petit doigt sont chargées de lignes de rameaux et de traits, elles indiquent de l'esprit, des talents et de l'éloquence.

Un mot pour finir sur les signes des ongles. De petits signes blanchâtres sur les ongles présagent des craintes ; s'ils sont noirs ils annoncent des pièges et des dangers ; s'ils sont rouges, des malheurs et des injustices ; s'ils sont d'un blanc pur des espérances et du bonheur.

Quand ces signes se trouvent à la racine de l'ongle, l'accomplissement de ce qu'il présagent est éloigné. Ils se rapprochent avec le temps et se trouvent à la sommité de l'ongle quand les craintes ou les espérances arrivent à se justifier par l'évènement.

Résumons en quelques mots la Chiromancie physique.

Pour qu'une main indique le parfait bonheur, il faut qu'elle ne soit pas trop potelée, qu'elle soit un peu longue ; que les doigts ne soient pas trop arrondis ; que l'on distingue les nœuds des jointures. La couleur en sera fraîche et douce, les ongles plus longs que larges : la ligne de vie bien marquée, égale, fraîche et s'étendant sans interruption jusque dans la jointure.

La ligne de la santé occupera les trois quarts de la main ; la ligne de la fortune sera chargée de rameaux et vivement colorée.

Heureux celui qui avec ces lignes aura encore quelqu'un des signes bienfaisants que nous avons indiqués et à qui les planètes prédiront une existence de joie et de bonheur. Le caractère de cette personne fera son bonheur et le destin sa fortune ; — son étoile toujours brillante la conduira sûrement sur le chemin de la fortune et de la gloire.

VI

LA POSE DES PIEDS ET LA MARCHE

C'est encore dans la façon de tenir et de porter le pied quand il supporte le corps que nous allons trouver les indications du caractère et des aptitudes.

Nous citerons à ce sujet les études intéressantes de M. Raoul de Frontignan qui le premier a donné de ces phénomènes une explication et une interprétation complète et précise.

Il y a trois façons générales de marcher :

1° La pointe du pied écartée et rejetée en dehors.

2° La pointe du pied dirigée en avant sur la ligne de la marche.

3° La pointe du pied rentrée en dedans.

Si nous adoptons comme lignes de définition la ligne des talons au repos et la ligne axiale du pied nous pouvons désigner ces trois poses sous le nom de pose de l'angle obtus. pose de l'angle droit et pose de l'angle aigu.

Entre ces trois poses il y aura, là comme

partout, des poses intermédiaires et de l'étude générale des poses types, il sera facile à chacun de conclure les nuances indiquées par les poses qui parcourent les divers degrés de l'une à l'autre.

Nous allons voir que trois caractères bien distincts sont possibles chez un individu et que chacun de ces trois caractères généraux correspond à une des trois poses de pieds que nous venons de définir.

Le caractère de l'angle obtus sera faible, mou, relâché...

Le caractère de l'angle droit est énergique, vif et entreprenant.

Le caractère de l'angle aigu sera obstiné, emporté, acariâtre...

Il est d'ailleurs facile de se rendre compte de ces faits : Voyons, en effet, quelles sont les diverses manières dont le caractère agit sur le système et nous distinguerons la mollesse, la vigueur et l'outrance.

Quand le caractère agit sur le système nerveux avec mollesse, il arrivera nécessairement que les nerfs se relâcheront Ce relâchement s'étendra jusqu'à l'extrémité des pieds qui laisseront aller leur pointe au dehors pour former l'angle obtus ou ouvert.

Les actions produites par le système nerveux sont alors faibles ou nulles et tel sera le caractère spécial de l'angle ouvert.

Si d'un autre côté le caractère agit avec vigueur sur le système nerveux, il arrivera que cette force coercitive et astringente obligera les nerfs à se ramasser, à se resserrer. Cette force se propageant jusqu'à la pointe des pieds celle-ci sera forcée d'obéir à cette attraction et ramenée sur la ligne de marche pour former l'angle droit, — les pieds seront alors parallèles.

Le caractère correspondant est facile à concevoir. Les actions produites sur le système nerveux sont énergiques et vigoureuses et l'individu qui est ainsi fait se dirige droit à son but.

Enfin quand le caractère agit avec outrance excessive sur le système nerveux, cette tension exagérée attire en dedans la pointe des pieds pour produire l'angle aigu ou fermé que l'on peut aussi appeler l'angle dangereux.

Dans ce cas les actions produites par le système nerveux sont dangereuses, sinon nuisibles.

Il est facile de voir le caractère qui en découle

Il suffit d'ailleurs de regarder et de réfléchir un peu pour se rendre compte des rapports intimes du caractère d'un individu avec son système nerveux.

La région des pieds étant un point de concentration nerveuse et de grand développement des ramifications impressionnables ce sera surtout dans cette direction que le caractère influera le plus.

C'est ce qui fait de l'étude de la pose des pieds une véritable science

Il faut remarquer d'ailleurs que l'action des nerfs ne peut produire dans les pieds qu'un mouvement de déviation, allant de droite à gauche ou de gauche à droite.

Les nerfs relachés laissent fuir la pointe du pied en dehors, les nerfs intensement contractés ont pour effet de ramener cette pointe en dedans.

Le mouvement de la marche ne permet pas, en effet, la contraction ou le relâchement des pieds dans le sens vertical, tandis que la marche peut très bien s'effectuer avec un angle plus ou moins grand des pieds entre eux.

Nous ne pouvons mieux comparer les pieds qu'à l'aiguille d'un baromètre, la pression atmosphérique étant ici la tension nerveuse.

Nous tirerons donc des généralités qui précèdent, les conclusions suivantes.

L'angle obtus ou ouvert des pieds est l'indice d'un caractère faiblement trempé, correspondant à un système nerveux faible et relâché.

L'angle droit correspondra à un caractère fort et bien équilibré, subissant l'influence régulière d'un système nerveux énergique.

L'angle aigu ou fermé, enfin, indiquera un caractère excessivement dur et entêté, sous l'influence d'un système nerveux tendu à outrance.

Voyons rapidement encore de quoi est capable dans la vie chacun de ces trois caractères.

Nous trouverons d'abord l'individu simple et inoffensif, — vivant au jour le jour et insoucieux de ce qui n'est pas son intérêt immédiat. — Il regardera la paix de sa vie comme le bien suprême et seul désirable et souhaitera volontiers du bien à tout le monde pour que tout le monde le laisse tranquille.

Cet individu marchera les pieds ouverts.

Chez l'homme civilisé et ardent, qui ne regarde la vie comme un bien utile que quand on en sait tirer pour soi et pour ses semblables un profit qui soit la trace du passage d'un individu sur la terre, — ce regard s'étend au loin et tout autour, et la pensée se préoccupe de la postérité à laquelle il veut être associé par des œuvres durables. — C'est l'homme du vrai progrès

Cet individu marchera les pieds parallèles.

L'homme sauvage, au contraire, préoccupé seulement de vie matériellement brutale, et toujours disposé à voir un ennemi dans son semblable nous ne pouvons trouver que l'angle aigu, cet homme marchera la pointe des pieds fermée.

Nous avons assez dit sur cette science encore fort récente et déjà si précise. Laissons maintenant au lecteur le soin de se diriger avec ces simples indications et d'étudier avec détails le système dont nous venons d'indiquer les bases et de jalonner de façon suffisante.

Rappelons en même temps qu'une étude ne peut-être vraie et sérieuse que si elle est complète et qu'il ne faudra jamais conclure a priori de l'aspect d'un caractère particulier mais toujours faire une étude d'ensemble et corriger par les points importants les indications erronées qui pourraient se déceler dans des organes de détail.

VII

LE SURNATUREL ET LE MERVEILLEUX

C'est dans l'origine même du monde, à l'aurore des premiers âges de l'humanité que nous devrions remonter pour trouver les premiers pas de l'homme dans l'étude du merveilleux, de la passion instinctive de tous les êtres pourvus d'une intelligence raisonnable pour les choses d'apparence surnaturelle ou au moins ne comportant pas, pour illuminer, une explication immédiate.

Depuis les oracles mythologiques, en passant par les incantateurs parmi lesquels le célèbre Merlin a laissé dans l'histoire des Gaules un nom à jamais illustre, en passant aussi par les sorciers qui furent brûlés pendant l'Inquisition, les astrologues qui brillèrent pendant le moyen-âge et les fameux prophètes cabalistiques dont Joseph Balsamo, — alias Cayliostro, — fut le dernier et le plus curieux. L'histoire de la science humaine est une série de luttes avec les phénomènes extraterrestres et alors encore inexpliqués.

Aujourd'hui nous pouvons rapporter toutes ces choses à trois groupes, — peu distincts d'ailleurs l'un de l'autre. — Le magnétisme animal, — l'hypnotisme, — le spiritisme.

Nous verrons dans la suite de cette étude rapide, nombre de faits bizarres, d'observations presque incroyables, — nous dirons aussi que rien ou à peu près n'est surnaturel et que la nature peut fournir l'explication de toutes choses, hormi des absurdités.

La relation de la cause à l'effet toujours précise et exacte, malgré que souvent très difficile à trouver n'en est pas moins existante. Nous constaterons ces effets, — phénomènes tombant sous nos sens, — et ces phénomènes tangibles ou visibles, nous serons bien forcés de les admettre. Nous en chercherons alors les causes, il faudra bien les trouver, car il serait aussi absurde d'en faire abstraction que de nier l'effet observé normalement d'une cause même encore inconnue.

Nous verrons alors dans la vie, deux côtés distincts : l'un connu entièrement et sensible à notre observatiou immédiate ; — l'autre encore inconnu et comme mystérieux, échappera aux investigations, aux analyses des physiciens et des physiologistes. Ce seront des phénomènes d'abord appelés merveilleux qui vont nous occuper et que nous allons expliquer.

Nous préciserons d'ailleurs nos observations théoriques en les encadrant d'exemples anecdotiques bien constatés qui rendront plus attrayante et aussi plus instructive la lecture de ces quelques pages.

Ne nous étonnons jamais, — la surprise la plus violente trouvera son explication dans le progrès incessant des sciences d observation et même au moment où l'on se refuse à croire les choses qui nous éblouissent et nous étourdissent arrive la connaissance précise des causes d'où il est facile de conclure normalement à la production de l'effet.

Nous devrons d'abord partager la vie humaine en des deux parties, en apparence bien distinctes l'une de l'autre ; la veille état de vie consciente et active. — le sommeil, — état de suspension de la vie de relation et de toutes les sensations qui en dérivent.

Pendant le sommeil l'homme perd pour ainsi dire conscience de sa propre existence et n'a plus la notion des rapports avec les objets extérieurs.

La question s'est posée depuis longtemps de savoir si cette suspension des sensations est produite par l'inaptitude des nerfs à transmettre au cerveau les impressions reçues ou bien si c'est le cerveau qui perd la conscience des impressions transmises par les nerfs.

On n'a d'ailleurs, sur ce point, fait que des hypothèses dont il est fort douteux que l'on obtienne jamais une véritable démonstration.

Il n'en reste pas moins acquis un résultat qui semble un fait.

La vie de relation extérieure dépense une certaine quantité de fluide nerveux et l'action de ce fluide se ralentit sur tous nos organes; les fonctions vitales deviennent moins actives puis finissent par s'éteindre et le sommeil commence

Ce sera lorsque les phénomènes de nutrition jamais interrompus auront apporté au cerveau l'afflux nécessaire à la réhabilitation de la puissance nerveuse que les phénomènes contraires se produiront et que l'état de vérité succédera de nouveau au sommeil.

Il faut remarquer cependant que les choses ne se passent point toujours d'une façon aussi normale.

Les malades, surtout ceux qui sont atteints d'affections nerveuses, peuvent être privés de sommeil pendant un certain temps; ils souffrent alors d'*Agrypmé* en perte de sommeil, aussi appelée insommie ou veille involontaire. Ils peuvent aussi être plongés dans un sommeil plus long et plus lourd qu'il n'est d'ordinaire; ce sera le *cataphora* dont nous allons nous occuper pour en arriver au sommeil magnétique.

Le *cataphora* est un sommeil lourd et intense dans lequel on distingue trois degrés croissants :

Le coma, — le carus, — la léthargie.

Dans le cas de léthargie la vie semble totalement suspendue ; c'est une sorte de mort apparente qui a déjà causé bien de pénibles erreurs médicales.

Nous ne citerons pas d'exemple particulier de cataphora, — les annales de médecine sont pleines d'exemples de sommeils durant plusieurs mois et impossibles à vaincre même par l'immersion dans l'eau froide.

Nous en arriverons tout de suite à la *catalepsie* qui en diffère essentiellement.

La catalepsie est une suspension momentanée de l'exercice des muscles sous l'influence de la volonté et même de l'action des sens à part l'ouïe qui reste très nette et l'intelligence qui ne s'arrête de fonctionner, d'une façon même parfois très active.

Quand l'attaque de catalepsie frappe un individu, il demeure instantanément dans la position qu'il avait. Si l'on déplace un des membres d'un cataleptique, ce membre demeure dans la position qu'on lui donne, le corps reste immobile et la bouche muette.

Le pouls devient très faible ainsi que la respiration, parfois même, ils arrivent à être presque insensibles.

La catalepsie est une affection plutôt rare et presque inconnue chez l'homme, — les sujets qui y sont le plus enclins sont les femmes nerveuses ou faibles de constitution.

On trouve dans la *Gazette des Hôpitaux* la relation d'une crise de catalepsie qui dura deux ans, se produisant tous les jours à la même heure et durant le même temps — une heure. Au bout de ce temps, la crise devint moins violente et plus rare, mais la personne qui en était atteinte demeura infirme et dut marcher avec des béquilles.

La catalepsie peut d'ailleurs prendre un caractère léthargique et se prolonge au-delà d'une durée normale et même durant plusieurs jours.

Dans cet état, la peau devient froide, le pouls s'éteint et la respiration disparaît ; c'est une sorte de mort apparente qui a donné parfois lieu à de funestes méprises

Nous prendrons dans les vieilles chroniques d'Espagne la relation d'un fait rapporté par la jeune fille qui faillit en être la victime...

— « On me crut morte... J'entendis les gémissements de ma famille éplorée, j'entendis les sanglots et reçus le dernier adieu de mon fiancé ; mes sœurs me donnèrent le dernier baiser ; la bière était ouverte, elle allait se fermer sur moi lorsque le conseil d'un médecin fit retarder mon enterrement. Je restai trois jours exposée sur un lit mortuaire ; trois jours à écouter ce que la douleur d'une famille dont j'étais l'idole, avait de plus déchirant et de plus cruel !

« Je saisissais tout ce qui se disait jusqu'au moindre bruit : combien de fois j'essayai de m'agiter, de crier, de pousser un soupir, impossibilité absolue... J'étais morte physiquement, l'intelligence et l'ouïe seules avaient conservé leur activité. Je me voyais, hélas ! condamnée à être enterrée vive. Quelles angoisses, quel supplice !... Oh, que je souffrais.

» Le matin du quatrième jour, mon médecin et deux de ses collègues vinrent me visiter ; ils m'explorèrent minutieusement, soulevèrent plusieurs fois mes paupières, qu'ils frottèrent entre le globe de l'œil en disant : « Prunelles insensibles et vitreuses, froideur général, face livide, plaques verdâtres sur la surface du corps, ce sont les signes certains d'un commencement de décomposition ; on peut l'enterrer aujourd'hui. »

» Ma famille sortit de l'appartement où j'étais exposée pour éviter le douloureux spectacle de mon ensevelissement. Alors on me descendit dans la bière et j'entendis les marteaux clouer le couvercle.

» En ce terrible instant, que de tentatives ne fis-je point dans la pensée, que de prodigieux efforts pour donner signe de vie ! toujours même impossibilité...

» Je me résignai donc, croyant que c'était la volonté de Dieu, et me mis à le prier avec ferveur.

» Je fus portée à l'église, des cierges brûlèrent autour de mon cercueil, les prêtres chantèrent la prière des morts ; une heure après les fossoyeurs me faisaient glisser dans la fosse.

» Au bruit sourd de la première pelletée de terre jetée sur mon cercueil, tout mon être frissonna, tressaillit ; je m'efforçai de crier ; je multipliai dans mon esprit tout ce que l'énergie du désespoir peut donner de puissance à l'action ; vains efforts ! je restai immobile et muette sous mon linceul.

« Rientôt je tombai dans l'abattement, nos idées si claires jusque-là s'affacèrent et je perdis connaissance.

« Lorsque je revins à moi, le vent sifflait dans les ifs du cimetière, le tonnerre grondait avec fracas, un orage éclatait sur ma tête. La foudre tomba probablement près de moi, car j'éprouvai une violente commotion ; il me sembla que la sensibilité revenait au corps.

« Voici à quelle triste circonstance je dus mon retour à la vie.

« Celui que j'aimais, Diego, le jeune homme à qui j'étais fiancée, avait obtenu du fossoyeur, moyennant une somme d'argent, que la fosse ne serait comblée que le lendemain matin.

« Un horrible projet roulait dans sa tête : il voulait s'unir à moi par le suicide, et partager ma tombe.

« En effet, vers le milieu de la nuit, j'entendis des pas s'approcher ; c'était lui !

« O mon amour, — s'écria-t-il, — Diego ne « pouvant vivre sans toi, vient mourir près de

« toi, que Dieu me pardonne cet acte de déses-
« poir et réunisse nos deux âmes ! »

« J'entendis craquer les ressorts d'une arme. il allait se tuer... Soudain un cri perçant partit de ma gorge ; la voix m'était revenue.

« A ce cri que le silence de la nuit et la lugubre obscurité du lieu rendaient encore plus effrayant, l'arme s'échappa de la main du jeune homme et vint tomber sur mon cercueil.

« Aux premières lueurs du jour, attiré par mes gémissements, les gardiens du cimetière accoururent à ma fosse, enlevèrent le corps de Diego, déclouèrent ma bière et me rendirent à mes parents.

« La violente émotion que leur causa ma présence faillit coûter cher à plusieurs d'entre eux.

« Entourée de soins empressés, de sollicitude et de caresses, je me rétablis promptement.

« Et Diego ?... L'infortuné lorsqu'il rouvrit les yeux il était fou... je lui ai consacré ma vie sur la terre, car c'est pour moi qu'il a perdu la raison

Ajoutons encore que, d'une façon générale, un cataleptique, une fois qu'il est rétabli ne se rappelle rien en général de ce qu'on lui a fait durant sa maladie.

On peut citer encore une autre affection nerveuse, dénotant de la catalepsie et de la léthargie et donnant aussi tous les caractères d'une mort apparente.

Là encore, pendant un certain temps, le mouvement et la sensibilité sont supprimés tandis que l'intelligence et l'ouïe persistent et paraissent même augmenter considérablement d'intensité.

Cet état ne diffère de la catalepsie que par le fait que les yeux se ferment et que les membres restent mous et flexibles, mais sans force aucune.

On a parlé beaucoup d'un jeune etudiant qui, épuisé par les veilles et des travaux successifs, tomba tout à coup dans une sorte de catalepsie fort inquiètante.

Il ne respirait plus à peu près, se laissait crier dans l'oreille, pincer et mordre sans faire un mouvement et se réveillait brusquement en donnant la solution immédiate d'une question scientifique qui lui lui était posée.

Un autre, un musicien délicat et passionné avait comme des extases à l'audition de belle musique. Tombé en catalepsie il se réveillait en criant quand on jouait faux auprès de lui.

Si l'on consulte les annales de médecine on découvre une multitude d'exemples analogues, montrant combien peuvent être dangereuses les inhumations précipités.

Les médecins légistes sont d'ailleurs tous d'accord pour reconnaître que, parmi les signes habituels de la mort il n'en est qu'un qui emporte avec lui un criterium absolu, la putréfaction bien déclarée.

Terminons en disant que, aussi bien que l'homme, les animaux, les végétaux et en général tous les êtres ayant vie, dorment et que le sommeil est d'autant plus long que l'on descend davantage dans l'échelle des êtres organisés.

Voyons maintenant quelles sont les perversions du sommeil dans la race humaine.

VIII

LES SONGES ET LES RÊVES

Lorsque l'homme est endormi, et lorsque la comparaison et le jugement ne fonctionnent plus et se reposent, il arrive que l'imagination plus autant réglée ou entravée par la raison se donne libre carrière dans ses écarts et ses caprices.

Travail intellectuel de mémoire et d'imagination, représentation confuse et non coordonnée des impressions, reçues à l'état de veille, le rêve produit par cet ensemble non coordonné produit l'appareil fantasmagorique et bizarre dont on n'a pas conscience avant de s'endormir.

Quelquefois cependant, le jugement persiste, la comparaison, vient en aide, la mémoire et les idées du dormeur se coordonnent pour faire du rêve une représentation plus ou moins fidèle des projets ou des sensations de la veille.

Nous verrons enfin que le rève est quelquefois produit par la souffrance, la gène ou la maladie d'un organe essentiel de la vie.

D'une façon générale il faudrait distinguer les rêves en deux classes, les rêves bien coordonnés et d'une vérité frappante, ce seront les *songes lucides* ; les rèves bizarres, incohérents décousus ne laissant qu'un souvenir confus, ce sont les *songes obscurs*.

Il y a même des rêves si bizarres que l'on ne peut que s'en étonner sans en chercher l'explication.

On peu citer le rêve fameux du grand professeur Gruithuisen, qui a beaucoup écrit sur les songes d'après ses propres observations.

Il rèva un jour qu'il montait un superbe cheval blanc, ce cheval devint ensuite âne, puis bouc, bélier, puis jeune fille et enfin vieille femme.

Cette vieille se transforma en chat qui sauta vivement et grimpa sur un arbre, qui se transforma en église, puis en jardin, tandis que l'orgue de l'église devenait une guittare dont le chat jouait. Enfin le chat devint un serpent et siffla si fort qu'il réveilla le rêveur.

Quelques mots en passant sur le mécanisme du rêve.

Pour que le rêve soit possible il est de toute

nécessité que tous les organes du cerveau ne soient pas endormis. C'est ce qui explique que, chez les personnes physiquement ou intellectuellement lasses, le premier sommeil est un repos complet, point du tout traversé par un rêve quelconque.

Tout organe du cerveau, demeurant éveillé durant le sommeil des autres pourra parcourir le cercle des idées qui lui appartiennent. et l'ensemble de ces idées inconscientes, formera le rêve.

Il est clair, d'ailleurs. que la concentration forcée de la puissance vitale sur une ou plusieurs facultés pendant le repos des autres, donne à ces facultés une intensité extraordinaire et c'est là qu'il faut voir l'explication de la lucidité de certains rêves, de la pénétration de l'avenir assez commune pendant le sommeil.

Nous reviendrons sur ce fait à propos de l'explication des songes et de leur application à la prédiction de l'avenir.

Avant d'en arriver là nous allons dire un mot du Cauchemar.

Le cauchemar est un songe très pénible fait d'apparitions effroyables auxquelles se joignent des suffocations douloureuses. On ne saurait se tirer d'un péril qui semble imminent et auquel se joint un vague sentiment de terreur et d'angoisse.

Durant le cauchemar, l'imagination surrexcitée est peuplée de monstres terribles, de fantômes repoussants, de squelettes, de cadavres d'animaux étranges et effrayants... qui accompagnent leurs ébats de rires, de contorsions, de grimaces et de coups dont on souffre sans pouvoir sans défendre.

Le réveil laisse l'homme harassé, brisé, couvert de sueur froide, et encore sous l'impression poignante de ces lugubres images.

On a donné le nom d'*incube* au cauchemar dans lequel un homme écrase de son poids un être quelconque ; le succube est celui où la femme se sent écrasée.

C'est du moins l'opinion des pères de l'Eglise qui se sont beaucoup occupé de cette question à propos du péché commis à l'état de sommeil, il semblerait cependant plus normal de considérer qu'il y a *incube* lorsque le dormeur écrase quelqu'un ou quelque chose et *succube* lorsqu'il est écrasé, quel que soit d'ailleurs le sexe.

Nous reviendrons sur les incubes et les succubes à propos des hallucinations

On prétend que c'est pendant une période d'affection cérébrale, une sorte de cauchemar perpétuel, même à l'état de veille, que Jacques Callot composa ses remarquables tableaux diaboliques, parmi lesquels la tentation de St-Antoine est un des plus illustres.

Le Dante aussi, subissait, dit-on, une influence analogue quand il écrivit les scènes de l'enfer.

L'histoire est pleine d'aventures ayant un

cauchemar pour origine, et souvent une belle œuvre où une grande action n'a eu d'autre déterminant.

Il faut voir aussi dans la concentration, la localisation de l'idée pendant le rêve, une explication de la prescience chez les rêveurs.

Il serait à coup sûr peu raisonnable de croire à la réalisation fatale de tous les songes en général ou de regarder tous les songes comme un avertissement venu d'en haut, d'une puissance supérieure et occulte.

Il n'est pas niable cependant que certains songes se réalisent par la suite jusque dans leurs moindres détails, et sont pour ainsi dire: des songes prophétiques.

Il y a, d'ailleurs, à l'appui de cette théorie, un si grand nombre d'observations, que le plus incrédule ne peut nier l'évidence et se refuser à constater la coïncidence, — trop régulière pour être hasardeuse, — entre les évènements, les catastrophes, et les songes qui les avaient annoncés.

Le scepticisme le plus grand tombe, la raison encore hésitante est vaincue devant la fréquence et l'évidence flagrante des songes prophétiques aux indications si précises et si complètes.

On doit alors le considérer comme un travail particulier du cerveau pendant le sommeil, sous l'influence des causes extérieures à notre moi, et souvent mal définies, mais non moins pour cela existantes malgré les difficultés que nous éprouvons à les saisir.

Que verrait-on d'ailleurs de plus merveilleux dans la réalisation d'un rêve, que dans celle des prédictions d'une voyante ou d'une somnambule.

Pourquoi la pressience ou moins le pressentiment serait-il moins normal à l'état de sommeil qu'à l'état de veille ?

Nous dirons donc que le rêve prophétique n'a rien de merveilleux ni de surnaturel et ne paraît souvent ainsi que parce que sa cause nous demeure cachée ; que cette cause vienne à se découvrir ou à se manifester et le rêve prophétique redevient un phénomène quelconque qui rentre aussitôt dans l'ordre moral des choses.

Nous en donnons d'ailleurs plus loin une théorie explicative qui rentrera dans la théorie générale de la transmission du fluide nerveux. longtemps improprement appelé fluide magnétique.

Nous pouvons citer enfin l'opinion du philosophe Synesius, qui vivait vers le cinquième siècle et a laissé de longs écrits sur les songes.

On y peut lire ceci :

« Les sens sont bien les moyens et les instruments des sensations, mais le sentiment et la perception des sensations n'appartiennent qu'à l'intellect ; car dans le sommeil nous voyons les couleurs, nous entendons les sons, nous éprouvons les effets du tact... pendant que nos sens reposent et n'y coopèrent en rien, et je crois même que ce mode de percevoir, de sentir a quelque chose de beaucoup plus délicat. C'est pendant le sommeil que nous conversons avec les dieux, que nous sentons s'agrandir notre intelligence et voyons ou devinons les choses cachées. Si donc, en suivant l'indication d'un songe, quelqu'un trouve un trésor, découvre un secret, je ne vois rien là d'impossible, pas plus que si quelqu'un s'étant couché ignorant, il se réveille instruit, ayant dans son sommeil conversé avec les muses et reçu leurs leçons Nous avons vu cela de notre temps et je n'y trouve rien d'incroyable. »

Si l'on parcourt l'histoire il s'y rencontre à chaque pas des citations relatives aux rêves fantastiques ; on les acceptait généralement alors d'une façon brutale sans en chercher même la causalité directe.

Plus tard, on a voulu les nier, mais il a bien fallu se rendre à l'évidence du fait historique et l'admettre quitte à l'expliquer plus tard.

Cicéron, qui était augure de Rome et se moquait des songes et des énigmes nous a cependant relaté, dans son traité *De la Divination*, plus d'un songe remarquable.

Il y rapporte, entre autres, le songe de Simonide qui fut averti en rêve par un homme qu'il avait inhumé de ses mains, du naufrage d'un navire sur lequel il devait s'embarquer le lendemain. Simonide ne partit pas et le navire fut en effet perdu corps et biens.

Valère Maxime raconte des histoires analogues.

Un des rêves les plus curieux est celui de Calpumée, femme de César. Elle vit une nuit la statue de son mari répandre du sang par une blessure, puis le dôme de son palais s'écrouler sur elle durant que César tombait sous les poignards d'une bande d'assassins. Elle supplia César de ne point sortir ce jour-là mais il ne voulut point l'écouter, alla au sénat quand même, et y fut assassiné.

La mère d'Alexandre le Grand, Olympias, étant grosse, rêva qu'elle accouchait d'un enfant armé de pied en cap. Cet enfant dompta un superbe coursier sauvage et après avoir rempli du bruit de ses exploits tout le monde connu mourut à la fleur de l'âge. — C'est en résumé l'histoire exacte du fameux roi de Macédoine qui devint empereur de presque toute l'Europe et l'Asie.

Sylla, sur le point d'accomplir son fameux coup de force contre Rome, hésitait à marcher en avant quand Bellone lui apparut en songe pour lui apporter les foudres de Jupiter. Le lendemain Sylla reprenant courage entrait dans Rome qu'il mettait à feu et à sang.

Trois jours avant sa mort, le même Sylla avait rêve que la Parque coupait le fil de ses jours. Les gausseries qu'il en fit à ses amis ne le préservèrent point de l'accès de fièvre pernicieuse qui l'emporta en quelques heures.

Le roi de France Henri II périt dans un

tournoi où sa femme, Catherine l'avait supplié de ne pas se rendre parce qu'elle avait rêvé la nuit qu'il était pâle et couvert de sang.

Un peu plus tard, à la fin du règne de Henri IV, Marie de Médicis, sa femme, s'éveilla effrayée et pleurante en poussant un grand cri épouvantable.

— « Qu'avez-vous donc ? » demanda le roi.

— « J'ai rêvé qu'on vous assassinait. »

— « Heureusement, — répondit Henri IV en » riant — que les songes ne sont que des men» songes. »

Quelques jours plus tard, le roi vert galant tombait sous le poignard de Ravaillac.

Citons enfin ce rêve célèbre d'une jeune mère qui rêve que l'on vient d'enterrer vivant son enfant alors en nourrice.

Précipitamment elle court et arrive juste pour voir refermer la tombe de son enfant. Affolée elle fait à nouveau creuser la fosse, brise le cercueil et emporte le petit être que quelques soins intelligents ramenaient à la vie après une courte catalepsie

Il serait facile de multiplier ces exemples, — la série que nous en avons donnée est croyons-nous suffisante, car on y doit reconnaître facilement la mise en jeu de l'action cérébrale par une influence morale et physique.

La production des rêves, — nous l'avons vu — est des plus facile à expliquer, — bien que beaucoup plus difficile à expliquer, sa réalisation, nous le voyons se trouve souvent dans la marche normale des choses humaines.

Quelques-uns cependant semblent parfois tellement hors du cercle de notre vie que nous hésitons à leur trouver ou à leur assigner une cause. D'autres phénomènes d'ailleurs, et des plus nombreux, forment toute une catégorie de faits indéniables dont la causalité nous échappe.

On a voulu les expliquer par une sorte d'intuition, de révélation de l'avenir, par une puissance occulte et inconnue

Cette explication n'explique rien et il faut se défier de raisonnements analogues qui n'ont rien de philosophique et qui nous conduiraient bien vite à la superstition, c'est-à-dire forcément à l'erreur.

Des théories rapidement tracées dans ce qui précède sur le sommeil et sur le rêve, on peut conclure que la cause des rêves doit être cherchée dans l'association des idées et dans leur succession régulière ou irrégulière sous l'influence d'une excitation plus ou moins grande du cerveau.

Il faut remarquer aussi que cette excitation cérébrale peut dépendre de deux sortes de causes ; causes physiques et causes morales dont l'impression demeure dans le système ébranlé et que le cerveau ressent encore durant le sommeil.

On peut d'ailleurs dégager quelques lois assez générales sur la nature des rêves, en remarquant tout d'abord que les songes se portent plutôt sur des choses absentes que sur des choses présentes, s'affectent plus souvent des probabilités que des réalités.

En un mot, le rêve, mélange inconscient de souvenirs et d'espérances, néglige l'acte présent et fait songer soit de ce que l'on a fait, soit de ce que l'on désirerait faire plus tard.

Et de là résulte, souvent avec incohérence, et sous l'influence de l'imagination et de la mémoire, ce bizarre amalgame où se mélangent parfois sans ordre les réalités du passé avec les esprits du présent et les incertitudes de l'avenir.

Il n'est donc nullement téméraire d'avancer que, malgré que les rêves s'entourent souvent de mensonges, il leur faut voir cependant un côté vrai qui résulte des rapports immédiats qu'ils ont avec les objets qui font agir notre pensée.

Nous ne contesterons pas que certains rêves sont tellement bizarres et décousus, ou tellement éloignés des choses probables ou possibles de notre vie que l'esprit le plus perspicace n'y pourrait rien deviner et que sa pénétration se consumerait en vains efforts dans les recherches de la cause.

Dans ce cas encore cependant, si l'on tient compte de la rapidité de la pensée, de la puissance de l'imagination il est facile de concevoir la possibilité sinon d'expliquer d'une façon complète et absolue tous les songes, au moins de découvrir leurs contingences et leurs relations.

C'est ce dont nous indiquerons les moyens généraux.

Avant d'en arriver là, disons un mot rapide sur les moyens artificiels employés, autrefois comme aujourd'hui, pour provoquer le sommeil. Ce nous sera en même temps une transition pour arriver à parler du somnambulisme et du sommeil magnétique.

Nous voyons dans l'histoire que les efforts de l'homme se portèrent toujours vers le moyen de se procurer un sommeil doux et paisible, meilleur réparateur des forces physiques et morales épuisées par le travail de l'état de veille.

On a trouvé aussi des substances diverses qui, absorbées de façon convenable, procurent des rêves agréables et délicieux ; d'autres fatiguent l'économie générale et deviennent la cause de terribles cauchemars.

Chez les Turcs et les Chinois surtout, on obtient en mâchant de l'opium, des songes ravissants, mais l'usage de cette drogue devient fort dangereux à la longue.

L'aconit napal, dit-on, rend les idées rieuses et développe extraordinairement l'imagination.

D'après les expériences faites sur lui-même

par le docteur Grégons, le chlorhydrate de morphine rend joyeux et le protoxyde d'azote pris en inhalations produit des sensations très agréables.

D'après Hérodote, les Scythes s'enivraient à l'odeur exhalée par des grains de chanvre qu'ils jetaient sur des pierres rougies au feu.

Le Hachich, dont parle Schaw et qui n'est autre qu'un mélange de feuilles de chanvre avec du chènevis concassé, se fume dans certaines tribus arabes dans le but d'obtenir une somnolence douce accompagnée de rêveries charmantes.

Le *Dictionnaire de Médecine* aussi bien que l'*Encyclopédie Méthodique* citent plusieurs exemples tendant à prouver que l'odeur de la jusquiame provoque aux querelles et aux rixes.

D'après Porta et Cardan, il y a deux recettes qu'employaient les sorciers pour se plonger dans un lourd sommeil pendant lequel ils rêvaient assister au sabbat : l'une et l'autre a pour base le solanum sommiferum, et l'autre est faite surtout de jusquiame et d'opium.

Beaucoup de phyltres analogues n'étaient d'ailleurs que des mélanges aphrodisiaques.

Découvrira-t-on un jour l'agent énergique qui pourra, sans nuire à la constitution, procurer le sommeil reposant et tranquille traversé de rêves doux et voluptueux aux images caressantes qui enchantent l'âme et le cœur.

Ce serait peut-être la fin de bien des misères

ou au moins leur soulagement. Mais là n'est point ici notre rôle, et nous nous occuperons seulement des faits existants et de ceux que l'on peut provoquer sans l'usage d'aucun agent physique où d'aucune drogue plus ou moins médicamenteuse.

IX

DU SOMNAMBULISME

Le somnambulisme, — (du latin, *somnus:* sommeil et *ambulare:* marcher) est regardé par plusieurs savants comme une sorte de névrose des fonctions cérébrales, d'autres n'y voient qu'un état nerveux particulier qui n'altère en rien les fonctions physiologiques de cet organe.

Quelques grands médecins cependant, entre autres Esquirol, célèbre à bon droit par ses longs travaux sur les maladies mentales ont observé que le somnambulisme fréquent est souvent comme le prélude de l'aliénation mentale.

Pendant le sommeil somnambulique, beaucoup plus profond que le sommeil normal, le cerveau conserve l'exercice de plusieurs de ses facultés intellectuelles qui, non seulement semblent agir rationnellement mais encore commandent d'une façon normale et régulière le jeu des organes moteurs et sensitifs.

Le somnambule agit avec beaucoup d'adresse et n'a aucune tentation dans l'exécution des mouvements exigés par la série d'idées qui se développent dans le cours du rêve. — Les somnambules agissent avec précision et opèrent avec rapidité les choses dont ils ont la perception extraordinairement claire.

On affirme que Voltaire et Crébillon écrivirent souvent leurs plus belles pages dans des accès de somnambulisme. Lorsque Cardillac travaillait à son *Cours d'Etudes*, la contention de son esprit persistait pendant le sommeil et donnait lieu à un somnambulisme lucide au moyen duquel il terminait facilement les travaux ardus laissés inachevés pendant le jour

Les mêmes phénomènes se retrouvent chez les musiciens et ce fut dans un accès de somnambulisme que Tartini composa sa fameuse *Sonate du Diable* déjà rebelle à un mois de travail.

Le docteur Hard cite un bègue qui acquérait pendant le sommeil une extraordinaire facilité de locution et devenait éloquent.

Un fait curieux, c'est que le somnambule ne conserve après son réveil aucune mémoire de ce qu'il a fait pendant le sommeil ; c'est d'ailleurs là un fait caractéristique.

Burdach fait observer que la mémoire de ce

qui a été fait à l'état de somnambulisme revient d'une manière assez nette pendant le sommeil ordinaire qui suit immédiatement.

Les physiologistes qui ont écrit sur le sommeil reconnaissent au somnambulisme différents degrés d'intensité et de faiblesse. Selon eux, depuis les somnambules qui agissent, marchent, travaillent, jusqu'à ceux qui parlent, chantent où gesticulent sans mettre en action l'appareil locomoteur, il y a un grand nombre de nuances.

Le somnambule agit généralement les yeux fermés et même quand il les garde ouverts, la vision ne lui sert absolument à rien, tandis que le sens du toucher se trouve développé d'une façon extraordinaire et éprouve même les sensations à distance et pressent pour ainsi dire les dangers à distance.

Le jugement reste d'ailleurs entier chez les somnambules. Voici à ce sujet le fait que rapporte Esquirol :

Un pharmacien préparait souvent à l'état de somnambulisme. Pour éprouver si son jugement restait entier ou s'il n'avait que des mouvements automatiques, un médecin fit placer sur le comptoir de la pharmacie la formule suivante :

« Sublimé corrosif. . . . 2 gros.
« Eau distillée. . . . . . . 4 onces.
« A avaler en une seule fois.

Le pharmacien se leva pendant son sommeil et descendit comme d'habitude à son laboratoire. Il prit la formule, la lut à plusieurs reprises et prononça très distinctement ces mots que l'auteur de la formule entendait de la pièce à côté et écrivait mot pour mot :

« Il est impossible que le docteur ne se soit pas trompé en rédigeant sa formule : deux grains seraient déjà beaucoup, et il y a ici, très lisiblement écrit, deux gros. Mais deux gros font plus de cent cinquante grains .. C'est plus qu'il n'en faut pour empoisonner vingt personnes ... Le docteur s'est indubitablement trompé.. Je me refuse à préparer cette potion. »

Le somnambule prit ensuite diverses autres formules qui étaient sur la table les prépara, les étiqueta et les rangea en ordre pour être livrées le lendemain.

On voit facilement par là que le jugement reste net et que l'œil n'est pas le seul organe par lequel se puisse opérer la vision, c'est-à-dire qui puisse transmettre au cerveau la perception des objets. Le somnambule aperçoit-il les objets dans l'intérieur de son cerveau sans le secours des sens ou la perception se fait-elle par leur intermédiaire comme certains l'ont prétendu ; on ne saurait guère le prouver, mais ce que personne ne songe à nier, c'est que le somnambule agit les yeux fermés très adroitement et mieux qu'étant éveillé et qu'il sait éviter les obstacles que l'on met sur son passage.

Quelques physiologistes pensent que la vie générale pendant le sommeil somnambulique étant plus puissant que la vie individuelle le somnambule n'a pas besoin des sens externes pour se diriger. la vie générale que les magnétiseurs nomment *vie spiritualisée* éclaire les objets et rapporte toutes les sentations à divers grand centres nerveux.

Le somnambulisme nous conduit maintenant tout droit à la question du magnétisme, tant de fois attaqué et défendu et que l'on mettait même en doute quand, tout dernièrement des faits nouveaux sont venus, — d'apparence presque miraculeuse, — l'asseoir sur des bases solides et faire des phénomènes des vérités scientifiques incontestables.

Nul aujourd'hui n'a donc la moindre idée de contester les phénomènes magnétiques et d'hypnotisme. — et ce qu'ils produisent, — c'est ce que nous allons étudier.

X

L'EXPLICATION DES SONGES

L'histoire nous apprend combien peu est nouvelle l'habitude d'expliquer les songes et les écrivains sacrés ou profanes en font longues mentions

Malgré que des exagérations aient été souvent faites il est bon, croyons-nous, avant de donner les interprétations les plus admises aujourd'hui de citer quelques autorités, de rappeler les hommes célèbres qui ont donné une opinion sur l'origine, les causes et les effets d'un songe.

Hyppocrate d'abord, dit que lorsque le corps est endormi l'esprit veille et se transporte partout où le corps pourrait aller, qu'il connaît et voit tout ce que le corps pourrait connaître et voir s'il veillait, qu'il touche tout ce qu'il pourrait toucher, en un mot, qu'il fait toutes les opérations que le corps de l'homme endormi pourrait faire s'il était éveillé.

Le savant médecin grec était si persuadé de l'influence des rêves et de leur rapport direct avec notre état physique, qu'il prescrit divers spécifiques pour se mettre à l'abri de leurs malins effets.

Voici ce qu'il dit à ce sujet :

Si l'on a vu en rêvant pâlir les étoiles, il faut se hâter de courir en rond, — si c'est la lune on doit courir en long et si c'est le soleil il faut courir en long et en rond.

Galien aussi qui fut un médecin célèbre ne commença à étudier cette science qu'il illustra, qu'à la suite d'un songe fait par son père. Tout médecin qu'il était, Galien cependant n'hésite par à se faire saigner au doigt parce qu'il avait rêvé que cette opération le guérirait d'un point de côté dont il souffrait.

Ils furent nombreux aussi ces sortes d'hystériques qui venaient s'endormir au pied des autels dans l'espoir que Dieu leur enverrait en songe l'indication des remèdes qui guériraient leurs maladies réelles ou imaginaires.

A Sparte ; la république du sceptiscisme pourtant, les magistrats s'en allaient coucher dans le temple de Posiphoé pour être instruits en rêvant des meilleurs moyens de réaliser les choses bonnes aux intérêts de l'Etat.

Il y a lieu de distinguer cinq espèces générales de songes que nous appellerons le songe proprement dit, la vision, l'oracle, la rêverie, l'apparition.

Le songe proprement dit est une figure mystérieuse ou allégorique qui renferme un sens à interpréter. On peut citer à ce sujet le songe de Pharaon, roi d'Egypte, voyant des vaches grasses et des vaches maigres, songe qui, d'après l'histoire sainte, fut si clairement et si justement expliqué par Joseph.

La vision est la chose que l'on voit, étant éveillé malgré qu'elle n'ait aucune réalité matérielle.

L'oracle est une révélation inattendue qui nous est faite par quelque corps céleste ainsi qu'il arriva à Joseph et plus tard aux rois mages.

La rêverie se produit lorsque, pendant le sommeil du corps, l'esprit toujours éveillé est assailli par les choses auxquelles on pensait pendant l'état de veille physique.

C'est ainsi que l'amant rève de sa maîtresse absente, que l'amoureuse jeune fille revoit la nuit le jeune homme charmant dont elle a osé accepter l'hommage respecteux.

Il arrive souvent que, lorsqu'on a été fort préoccupé durant le jour par des appréhensions on y rêve la nuit. Ainsi voit-on l'avare rêver comme en un cauchemard que son trésor lui échappe et souffre-t-il jusqu'à son réveil où il voit non sans joie que son rève était une chimère.

L'apparition tient autant à la magie non moins au spiritisme, qu'à la rêverie, car les gens qui y ajoutent foi prétendent toujours, au moyen de certaines invocations ou incantations faire apparaître à leur gré tel démon ou tel esprit qu'ils auront voulu et appelé.

Le fait est commun chez les enfants et les vieillards qui voient communément des fantômes qu'ils n'ont même évoqué en aucune sorte.

Pour terminer nous ne pouvons négliger le pressentiment qui n'est lui-même qu'une sorte de songe ou au moins de travail occulte de l'esprit, un instant prescient, — même à l'état de veille complète.

Le pressentiment, par nature même, consiste seulement à porter sa pensée vers une chose que l'on redoute ou que l'on souhaite. Si la pensée se fixe sur un point qui a quelque intérêt on s'y arrête, on raisonne et lorsque la chose que l'on a pressentie se réalise, on remarque le rapport qu'il y a entre notre pensée ancienne et la chose présente.

Le pressentiment, pour ne pas être fréquent, est souvent fort curieux et on pourrait citer mille et mille faits accusant une incontestable télépathie entre deux êtres qui ne se voient nullement et agissent sans influence de volonté mutuelle, l'un d'après les inspirations inconscientes de l'autre.

Quelques auteurs ont attribué les songes aux aliments absorbés pendant le jour, d'où Atémidore a tiré cette conclusion : que l'homme sobre et de caractère tranquille peut faire des songes dont l'interprétation ne laisse point de doute.

Nous laisserons à ce savant la responsabilité de cette appropriation.

Nous ne prendrons pas non plus d'une façon indiscutable l'opinion des autres savants qui rapportent les songes aux honneurs, aux passions, aux états d'esprit ou d'imagination et leur donnent le sens d'avertissements venus de haut.

Un exemple est cette statue que voyait en dormant le roi de Babylone et dont il est parlé dans le livre du prophète Daniel.

Il ne faudrait pas admettre que l'accomplissement des choses vues en songe sont une chose nécessaire et absolue, il n'en est pas moins vrai que de nombreux exemples viennent à l'appui de cette théorie et qu'on est bien obligé de l'admettre au moins avec quelques restrictions.

On se rappelle cette histoire d'un prisonnier du Châtelet, — à Paris, — qui vit en songe la corde à laquelle il devait être pendu, puis un de ses amis, qui, l'épée à la main, s'avançait pour trancher la corde que les bourreaux commençaient de lui passer au cou. — Ce rêve fut une véritable réalité car ce condamné fut délivré par des inconnus qui avaient été payés par ses amis.

Il ne faut pas admettre non plus sans discussion ce qui se rapporte aux songes allégoriques et énigmatiques, — en aucun cas les interprétations ne doivent être regardées comme infaillibles puisque le moindre déplacement d'une appréciation peut toujours en modifier le sens. Il faudra donc considérer l'explication des songes surtout comme un amusement d'où l'on pourra parfois tirer d'utiles instructions, ou de bons conseils pour l'avenir.

Les anciens interprêtes ou explicateurs de songes n'étaient pas à coup sûr des charlatans, cependant, — et c'est ce qui prouve leur sincérité. — ils ne manquaient jamais de faire des réserves pour le cas où leurs interprétations ne concorderaient pas avec la réalité des faits futurs. Ils prétendaient en conséquence, — et en cela ils avaient parfaitement raison, — que pour bien juger d'un songe, il fallait connaître à fond le caractère de la personne, ses mœurs et ses habitudes et en outre même, les usages de la société que fréquentait habituellement cette personne.

Il arrivait alors, et la chose semblait plausible, que lorsque, malgré l'aide ainsi apportée aux interprètes, ils faisaient fausse route, qu'ils pouvaient rejeter leur erreur sur l'insuffisance des renseignements.

Il est évident, d'ailleurs, que l'on voit plutôt en songe les choses les plus en rapport avec nos ambitions ou nos ennuis et les âmes délicates et élevées, les cerveaux de poètes sont sujets même aux rêves que l'on fait tout éveillé et que l'on interprête soi-même avec l'illusion d'une croyante.

Quels livres on pourrait écrire si on voulait recueillir toutes les histoires qui se rapportent aux songes.

Pour montrer seulement comment ils touchent la vérité, comment aussi parfois ils la tournent, nous en rapporterons quelques-unes presque au hasard.

Hamilton, général de l'armée carthaginoise, alors qu'il assiégeait une ville de Sicile, entendit en songe une voix qui lui promettait de souper le lendemain dans la ville assiégée Il y soupa, en effet, mais après avoir, par suite d'une discussion survenue entre les soldats, été battu et fait prisonnier.

A propos du songe réalisé de point en point par l'évènement, nous citerons le songe de Joseph, fils de Jacob, qui vit des gerbes de blé s'incliner devant les siennes. Il en conclut à l'arrivée prochaine de la famine qui sévit alors en Egypte et eut ainsi l'occasion de fournir à ses frères de quoi subsister pendant cette période.

Citons encore le grand échanson qui avait vu des ceps bourgeonnant et fleurissant pour donner des raisins murs dont il faisait du vin en pressant ce raisin dans la coupe du roi Pharaon, ce que Joseph interpréta par la grâce que le roi devait bientôt accorder à ce serviteur qui était en prison.

Le panetier du roi, qui lui aussi était prisonnier avait songé qu'il portait des corbeilles pleines de gâteaux, que les oiseaux venaient manger. L'interprête conclut que ce malheureux serait pendu par ordre du roi et la prédiction se réalisa de point en point.

Les songes de Pharaon, les sept vaches grasses et les sept vaches maigres, et les sept épis furent bien expliqués par Joseph, mais on a lieu de croire, et cela sans superstition aucune, qu'il y avait là une inspiration supérieure au talent de l'interprête divinatoire.

Citons encore le cas du songe de Vespasien. Il avait rêvé qu'un inconnu lui annonçait en songe que sa fortune commencerait le jour où on aurait arraché une dent à Néron. Le premier homme qu'il rencontra le lendemain matin fut le médecin même de Néron qui venait précisément de lui enlever une dent. Ce rêve se réalisa complètement par la suite. Lorsque

Othon et Vitellius fatiguèrent tant le peuple par leurs discordes qu'ils durent se retirer pour laisser la place à Vespasien.

Le songe de Saint Jérôme est au moins curieux aussi, Il vit en songe un ange qui lui administrait une vigoureuse correction sous forme de flagellation sur la partie inférieure de son individu, et ce parce qu'il s'était appliqué à imiter le style de Cicéron. En se réveillant, Saint Jérôme voulut voir ce qu'il y avait de vrai dans un tel rêve et il constata, non sans stupeur, à l'endroit même où il avait été frappé des traces apparentes et douloureuses de coups de verges.

Nous avons assez donné d'exemples de songes historiques, passons maintenant à l'indication des grandes lignes de la science explicative des songes telle que l'ont posée nos ancêtres.

Nous verrons d'ailleurs là qu'une science fondée sur la plus grande probabilité et non une infaillibilité absolue.

Voici à ce sujet l'opinion du célèbre professeur italien Muratori.

« Les songes, — dit-il, — sont des caprices passagers et vains de notre imagination, qui, abandonnée à elle-même pendant le sommeil, nous présente des tableaux inconséquents et décousus, curieux seulement par leur extravagance et par leur ridicule ; mais qui, n'ayant pas la moindre connexion avec l'avenir ne peuvent être d'aucune utilité pour nous faire découvrir des choses invisibles, les secrets d'autrui... Il n'y a donc ni principes ni raisons qui puissent déterminer à donner croyance à cette sorte de préjugé qui occupe cependant à un assez haut degré la curiosité de beaucoup de belles dames.

Voici, d'après Mlle Lenormand et quelques auteurs célèbres, les interprétations qu'il convient de donner à certaines choses dont on rêve souvent :

Argent. — En donner : prospérité ; — en prêter : risque de faire une petite perte ; — en emprunter : vous serez désagréable à quelqu'un de votre connaissance ; en perdre : vous rendrez service à un inconnu ; — en trouver : journée de plaisir, surtout si on l'a rendu ; — en compter : on pourra faire une perte ; — en recevoir : soucis ; — en voir ou entendre seulement le soir : fêtes et plaisir auxquels on ne sera pas invité.

Amour. — Voir le petit dieu Cupidon nous tourner le dos ou lancer ses flèches à d'autres : sujets de jalousie ; — à nous-même : maladie de cœur ou de tête dont nous serons guéris par le remède d'une bonne femme ; — vous être senti pris d'amour : négligence dans vos affaires, insouciance pour vos intérêts.

Arbres. — Sous lequel on se met à l'abri : un protecteur haut placé dont on aura besoin ; — coupé ou jeté à terre : sacrifice d'un plaisir ou d'habitudes que vous ferez bien de ne pas préférer à votre devoir ou à vos véritables intérêts ; auquel on monte : position plus élevée que l'on atteindra avec du courage et de la persévérance ; — duquel on tombe : maladresse ou manque de précaution qui pourra faire rompre une affaire de grand talent.

Accolade. — Deux femmes qui s'embrassent : trahison ; — deux hommes : bêtise que l'on fera ; — une dame et un monsieur : nouveau-né dans la famille ; — embrasser un animal : preuve de sottise que vous donnerez.

Accouchement. — Lorsqu'une jeune femme rêve qu'elle devient mère elle doit redoubler de prudence dans sa conduite ; — si c'est une dame âgée qu'elle prenne garde de commettre une étourderie. — Assister à un accouchement ou l'opérer, présage d'un parasite dans votre maison, qui, si vous n'y faites pas attention, mangera votre part de gâteau.

Acteur, actrice. — Rêver que l'on monte sur la scène d'un théâtre présage un changement de situation ; favorable si on paraît sous les habits de son sexe, embarrassant ou défavorable dans le cas contraire.

Bataille. — Rangée : un grand événement est sur le point de s'accomplir pour vous. Si vous prenez part à la bataille votre honneur ne pourra que s'augmenter à cet événement, quel qu'il soit ; — champ de bataille : sujet de tristes réflexions ; — bataille de deux hommes : brouille ; — de deux femmes : hypocrisie démasquée ; — d'un homme et d'une femme : torts réciproques.

Bijoux. — En recevoir : dette lourde que l'on contracte ; — en acheter : placement d'argent à fonds perdus ; — en donner : grosse dépense ; — en vendre : grand bénéfice ; — en trouver : vive tentation de faire le mal. La mesure de tous ces présages doit être mesurée à la valeur du bijou.

Bal. — Y danser : plaisirs fatigants ; — y assister simplement : vous aurez une occasion d'apprendre ce que c'est que de faire le pied de grue.

Boire — Du vin : signe de santé ; — de l'eau : maladroit ; — des liqueurs : châteaux en Espagne ; — du lait : délabrement d'estomac. Le sens de ces présages est d'autant plus étendu que les liqueurs sont plus chaudes.

Bottes, bottines, chaussures. — Trop étroites : circonstance dans laquelle vous serez dans vos petits souliers ; — trop larges : on vous verra sur un certain pied ; — avec de hauts talons : vous vous élèverez ; — percées : vous foulerez la misère aux pieds ; — les tirer : vous aurez entre les mains le moyen de faire votre chemin.

Cartes. — Y jouer : il y aura une pique entre vous et plusieurs autres personnes ; prenez-garde de manquer de cœur attendu que personne ne restera sur le carreau. — Y voir jouer : les dames vous font faire l'office de valet ; — tirer les cartes : entreprise dans laquelle vous ne passerez pas pour un sorcier ; — sans les faire tirer : bonne aventure.

Eau. — Claire : opération qui se liquidera sans grand profit ; — trouble : agiotage ; — tomber dans l'eau : vous êtes menacé de boire un bouillon ; — y nager : vous vous mettez ou vous resterez au flot.

Effroi. — Se trouver nez à nez avec un mannequin à effrayer les moineaux, le prendre pour un bandit et lui offrir sa bourse en tremblant : être saisie d'une pudique frayeur en entendant pendant que l'on est à sa toilette ouvrir derrière soi quelque fenêtre par une main qui n'est autre que celle d'un mendiant, d'un quêteur à domicile, d'un joueur d'orgue... ; — dans les circonstances plus haut dites, vous en serez quitte pour la peur.

Eclaboussures. — Sortit beau comme un astre pour courir à un rendez-vous, à un dîner..... et voir un balai malencontreux, la roue d'une voiture transformer vos vêtements en un costume à paillettes et couvrir de mouches intempestives votre frais visages : contre-temps, embarras.

Equipage, voiture. — Y monter ou s'y trouver : on est sur le chemin de la fortune ; — conduire : vous tiendrez entre vos mains le moyen d'arriver sans qu'il vous profite ; —

monter ou être placé derrière : vous suivez une route qui n'est pas la vôtre.

Feu. — Sur soi-même, par exemple être trop bel homme et avoir allumé sa perruque aux bougies d'un lustre, s'être assis aux pieds d'une dame sur une chaufferette que l'on prenait pour un tabouret... : votre ardeur peut gâter bien des choses; — en allumer : affaire de longue haleine ; — en éteindre : grande passion qui s'en tira en fumée ; — le communiquer à quelqu'un : votre flamme sera partagée ; — tomber dans le feu : regrets cuisants ; — en cracher, en rendre par les oreilles, par les narines... : vous passerez pour une tête volcanique.

Filet. — Pris dans un filet : on aura maille à partir avec quelqu'un ; — y prenez-vous une personne : vous vous rendrez maître de son esprit et de son cœur ; — qui chasse au filet ou bien en tend : on s'apercevra que les alouettes ne tombent pas toutes rôties ; — dame prise dans un filet à papillon aura besoin de jeter quelque gaze sur sa conduite.

Fumée. — Se voir en fumée : le souffle empesté de quelque envieux tâchera de vous noircir et vous éprouverez que « la fumée cherche toujours les belles gens » : ce sera une consolation ; — exhaler de la fumée par le nez, la bouche, les oreilles... : un bel œil allumera dans votre cœur un incendie que vous essayerez vainement de dissimuler, tout le monde sachant bien qu'il n'y a pas de fumée sans feu.

(Il y a lieu de croire que cette expression « un bel œil » pouvait vouloir dire chez l'oracle que l'objet de votre amour serait une jolie femme mais borgne ; ce dont vous vous consolerez sans peine en pensant que l'amour est aveugle et qu'il ne fait pas de pression pour cela.

Gants. — En voir essayer est, pour un garçon ou une demoiselle, l'indice que sa main sera bientôt demandée.

Grossesse. — Acte d'humanité.

Habits. — Neuf, riches, élégants : les mesures que l'on a prises ou fait prendre produisent d'heureux effets : — déchirés, usés : pour malheureux ; — prendre mesure d'habits vos façons peuvent vous faire habiller d'étrange sorte ; en tournure que prennent les choses doit vous montrer dans quels draps vous allez vous mettre.

Infidélité. — Réciproque, en aura l'occasion de voir que, dans certains arithmétiques un et un font quatre ; — dont on est l'objet : que deux divisés par un donne trois pour quotient; — dont on est l'auteur : qu'une addition peut avoir une division pour produit.

Lit. — Défait : ne vous endormez point sous vous affaires, comme on fait son lit on se couche ; — haut : vous vous bercez de rèves trop élevés ; — mal garni : on passera par un songe creux : — mœlleux : craignez de donner raison à la vieille maxime ;

Le trop mal dormir
Fait le mal vêtir.

Ou bien celle-ci :

Qui dort grasse matinée
Trotte toute la journée.

Si ce n'est-ce cette autre :

Qui dort jusqu'au soleil levant
Vivra pauvre jusqu'au couchant.

Livre. — En composer un : on prendra du goût pour la pêche à la ligne : — qui songe à en feuilleter un verra la feuille à l'envers.

Oiseaux.—Vous croirez avoir affaire à quelque blancs-becs mais vous vous apercevrez qu'il sont bec et ongles ; aussi pourrait-il bien arriver que vous ne vous vissiez passer la plume par le bec; il ne manquerait pas alors parmi vos amis, de bons becs qui ne vous épargneraient pas dans le monde, leurs coups de bee.

Or. — (Murmuré) on aura une occasion de

reconnaître qu'il y a une chose meilleure que l'argent ; — en lingot : vous aurez sous la main le meilleur bâton de vieillesse.

Opéra. — Qui assiste à la représentation d'un opéra sera le confident d'affaires de cour destinées à faire du bruit parmi les gens de plaisir et de bel air, bienheureux s'il parvient à y mettre l'accord ; — qui en compose, on fera une ouverture dont les suites seront d'une grande portée.

Panier. — Soyez assez économe pour ne point devenir un panier percé, et assez honnête pour ne pas faire danser l'anse du panier ; d'une manière ou de l'autre il vous faudra bientôt dire : adieu paniers, vendanges sont faites ! Le meilleur enseignement que vous puissiez tirez de ce songe c'est que chez vous et en vous le fond du panier ne vaille pas moins que le dessus du panier.

Pain. — Que l'on mange : on profitera de la première fournée qui se fera parmi les gens en place ou les aspirants aux honneurs ; — dur : on aura affaire a une croute à qui il sera difficile de faire entendre raison ; — tendre vous trouverez l'ami que vous cherchez :

Queue. — Se voir l'occiput ou le dos orné d'une queue de cheval : on passera pour une personne à tous crins, ce qui vous fera un devoir d'éviter les occasions de vous prendre aux crins avec qui que ce soit ; — en général, queue d'avertissements parmi lesquels vous pouvez choisir celui qui vous convient, tels que ceux-ci : Ne bridez ni votre cheval ni votre âne par la queue si vous ne voulez qu'on vous le fasse à vous-même, ou bien vous voir obligé de tirer le diable par la queue ; ne dédaignez point, comme un paon qui se mire dans sa queue, les braves gens que vous verrez à la queue leu leu se livrer à ce pénible exercice. La queue est en effet ce qu'il y a de plus difficile à écorcher, et il vient un temps où chaque renard a besoin de la sienne. — Quelqu'un de ces sages avis vous est sans doute nécessaire puisque lorsqu'on parle du loup on en voit la queue.

Tenez-vous donc compte d'avoir, dans cette interprétation écorché l'anguille par la queue et d'être obligé de la terminer en queue de poisson.

Quittance. — En donner une : occasion de faire un acte de reconnaissance ; — en recevoir une : on se montrera votre obligé par manière d'acquit.

Renverser. — Quelqu'un : sujet de froissement entre vous et une personne que le hasard en toute autre cause vous fera rencontrer ; — un objet, un liquide : on jettera à ses pieds ce qu'on a à ses mains ; — être renversé : procédé dont on se trouvera choqué.

Restaurant. — S'y voir à table : on vous nourrit ou vous vous nourrissez de fumée ; — en être le propriétaire ou le chef, vous passeez pour un personnage consommé ; — y faire a cuisine : restauration artistique.

Rivière. — Occasion qui sera offerte de se mettre à flots, mais il faudra savoir conduire a barque. — Entrant dans la chambre : visite le quelque grand personnage dont on recevra argent et honneur ; — si l'eau est trouble : querelles, dégâts ; — marcher sur la rivière : élévation

Roman. — En écrire, en imaginer un : on se verra obligé de composer ce qui fera toute une histoire, et vous finirez par y trouver votre compte ; — en lire un : ne prenez le vôtre par la queue.

Ruisseau. — Votre conduite fera naître quelques murmures, mais vous serez bientôt au courant de ces bruits et il vous sera facile de vous en laver ; — songer qu'on y tombe : signe d'humidité ; y boire : tranquilité, plaisir ; — s'y promener : triomphe, succès ; — le voir tarir : sûreté.

Savon-Savonnage. — Petits désagréments d'intérieur, qui cependant ne laisseront pas de traces, car ils seront suivis de prompts éclaircissements qui remettront les choses, surtout si vous n'oubliez pas que le mieux est de laver son linge sale en famille.

Secouer. — Un arbre : peine qui produira ses fruits ; — un tapis, une couverture... : mobilier nouveau ; — quelque peu extraordinaires que soient ces évènements, ils ne se passeront cependant pas sans quelques petites secousses pour vous ou chez vous.

Secret. — Que l'on nous confie : témoignage de confiance dont on sera flatté ; dont on fait part ; confidence imprudente, mais le plus grand mal qui puisse arriver c'est que les choses tournent à ce qu'on appelle le secret de Polichinelle.

Sérénade. — En reconnaissance : honneurs publics ou hommages élevés pour une dame ; — en être l'auteur : vos prévenances pour la personne à laquelle vous voulez plaire seront remarquées et donneront lieu à certaines médisances ; — vous feriez bien de mieux accordez vos flûtes.

Serrure. — La faire jouer : vous franchirez heureusement un pas difficile ; — la forcer : difficulté vaincue à la suite d'une résolution hardie ; la graisser ou huiler : la douceur vous réussira mieux que la violence ; — en démonter une ; on ne cherchera pas longtemps le secret de s'ouvrir une ou plusieurs portes que l'on craignait de se voir fermer ; — à tout cela ajoutez un certain respect dans votre conduite et vous réussirez.

Soufflet. — En donner un : fâcheux emportement ; — le recevoir : sujet de fâcherie ; entre d'autres personnes : témoignage que l'on aura à rendre ; — n'agissez pas de façon à faire dire que ce sont les battus qui payent l'amende.

Squelette. — Personnage un peu dur, mais qui n'aura au fond rien de bien méchant ; — se voir sous cette forme légère : détachement passager des choses humaines.

Talons. — Voir les talons de quelqu'un : abandon auquel on est exposé ; — les siens : vous regardez en arrière et c'est ce qui vous empêche d'avancer. — C'est à vous à juger si vous devez prendre tout cela au pied de la lettre.

Testament. — A qui le fait : projets pour l'avenir ; — le voir rédiger : mission de confiance ; — dont l'ouverture a lieu : question inattendue qui se traitera dans l'étude d'un notaire...

Tête. — Ayant pris les proportions d'un ballon : circonstance où l'on manquera de cervelle ; — réduite à la dimension d'une tête de linotte ou d'épingle : on vantera la finesse de votre esprit ; — se voir deux ou plusieurs têtes : contradictions avec vous-même qui pourraient vous être nuisibles ; se voir la tête en bas : fausse position dont on ne tardera pas à sortir.

Théâtre. — On verra feindre des sentiments qui par bonheur ne tromperont personne, si ce n'est un instant, peut-être... Aussi peut-on dire que vous serez un peu joué sans l'être.

Vengeance. — Exercée contre le rêveur : il se verra débarrassé d'une vieille dette ; par lui : satisfaction de courte durée...

Ventriloque. — Personnage qui vous fera entendre la voix du cœur... Montrons lui que nous avons le cœur sur la main ; — parler à la manière des ventriloques : voix intérieure dont on fera bien de suivre les conseils.

Vierge. — Innocence reconnue... N'en concluez pas que vous passerez vous-même pour un innocent ou pour une innocente.

Vinaigre. — Rapports d abord agréables et qui prendront peu à peu un caractère acerbe... Aurez-vous la sagesse de ne pas jeter de l'huile sur le feu ?

Voyageur. — Hôte qui ne tardera pas à nous arriver... Que notre hospitalité soit pour lui celle des Ecossais.

Zéphir. — Douce influence... Puissiez-vous ne pas faire dire d'elle ; autant en emporte le vent.

Qu'il nous soit permis d'adresser le même vœu en faveur de ces modestes indications et que ce ne soit pas en songe que vos rêves heureux se réalisent.

Nous n'en dirons pas plus, que chacun ait la

foi ou l'incroyance, les faits ne resteront pas moins acquis à qui dominent les superstitions.

XI

LE MAGNETISME ANIMAL

Comme toutes les choses mystérieuses, le magnétisme animal a vivement préoccupé à diverses époques l'attention générale. Chaque fois qu'un expérimentateur jette au public la relation de quelque prodige magnétique, la curiosité se réveille plus puissante que jamais, car l'amour du merveilleux est une des passions de la nature humaine.

Aujourd'hui les séances publiques que donnent plusieurs somnambules extra-lucides et les guérisons remarquables obtenues par leur secours, ont de nouveau ému les esprits et la question du magnétisme est plus à la mode que jamais.

Il est regrettable que la plupart des ouvrages écrite sur cette question ne soient pas à la portée de tous les lecteurs ; c'est une lacune que nous allons tâcher de combler d'une façon pratique.

Magnétisme, (du grec Magnès, aimant) veut dire attraction entre deux corps. — Quand cette puissance se manifeste contre deux corps bruts c'est le magnétisme terrestre ou minéral ; — par analogie on a appelé *Magnétisme animal* l'action sympathique de l'homme sur l'homme par l'influence de sa volonté.

L'action du magnétisme minéral est incontestable et l'aimant était en grande faveur déjà dans la médecine des Mages et des Chaldéens. Pendant et depuis le moyen-âge, nombre de savants et de médecins vantèrent le magnétisme et ses effets thérapeutiques. Parmi eux nous citerons : Avicenne, Robert Fludd. Albert-le-Grand, Armand de Villeneuve, Cardan, Paracelsce... Leur méthode cependant fut longtemps considérée comme empyrique, on l'oubliait même quand de tout récents travaux la firent reparaître.

Ce fut vers le milieu du dix-huitième siècle que Klarich, médecin du roi d'Angleterre, remit en honneur cette méthode par de nombreuses guérisons qu'il lui attribuait. Les faits avancés par le physicien Klarich émurent nombre de médecins de tous pays et des expériences furent faites. Parmi leurs auteurs nous devons citer, à titre de document : Zwinger, Kœmer, Holmann, Glaubrecht, Reichel, Weber, Acken, Siomer, Sigaud, Paulian, d'Arquier, Laffon... En même temps, en France, l'abbé Lenoble construit des aimants artificiels dont il fait des instruments de thérapeutique, et le traitement médical par le magnétisme devint à la mode.

En 1774, l'astronome Hell reprend pour son compte les travaux de l'abbé Lenoble et, en perfectionnant les divers modes d'applications des aimants sur les différentes parties du corps, obtient en Allemagne des guérisons remarquables et qui firent grand bruit.

Ce traitement magnétique ne fut cependant qu'éphémère et il retomba bientôt dans l'oubli d'où il était à peine sorti

Revenons maintenant à notre véritable sujet : le magnétisme animal.

La prétendue force occulte que les modernes ont décorée de ce nom était parfaitement connue des anciens qui en firent un usage assez fréquent comme moyen thaumaturgique ; nous avons, à cet égard des documents historiques incontestables

Les prêtres de toutes religions surtout savent tirer parti de ces mystérieux agents, pour faire croire au merveilleux et à leur communication directe avec la divinité.

Les pratiques de ces magnétiseurs étaient d'ailleurs à peu près les mêmes que celles qu'emploient le plus couramment les magnétiseurs d'aujourd'hui ; — l'imposition des mains, les attouchements, les frictions, l'insufflation, la voix, le regard l'impression puissante des sens .. On rendait ces moyens plus énergiques encore par l'emploi de certaines substances narcotiques ou aphrodisiaques.

Les Brahmanes de l'Inde, les Mages persans, les Egyptiens, les Chaldéens obtiennent de nombreuses guérisons par la méthode magnétique. Hérodote cite plusieurs temples où les malades se rendaient pour obtenir en songe la connaissance des remèdes propres à leur guérison.

Selon Diodore de Sicile, les malades qui entraient dans le temple d'Iris étaient endormis par les prêtres et, pendant leur sommeil, ces malades devenus *hypnologues*, c'est-à-dire doués de la faculté de parler, indiquaient eux-mêmes leur maladie et le traitement que l'on devait appliquer pour la combattre.

Strabon, historien sérieux et plutôt sceptique, indique fort clairement que le magnétisme était en songe au temple de Memphis, quand il nous dit que la profession de certains prêtres était de s'endormir pour répondre aux malades qui venaient les consulter. — Celse aussi raconte que, de temps presque immémorial, toute une sorte de charlatans égyptiens faisait métier de guérir par le toucher et par le souffle, les maladies rebelles à la médecine ordinaire. — Arnobe confirme ces faits et les attribue à des pratiques de magie mettant les hommes en rapports avec une puissance ténébreuse qu'il ne voulait point confondre avec la puissance divine.

Plusieurs savants ont cru aussi que la prophétesse Deborah et la pythonisse d'Endor rendaient leurs oracles pendant des accès de somnambulisme provoqué et les convulsions dans lesquelles tomba cette dernière lorsque Saül la vint consulter semblent témoigner en faveur de cette opinion.

Les grecs avaient emprunté la plupart de leurs coutumes à l'Inde et à l'Egypte : aussi voit-on les mêmes pratiques du magnétisme s'opérer dans les temples et il faut citer à ce sujet les scènes qui se passèrent dans l'astre de Troconios ou Béotie et qui sont absolument probantes.

— Le Consultant était couché sur une planche horizontale, puis soumis à une sorte de massage spécial jusqu'à ce que le sommeil l'eut saisi. Pendant se sommeil il parlait des choses qu'il désirait et. à son réveil, les prêtres lui remettaient une tablette sur laquelle ils avaient gravé toutes ses paroles.

Entre Népès et Phralée, il y avait une grotte consacrée à Pluton, et où les choses se passaient d'autre manière. Là, les prêtres eux-mêmes s'endormaient pour parler aux malades du traitement qu'ils auraient à suivre.

Ellien témoigne du pouvoir magnétique des Poylles en rapportant que quelques-uns d'entre eux jouissaient de la faculté d'endormir quiconque les voulait regarder en ace pendant un certain temps.

Hérodote enfin fait mention d'une magicienne de l'Attique qui guérissait par des attouchements ; les prêtres la firent périr.

Nombre de faits semblables, tous en faveur du magnétisme, se retrouvent dans l'histoire des Grecs et il est facile à un observateur un peu attentif de comparer l'état des pythies et des sibylles rendant leurs oracles au milieu d'un délire un peu convulsif avec l'allure actuelle des somnambules endormies contre leur volonté.

Varion et Justin affirment avec autorité que les sibylles ne se rappelaient nullement ce qui s'était passé durant leur sommeil et perdaient la mémoire de leurs oracles. — Or, ce fait se rapporte exactement avec l'amnésie constante et complète des somnambules à leur réveil.

Les Romains, toujours imitateurs de la Grèce, avaient aussi leurs oracles et leurs temples où se pratiquaient les rites du magnétisme. Là encore, les prêtres endormaient les malades ou s'endormaient eux-mêmes pour attendre du divin Esculape le songe indicateur de la maladie et de son mode de guérison.

Celse écrivait, au premier siècle de notre ère, qu'Asclépiade de Pruse endormait par l'apposition des mains et des frictions légères les sujets atteints de frénésie Un attouchement un peu long pouvait même provoquer une sorte de léthargie sur des malades extraordinairement agités auparavant.

Origène, Eusèbe et Jamblique sont d'accord

sur les guérisons opérées dans les temples d'Esculape.

Sous le règne de Valens le magnétisme fut confondu avec la magie et Ammion Marcellin rapporte qu'une vieille femme, célèbre pour obtenir la guérison des maladies par des attouchements, sauva par une simple friction légère la fille de l'Empereur atteinte d'un accès de fièvre rebelle et pernicieuse

Deux hommes d'ailleurs, à cette époque, dépassèrent en réputation tous les toucheurs et les magnétiseurs ; et furent Appollonines de Tyane et Simon dit le magicien. Le premier était regardé par les païens comme le compétiteur de Jésus et le second fut le vainqueur de Pierre l'Apôtre dans les luttes qu'il eut avec lui Les cures obtenues par ces deux thaumaturges furent si prodigieuses qu'on leur donna le nom d'Hommes Dieu.

Simon guérissait de l'épilepsie en soufflant sur le malade, la monomanie par une friction du bout du doigt, on dit même que l'approche seule de sa main dégorgeait le foie et la rate, qu'il rendait le mouvement aux paralytiques et même qu'il ressuscita le fils d'un centurion que l'on croyait mort. Empressons-nous de dire que, si le fond de toutes ces histoires est assurément vrai, il faut faire néanmoins une large part à l'exagération forcée qui s'est introduite dans les récits du temps, durant de longues années transmis pour tradition et embellis à plaisir par des imaginations fécondes.

Appolius, cependant, — ayant longtemps voyagé dans l'Inde, la Grèce, la Perse et l'Egypte étant un incontestable savant, le peuple en fit presque son dieu. Les philosophes au moins admirent sa profonde connaissance des sciences physiques et psychologiques et les princes le vénérèrent jusqu'à s'incliner respectueusement devant lui : Vespasien lui fit rendre les honneurs divins et Pompitien contre qui il avait ourdi une conspiration n'osa le faire condamner.

On cite d'ailleurs d'Appollonius plusieurs exemples de vue à distance et de précisions en tous points semblables à ce que donnent nos somnambules modernes. C'est ainsi que, se trouvant à Corinthe, il disait exactement tout ce qui se passait à Athènes nommait les orateurs qui montaient à la tribune et les philosophes qui professaient aux jardins d'Académie.

On pourrait citer mille faits curieux de sa clairvoyance ; — une chose cependant ne peut passer sous silence Appollonius avait toujours avec lui un disciple qui ne le quittait pas plus que son ombre, aujourd'hui on lui donnerait le nom de sujet ou de somnambule lucide.

Au temps des gaulois, les druides et les druidesses guérissaient nombre de malades par de simples attouchements et leur science était devenue si célèbre qu'on venait du bout du monde pour la consulter.

Pline, Lampridius, Vospicus, Celse et Cité, confirment cette opinion d'une manière irrécusable en faisant observer que la méthode curative des druides était fort semblable à l'*iotraleptique* ou médecine de frictions.

Jusqu'au sixième siècle les thaumaturges obtinrent des résultats curieux et remarquables par le moyen du magnétisme ; mais l'apogée des miracles magnétiques fut surtout pendant le moyen âge, — époque de superstition, de fanatisme et d'ignorance où l'on vit deux classes bien distinctes de magnétiseurs ; les uns regardés comme sorciers et brûlés vifs. — les autres mis au rang des saints et canonisés par l'Eglise.

Ces derniers, il est vrai étaient tous des prêtres ou au moins tenaient de près à la classe sacerdotale.

Toutefois, — comme l'a fort bien démontré le docteur Foissac, — le christianisme succédant au paganisme ne fit que transporter des temples dans les églises, les pratiques de magnétisme déjà employées depuis longtemps et qui avaient fait la fortune et la gloire des prêtres païens,

Depuis Grégoire de Césarée, célèbre par ses oppositions de mœurs, jusqu'aux convulsionnaires de saint Médard, le magnétisme ne cessa pas d'être employé comme moyen thaumaturgique.

Ce fut au quinzième siècle que Paracelse et Pomponace se livrèrent à la médecine occulte et obtinrent, par de simples attouchements magnétiques des cures remarquables.

Au siècle suivant Valentin. Van, Helmont et Goclénius, écrivirent longuement sur l'application médicale du magnétisme animal. Goclénius surtout en fait un agent occulte écrivant de l'économie même de l'homme et opérant ses effets sous l'influence des attouchements et de la volonté. C'est d'ailleurs absolument l'opinion que se font les modernes professionnels du magnétisme.

Au dix-septième siècle, un gentilhomme écossais. Greatrakes devint célèbre pour les guérisons qu'il obtint au moyen de simples attouchements. — Au même moment en France, les médecins Boul et Vallé. usaient de magnétisme par insufflation contre les affections nerveuses et réussissaient fort souvent.

C'était encore les observations des Bartholius; puis au dix-huitième siècle les communications faites à l'académie par le nosologiste Sauvage,

Ce fut de 1770 à 1775 que Gassner opéra en Allemagne, en Russie, puis en France, ses excentricités bizarres souvent accompagnées de cas merveilleux. Il était le plus célèbre des toucheurs et l'affluence inimitée de malades qui accouraient à lui est une preuve de sa réussite habituelle.

Il commençait d'abord par fixer énergiquement les yeux du malade puis il frictionnait les membres du haut en bas et imposait les mains : ce sont exactement les pratiques des magnétiseurs modernes. Les pratiques de Gassner, produisaient en général une convulsion violente qui était suivie d'une prostration générale au sortir de laquelle le malade était presque toujours guéri.

Lavater, d'abord incrédule comme beaucoup d'autres médecins, se rendit à l'évidence des faits, cependant que Mesmer trouvait de tels procédés thaumaturgiques trop semblables aux siens en réclamait la propriété.

Ce fut en 1778, que ce Mesmer fonda à Paris une école de magnétisme, ce fut par l'influence considérable qu'elle attira, que le magnétisme, jusqu'alors propriété exclusive des thaumaturges, leur échappa à jamais pour tomber dans le domaine public.

Nous ne dirons plus rien de l'histoire du magnétisme, nous contentant de conclure par un court aperçu de la vie de Mesmer, le premier et le vrai propagateur de la doctrine magnétique.

Antoine Mesmer, étudiant en médecine à Vienne, se faisait remarquer par ses idées bizarres et par son ambition. Il soutint une thèse qui avait pour titre : *De l'influence des astres sur le corps-humain*. Il y annonçait que cette influence a lieu par l'intermédiaire d'un fluide subtil remplissant l'univers et pénétrant dans les corps... Vers 1777, il se lia avec l'astronome Hell et travaillant avec lui les actions des aimants. Frappé des résultats qu'il obtenait, il ouvrit une maison de santé, pour le traitement des maladies par la méthode magnétique. Mesmer d'ailleurs voulut répandre dans le monde entier ses documents et il remplit tous les journaux du récit des merveilles qu'il accomplissait. Sa réputation fut bientôt universelle.

Mesmer fut le promoteur de l'hypothèse aujourd'hui abandonnée du fluide magnétique agissant au contact ou à distance. Il magnétisa des corps inanimés aussi, et fit part de ses travaux aux académies de Vienne et de Berlin. Bafoué par les savants officiels de son pays il vint à Paris, et s'installa dans un hôtel luxueux de la Place Vendôme Bientôt il fut entouré de clients de tous les mondes. Voici comment il opérait.

Au milieu de la salle on plaçait un baquet de quatre à cinq pieds de diamètre contenant quelques pouces d'eau, de la limaille de fer, du verre pilé, et des bouteilles d'eau rangées dans un ordre cabalistique. Par le couvercle de ce baquet, passaient des tiges de fer coudées, qui devaient transmettre par contact le magnétisme aux malades assis autour du baquet Une corde attachée au baquet enlaçait en outre les corps des malades. Pendant l'opération un concert de voix et d'instruments agissait sur les nerfs, puis au bout d'un instant, Mesmer et ses élèves arrivaient et faisaient subir à leurs clients des poses magnétiques en décrivant autour d'eux des cercles mystérieux avec des baguettes et en appliquant les mains sur le corps. Souvent le malade était pris d'une crise violente, on l'emportait alors dans une pièce voisine et on attendait l'effet produit.

Voici ce que dit de ces pratiques, Bailly, dans un rapport à l'académie des sciences :

« Malgré mon profond dédain pour les charlataneries de Mesmer, il faut avouer que le spectacle de ces convulsions magnétiques vous étonne Quand on ne l'a point vu on ne peut s'en faire une idée et en le voyant on est également surpris et du repos profond d'une partie de ces malades et de l'agitation qui anime les autres, des accidents variés qui se répètent, des sympathies qui s'établissent. On voit des malades se chercher exclusivement, et, en se précipitant les uns vers les autres, se parler avec affection et adoucir mutuellement leurs crises. Tous sont aveuglément soumis à celui qui magnétise ; ils ont beau être plongés dans un profond assoupissement, la voix, le regard, un signe du magnétiseur les en retirent aussitôt. On a remarqué qu'un bruit imprévu leur cause des tressaillements, des mouvements convulsifs ; le changement de ton et de mesure dans les airs joués ou chantés influe visiblement sur ces malades : un mouvement plus vif les agite davantage et renouvelle parfois leurs convulsions »

Mesmer, très ambitieux, s'attacha le docteur Deslon, régent de la faculté de médecine et médecin du comte d'Artois, qui lui procura une brillante clientèle. Il fut néanmoins repoussé par la faculté et par l'académie qui refusèrent dédaigneusement ses offres et ses mémoires. Furieux, — craignant aussi un piège dans l'offre d'une pension de trente mille francs que lui faisait le ministre de Breteuil, pour enseigner sa méthode aux médecins, — il s'en fut à Spa.

Durant son absence Deslon ouvrit un établissement magnétique semblable à celui de son maître, et Mesmer jaloux revint pour fonder une société dite l'*Harmonie* dont les actionnaires lui versèrent 360,000 francs pour être initiés à ses pratiques. La réputation de Mesmer grandissait et on décida de s'occuper de lui.

Lavoisier, Franklin, Bailly, Mayant, Sallin, Leroy, de Bory et Danit, au nom de l'académie des sciences et les docteurs Desperières, Guillotin, Caille, Mauduy Andry et Antoine de Jussieu au nom de la faculté de médecine vinrent pour étudier le magnétisme. Mesmer s'y refusa et ils durent se rendre chez Deslon son élève.

Les commissaires firent faire par Bailly, un rapport concluant à la négation des faits magnétiques mais à une exaltation nerveuse due à l'influence de l'imagination. Un seul membre de la commission se refusa à signer le rapport. Ce fut Antoine de Jussieu qui fit un rapport spécial dans lequel il remarque quatre groupes de faits :

1° Les faits généraux dont la physiologie peut indiquer la causalité.

2° Les faits négatifs ou contraires à la doctrine du magnétisme.

3° Les faits qui ressortent directement de l'imagination.

4° Les faits qui tendent à faire croire à un agent magnétique.

Le travail de Junien ne put détruire l'effet déplorable du *Rapport secret sur le Mesmérisme*, et l'ouvrage du docteur Thomet : *Recherches et doutes sur le magnétisme animal*, ne fut pas plus heureux.

Le magnétisme tombait en désuétude malgré les efforts du marquis de Puységur et les sociétés bizarres fondées dans toute l'Europe.

La révolution l'arrêta à peu près en France, mais un peu plus tard il reprenait de plus belle. En 1837, l'Académie organisa encore une commission pour examiner une somnambule dirigée par le docteur Berna Ces expériences ne furent pas satisfaisantes.

Bientôt nous verrons arriver les esprits frappeurs, les tables tournantes ; — nous allons d'abord nous occuper des moyens pratiques de magnétiser son sujet.

XII

LES FAÇONS DE MAGNÉTISER UN SUJET

Avant de tenter de magnétiser un sujet, il est bon toutefois de le choisir tel qu'il soit bien apte à recevoir l'influence magnétique. Nous allons donc d'abord donner au sujet de ce choix quelques indications déduites de l'expérience acquise par les professionnels du magnétisme.

Il est rare, doit-on remarquer dès le début, que l'action magnétique soit bien active sur un enfant non plus que sur un vieillard. Il est de beaucoup préférable de s'adresser à un adolescent ou à une personne d'âge mur encore dans la plénitude de sa force vitale.

Le magnétisme réussit d'ailleurs beaucoup mieux en général sur les femmes que sur les hommes et il en faut voir l'explication dans ce fait que la femme, — organisation plus nerveuse et plus impressionnable. — est aussi de complexion plus délicate Il est à remarquer d'ailleurs que c'est parmi les individus de tempérament nerveux que l'on trouvera les sujets magnétiques les plus souples, les somnambules plus aptes à entrer dans cet état sous l'influence d'une volonté étrangère qui sera celle du magnétiseur.

Au contraire, ce sont les tempéraments sanguins à la vie très intense et très active qui, alors qu'ils sont dans la force de l'âge et la plénitude de leur puissance physique, que se trouveront les meilleurs magnétiseurs,

Toute débilité physique, anémie. maladie, faiblesse morale ou physique sera une influence néfaste et les individus ainsi faits seront peu aptes à magnétiser ; leurs efforts dans ce sens auront de fortes chances de demeurer stériles.

Ce sont là des points que nul ne met en doute et tous les auteurs qui ont traité de cette question sont unanimes sur cette idée primordiale.

Un autre fait non moins incontestable et incontesté est que le magnétiseur doit posséder une volonté très énergique et fortement opiniâtre, jointe à une grande confiance en soi et en ses moyens d'action.

Cette confiance doit d'ailleurs se traduire au dehors pour frapper le sujet magnétisé et se lire dans l'inspiration visible de la figure.

Le regard doit être fascinateur, et à cette influence puissante il doit joindre celle du geste en ayant soin de s'entourer d'ailleurs de tout ce qui peut subjuguer l'esprit et faire taire le raisonnement. Il faut en outre qu'il ait soin de ne jamais laisser son attention se distraire de l'objet qu'il poursuit ou de l'effet qu'il veut obtenir car la moindre distraction peut arrêter l'émission magnétique.

Il se peut cependant que, malgré toutes ces précautions l'influence ne se fasse point sentir sur le sujet soumis à l'expérience ; il faut voir dans ce fait la preuve qu'il existe entre lui et le magnétiseur une répulsion instinctive et réciproque et alors, malgré les efforts du magnétiseur et la bonne volonté du sujet ; tout demeure inutile et le sommeil magnétique se refuse à venir.

Si le magnétiseur doit posséder un tempérament puissant et une volonté énergique, il est bon aussi que le magnétisé présente les aptitudes physiques et morales à peu près opposées: Il doit être autant que possible de constitution frêle et délicate, avec un système nerveux impressionnable et facile à ébranler : il n'est pas mauvais d'ailleurs qu'il présente naturellement quelques dispositions au somnambulisme.

Il est nécessaire en même temps que le sujet à magnétiser ait une foi aveugle et illimitée dans la supériorité morale et dans les moyens d'action de son magnétiseur.

La conséquence immédiate — et qui n'est d'ailleurs que l'appréciation au cas particulier d'une loi absolument générale de la nature, — c'est que les forts peuvent magnétiser les faibles tandis que l'acte inverse n'est pas possible.

De même que l'on voit dans la vie physique le plus fort commander au plus faible, le forcer à l'obéissance et le terrasser, — de même dans le magnétisme la volonté puissante du magnétiseur commandera à la faible volonté du sujet, la terrassera au besoin pour la tenir à sa merci en sorte que le magnétiseur pourra par sa seule volonté donner à son sujet toutes les impulsions qu'il désirera, tracer dans le cerveau du magnétisé toutes les images qu'il lui plaira d'y mettre.

Là se trouve l'explication d'un fait qui a souvent occasionné la mise en doute du magnétisme par des esprits trop incrédules, voyant les thaumaturges opérer sur des sujets de leur choix : — Un magnétiseur sagace et soucieux du succès de son entreprise ne pourra essayer de pratiquer son art sur toutes les personnes indistinctement Il prendra des sujets choisis réunissant autant que possible et au plus haut point les conditions que nous venons d'énumérer. Il sait, en effet, que tâcher de magnétiser un sujet que son incrédulité rend réfractaire à son action ou que sa constitution physique et morale fait essentiellement rebelle à l'influence magnétique, serait tenter un effort inutile et courir à un insuccès presque certain.

L'influence magnétique peut d'ailleurs se communiquer de différentes manières et la pratique jointe à une longue et patiente observation a permis d'établir dans les procédés de magnétisation les classes méthodiques ci-après énumérées :

Magnétisme par contact, attouchement, insufflation,

» par gestes à distance,

» par le regard

» par la voix et les sons,

» par l'exemple.

» par la seule volonté.

Il faudra prendre garde d'ailleurs que ces diverses méthodes de magnétisme s'accordent à peu près chacune avec un genre de tempérament comme avec les diverses aptitudes physiques et organiques du sujet. Tel individu, par exemple, qui sera facilement magnétisé par attouchement ou simple contact, sera absolument réfractaire à l'influence du regard; tel autre le sera par la voix qui résistera à l'influence de la volonté.

— Le procédé le plus souvent employé et aussi celui qui donne le plus facilement des résultats rapides, est le procédé d'influence magnétique par le contact et par le geste. C'est celui qu'emploient presque toujours les professionnels dans leurs séances en public ou en particulier. Ce procédé consiste essentiellement en attouchements, frictions, insufflations, passes et mouvements divers et réglés que l'on pratique soit à distance, soit en effleurant le torse et les membres du sujet que l'on magnétise.

La méthode la plus employée, celle aussi qui donne les meilleurs résultats est la méthode de Deleuze, légèrement modifiée.

Voici exactement le procédé d'opération que nous croyons devoir recommander aux adeptes du magnétisme.

Le sujet, bien décidé à se faire magnétiser, doit être assis commodément sur une chaise en ayant soin de l'isoler complètement de tout objet étranger et de tout bruit qui pourrait distraire son attention.

Le magnétiseur s'assied en face de lui, de manière que ses pieds et ses genoux soient entre ceux du magnétiseur. Il saisit ensuite les deux mains, les presse doucement, les croise, et applique la pulpe de ses deux pouces sur la pulpe des pouces du sujet.

Après être demeuré quelques instants dans cette position en ayant soin de tenir toujours ses yeux fixes et immobiles, le regard dardant dans les yeux du sujet il demande à celui-ci de laisser aller sa volonté et son attention, de ne penser à rien et de subir sans crainte, et aussi sans préoccupation ou étonnement, les effets qu'il va ressentir.

La chaleur s'établit bientôt entre les pouces; le magnétiseur abandonne alors les mains de son sujet, retire les siennes et les écarte à droite et à gauche en ayant soin de tourner la paume de la main en dehors. Il élève alors les mains dans cette position à la hauteur de la tête du sujet, puis les pose à plat sur ses épaules et demeure environ une minute dans cette position, puis il les ramène lentement et sans trop presser le long du bras. jusqu'à l'extrémité des doigts.

Il faut recommencer cette passe au moins cinq à six fois en ayant soin de détourner les mains et de les écarter légèrement du corps pour les remonter.

Ces passes terminées, le magnétiseur place les mains au-dessus de la tête de son sujet et les tient un moment dans cette position ; il les descend ensuite lentement et en les passant devant le visage à une distance de trois ou quatre centimètres. Quand il arrivera au creux de l'estomac, il y appliquera trois doigts, l'index, le doigt majeur et l'annulaire et opèrera sur cette région quelques frictions de bas en haut en ayant soin de graduer la force de la pression suivant la sensibilité du sujet.

Pour terminer le magnétiseur reportera ses mains sur les hanches du sujet qui lui est soumis et les fera glisser lentement sur les parties latérales des cuisses jusqu'aux genoux.

Si le sujet n'entre pas dans l'état de somnambulisme, l'opérateur ne devra point se déconcerter mais recommencer avec patience en augmentant encore la force de son regard et celle de sa volonté. Il est bon de remarquer toutefois qu'il fut rare qu'un sujet soumis pour la première fois à des poses magnétiques s'endorme à la première séance Il faut souvent faire quatre et cinq séances distinctes, pour que le magnétiseur arrive à un résultat précis et concluant.

Un sujet une fois déjà endormi sous l'influence magnétique, sera désormais bien plus facile à magnétiser et son aptitude à entrer dans le somnambulisme magnétique ne fera que s'accroître avec le nombre de magnétisations qu'il aura subies,

C'est ainsi que l'on voit les magnétiseurs de profession avoir avec eux les sujets tellement accoutumés à la projection magnétique, qu'ils arrivent à s'endormir presque instantanément et comme au commandement.

D'ailleurs, le magnétiseur qui joint une volonté très énergique à une grande puissance magnétique peut facilement, soit avec la main ou le doigt, soit par un simple acte mental faire parler, agir, marcher ou d'arrêter son somnambule aussi facilement, plus vite et avec plus de précision qu'il ne le pourrait obtenir par un commandement verbal.

Nous ne saurions cependant trop insister sur ce point que la condition indispensable pour magnétiser avec succès est toujours d'avoir une volonté ferme et inébranlable, commandant à une volonté faible et soumise.

La volonté, — nul ne le conteste aujourd'hui, — n'est pas un être de chimère ou d'illusion, c'est une puissance réelle et active dont le siège est un cerveau, et cette puissance ne se contente pas de dominer les autres facultés intellectuelles de l'individu qui la possède, mais son action s'étend au dehors pour aller impressionner d'une façon plus ou moins violente, les individus sur lesquels elle est dirigée.

Nous n'en dirons pas davantage, sur les moyens de magnétiser un être vivant et l'étude du traité le plus complet n'en apprendrait pas davantage

Un point maintenant est encore d'une grande importance à connaître ; c'est la façon d'éveiller sans occasionner d'accident un somnambule en état de sommeil magnétique.

Un fait d'observation générale est que le réveil brusque ou forcé, occasionne aux somnambules naturels ou en état provoqué volontairement. des accidents plus ou moins graves, parmi lesquels nous devons citer le malaise général, la défaillance ou les convulsions, accompagnées ou suivies d'un mal de tête violent

Pour éviter ces accidents, il suffit de procéder pour éveiller un somnambule magnétique de la façon exactement inverse à ce que l'on a fait pour l'endormir.

Il est donc nécessaire que le magnétiseur ait la ferme volonté d'éveiller son somnambule et qu'il ait soin de l'en avertir par des paroles douces et bienveillantes — en cas de résistance de la part du sujet, le magnétiseur doit lui donner l'ordre impératif de se réveiller.

Il procédera alors à des passes transversales ; les mains étant rapprochées il les séparera vivement l'une de l'autre. Il répétera plusieurs fois ce mouvement devant la figure du sujet, puis il continuera les passes transversales en descendant jusqu'au bassin.

Il pourra terminer par quelques grandes passes, mais toujours en partant de la tête pour descendre aux membres inférieurs. S'il opérait en sens inverse il en résulterait un malaise général et violent pour le somnambule à son réveil.

Il faut remarquer que le réveil est d'autant plus rapide que le sujet s'est endormi plus vite et que son sommeil a duré moins longtemps.

Si, malgré que l'on ait pris toutes les précautions ci-dessus, le réveil était accompagné de troubles nerveux ou accidents quelconques il serait bon de conduire le sujet au grand air, de lui faire respirer des sels et de lui faire boire à petites gorgées un peu d'eau sucrée aromatisée à la fleur d'oranger.

Ce sont d'ailleurs là des moyens en général fort suffisants pour dissiper tous les troubles et pour faire reprendre à la vie active et consciente son cours normal et son calme habituel.

XIII

LA MAGNÉTISATION DES CHOSES INANIMÉES

Le fait de la magnétisation des corps inanimés a été souvent contesté même par des magnétiseurs de profession. On affirme pourtant que le marquis de Prysèque magnétisait des arbres qui avaient des influences bizarres sur les personnes qui venaient s'asseoir à leur ombre. D'aucuns ne virent là que des phénomènes de pure imagination.

Deleuze cependant, a magnétisé de l'eau et a prouvé par l'expérience que cette eau magnétisée possède nombre de propriétés utiles et bienfaisantes pour la thérapeutique et l'hygiène.

De son côté, le docteur Teste rapporte qu'il a endormi une jeune fille en lui faisant boire à son insu de l'eau magnétisée. Il faisait également endormir les gens en les priant de s'asseoir dans un fauteuil magnétisé.

Les docteurs Koreff, Foissac et Georget affirment sur la foi d'expériences sérieuses que les aliments magnétisés prennent un goût spécial sensible seulement pour les somnambules.

Une expérience curieuse fut celle que fit en présence du docteur Fouquier le docteur Bertrand. Une personne souffrant d'un vomissement nerveux reprit son calme en buvant un verre d'eau magnétisée ; pendant une seconde crise un verre d'eau ordinaire n'eut aucun effet, l'eau magnétisée effectua à nouveau la crise immédiate.

Dans son ouvrage : *Exposé des cures par le magnétisme*, Mialle conte qu'il fut guéri d'une insomnie jusqu'alors incurable au moyen d'un morceau de verre magnétisé qu'il se plaçait au creux de l'estomac, il en conclut que les talismans et amulettes d'autrefois pouvaient fort bien être des objets magnétisés.

Voici maintenant comment il convient de procéder pour magnétiser les objets :

La magnétisation d'un verre d'eau s'obtient en tenant le verre dans une main tandis que l'autre main passe et repasse horizontalement aussi près que possible de la surface du liquide. Il faut continuer ces passes pendant deux ou trois minutes pour obtenir un résultat satisfaisant

On magnétise de même et sans plus de difficulté une carafe d'eau. D'aucuns prétendent même que l'on obtient une magnétisation plus énergique de l'eau en y faisant quelques insufflations

S'il s'agit de magnétiser un corps solide peu volumineux tel que morceau de pierre ou de fer, bijou, bague. — On prend l'objet dans ses mains pour l'échauffer légèrement Quand il a pris un peu de chaleur on lui présente à plusieurs reprises le bout des cinq doigts de la main, puis l'on achève en soufflant légèrement sur l'objet.

Voici le procédé que l'on recommande pour magnétiser un arbre. On l'embrasse d'abord dans ses bras et on l'étreint ainsi environ deux à trois minutes, puis on s'en éloigne à reculons de quelques pas et alors, les doigts allongés et séparés les uns des autres on dirige l'émission magnétique vers le sommet de l'arbre, puis du sommet au pied. Il est nécessaire de procéder ainsi sur les quatre côtés d'un carré dont l'arbre occuperait le centre ; l'opération doit durer une demi-heure et il faut la répéter cinq jours de suite, après quoi l'arbre se trouve magnétisé.

Nous verrons plus loin de curieuses propriétés d'un arbre soumis à l'influence magnétique.

Il est bon d'ailleurs de remarquer que l'influence magnétique n'est que passagère et que pour la prolonger il faut recommencer l'opération de temps à autre pour cette simple raison que nombre d'influences extérieures et intérieures viennent agir sur l'objet magnétisé, surtout si cet objet — comme un arbre ou un végétal quelconque, — possède une vie propre faite de mouvements internes et de transformations lentes mais incessantes.

Aussi faut-il faire au sujet de la magnétisation des arbres les plus grandes réserves de ne croire qu'aux faits duement observés.

La magnétisation des êtres inanimés a d'ailleurs nombre d'incrédules, et le mieux sur ce point est de n'avoir que l'opinion qu'on se fait soi-même avec son observation et son raisonnement ; nous laisserons donc à chacun la libre appréciation de tels faits, nous contentant d'indiquer le procédé classique de les provoquer.

Il faut enfin remarquer que dans toutes choses de ce genre le plus rôle est souvent joué par la foi et l'imagination activement remuée. Nombre de malades furent guéris par des prétendus médicaments magnétisés qui n'étaient que des substances neutres n'ayant subi aucune influence magnétique. Ces substances n'avaient donc opéré ni par elles-mêmes puisqu'elles n'avaient point de vertu. ni par magnétisme où elles n'en avaient pas davantage. Ces derniers mots seulement pour mettre en garde chacun contre des débauches imaginatives souvent fort préjudiciables à une rigoureuse observation.

XIV

ANÉVROSIE ET VOU LUTODYNAMIE

Voilà de bien grands mots, — et nous pourrions presque dire pour des choses bien simples, — car les deux phénomènes magnétiques dont nous allons succinctement parler, ne sont que l'extension normale et comme élémentaire des théories générales que nous venons d'exposer.

L'anévrosie n'est autre que l'épuisement du fluide nerveux provoqué dans le sujet tandis que la voulutodynamie est la force directe de la volonté de l'opérateur.

Comment vont entrer en ligne de compte ces deux éléments nouveaux de l'action magnétique ?

Pour le voir simplement, nous remarquerons d'abord qu'une lacune essentielle existe dans la plupart des traités de magnétisme animal. Ces ouvrages, en effet, parlent toujours et uniquement de la projection d'un fluide, — quelquefois improprement appelé fluide magnétique, — et qui, se transmettant de magnétiseur au sujet provoque le somnambulisme.

De même, les opérateurs ne tiennent compte en général que de leur pouvoir excessif, et laissent complètement de côté le rôle important que joue le propre système nerveux du sujet sous leur influence, plus ou moins modifié, excité ou affaibli.

Il est facile de concevoir cependant que ce n est guère que l'épuisement nerveux ou cérébral qui livre le sujet magnétisé à la merci de l'opérateur qui le dirige.

Cette simple réflexion est pourtant venue à plusieurs magnétiseurs professionnels, entre autres à M. Carpentier, qui renouvela des Grecs la pratique suivante. Un morceau de métal généralement fait de cuivre et de zinc et que l'on appelle pile à concentrer l'attention du sujet : — on peut d'ailleurs employer tout autre objet tel que un bouton ou même le bout du doigt, — les ombiliquistes se magnétisaient eux-mêmes en fixant avec attention leur nombril : — le seul résultat à obtenir est, par une attention longue et soutenue, de fatiguer progressivement le cerveau de façon à épuiser le fluide cérébral du sujet de manière à lui pouvoir ensuite, sans peine presque, substituer son propre fluide nerveux.

Il n'y a là, comme on le voit, rien de bien magique.

Cependant pour l'étude psychologique, — la seule intéressante, de ces phénomènes — il faut posséder à un haut degré les connaissances anatomiques et physiologiques ; ce sont ces données scientifiques qui font souvent défaut aux observateurs et conduisent à des interprétations fausses et parfois même contradictoires des phénomènes nerveux ainsi provoqués.

Ces phénomènes ont été groupés sous le nom peut-être un peu impropre d'*Electro Biologie* et le moyen de les produire a pris le nom de méthode de *Suggestion.*

Le système nerveux est en effet la source et le centre des phénomènes produits par une attention largement soutenue et l'étude physiologique de sujets plongés dans cet état a conduit à l'adoption du mot *Anévrosie* qui veut dire épuisement du fluide nerveux central.

Voici, — alors que l'on a placé le disque de métal dans l'une des mains du sujet, à qui l'on a recommandé de le fixer avec attention et sans bouger en s'efforçant de ne pas penser à autre chose, — les phénomènes qui vont se produire et se succéder chez les sujets aptes à subir l influence

La fixité des yeux sur le disque et l'attention soutenue retiennent au cerveau une plus grande quantité de fluide nerveux que dans l'état normal

Lorsque l'expérience se prolonge un peu, cette accumulation de fluide continuant, il y a comme une sorte de surexcitation de l'organe encephalique ; on éprouve des tintements et des bourdonnements d'oreilles, la vue devient trouble et le disque s'irise de couleurs changeantes ; en même temps le pouls s'accélère peu à peu en devenant filiforme et les membres s'emplissent de formillements.

La tête aussi s'alourdit et le sujet ressent une fatigue générale : c'est le commencement de l'état d'épuisement, réaction consécutive et forcée de l'état de surexcitation nerveuse.

Il faut généralement vingt-cinq à trente minutes pour obtenir pour la première fois l'état anévrosique d'un sujet ordinaire; une fois qu'il a subi l'influence, les expériences suivantes peuvent aboutir en une dizaine de minutes.

On reconnaîtra que le sujet est pris, c'est-à-dire qu'il a subi l'influence suffisante quand, en pénétrant dans la pièce où il est bon de le laisser seul, on le voit demeurer le regard fixe comme étonné, tandis que les traits du visage gardent une immobilité à peu près complète.

Il est alors apte aux expériences magnétiques.

L'opérateur alors s'approche de luict lui appuie fortement le pouce sur la racine du nez afin de comprimer l'organe de l'individualité qui correspond à ce point du crâne. Cette impression a pour but, — à ce que disent du moins les praticiens de ce genre de magnétisme, — d'interrompre momentanément la circulation nerveuse en enlevant pour ainsi au sujet son *moi*.

L'opérateur agissant comme dans la magnétisation par le regard, fixe attentivement et fortement son sujet dans les yeux, lui lançant avec force le fluide de sa propre volonté. Ce fluide actif ne rencontrant pas d'obstacle dans le cerveau épuisé il pénètre de façon complète et se substitue au fluide nerveux du sujet qu'il domine alors de façon complète.

A partir de ce moment le sujet n'existe plus pour ainsi dire par lui-même et ne se meut que sous l'impulsion directe de la volonté étrangère qui a pris possession de son cerveau.

L'opérateur peut alors se livrer aux plus curieuses expériences.

Tout le monde connaît aujourd'hui le rite ordinaire de ces projections de pensée et il est absolument inutile que nous décrivions ici une séance de magnétisme arrivée à ce point.

Le fait important d'ailleurs, n'est pas de faire marcher et agir un sujet endormi et soumis mais d'arriver à le mettre en état d'obéir aveuglément et de répeter à haute voix les pensées que lui suggère de façon muette son magnétiseur

Il faut remarquer cependant que, malgré sa puissance, l'opérateur est parfois forcé de répéter ces ordres trois ou quatre fois. Il lui faut pour vaincre la résistance qui demeure toujours dans le sujet, employer un langage impératif bien accusé par un ton énergique, qui imprime violemment sa volonté et fait mouvoir le sujet comme une machine que le magnétiseur dirige à son gré

Le sujet, d'ailleurs, garde pendant l'exécution des ordres qui lui sont donnés, les yeux grands ouverts : il arrive souvent qu'il parle, qu'il rit, qu'il a des allures d'impatience et cherche à résister à la volonté plus forte qui le soumet et le dirige.

Il ne faut jamais laisser un sujet plus d'un quart d'heure dans cet état, de crainte de compromettre à jamais sa fonction nerveuse.

Pour le réveiller, il faut commencer à lui faire respirer un objet quelconque en lui disant que c'est un arôme qu'il aime et qu'il reconnaît. Puis on le laisse reposer dans un fauteuil et s'éveiller lentement. Un réveil brusque pourrait provoquer une crise dangereuse.

Au sortir de l'anévrosie, le sujet est généralement atteint d'une céphalogie assez prononcee dont le centre se trouve vers la racine du nez ; il a comme conscience du vide de son crâne ; le pouls est petit et précipité, les traits tirés, les membres sont pris de courbatures.

La fatigue et la faiblesse sont générales, et tout l'individu présente les symptômes de l'épuisement nerveux après une longue et violente surexcitation.

Il est facile de conclure, par ces signes caractéristiques, que c'est à l'épuisement nerveux cérébral qu'est due toute la série de phénomènes ci-dessus décrits, et qui ne laissent ni doute ni ambiguité.

Il est donc facile de voir la raison physiologique des phénomènes d'apparence merveilleuse que nous venons de décrire. D'un côté *Anéorosie* ou épuisement nerveux du cerveau; privation momentanée de la volonté ; de l'autre *Voulutodynamie* ou projection de la force nerveuse cérébrale de l'opérateur au sujet.

Il serait d'ailleurs dangereux de renouveler trop fréquemment ces expériences sur le même sujet, car il en pourrait résulter des sortes de lésions nerveuses et par suite des désordres intellectuels

A ce genre de phénomènes, il nous faut encore rattacher les intuitions ou pressentiments.

Cette opération du cerveau se présente de temps à autre chez certaines personnes qui ont alors et momentanément comme une prescience de l'avenir.

On n'a encore donné de ce phénomène aucune explication physiologique satisfaisante. Il nous faut nous contenter de l'opinion assez vague de quelques philosophes qui ont pensé que « une vive excitation cérébrale jointe à la parfaite connaissance des choses passées et présentes, ainsi qu'à leur déchaînement fatal, donnait à quelques intelligences privilégiées le pressentiment de l'avenir, autrement dit l'intuition ».

Les exemples historiques d'intuition sont trop nombreux et leur suite trop souvent ininterrompue à travers les siècles pour que ce fait puisse être mis en doute

Il ne faudrait cependant pas les confondre avec les hallucinés ou les visionnaires, que la superstition fait agir non plus qu'avec les prophètes religieux, les fondateurs de religion,et autres qui ne furent que des savants intelligents, profonds philosophes et fort bons comédiens.

C'est tout ce que nous dirons de ces faits confus, nous contentant de les constater sans les expliquer plus que les autres.

XV

LE SPIRITISME

Ici nous entrons en plein dans les choses merveilleuses ; — encore leur trouverons-nous souvent, pour ne pas dire à peu près toujours, de plausibles explications.

Au moyen-âge déjà — époque de superstition et d'ignorance, — la manie du merveilleux règne. Il faut avouer toutefois que les inventions d'alors ont laissé bien peu de choses et que nul fait précis et expliqué, n'est parvenu jusqu'à nous, sous une forme tant soit peu indubitable.

Depuis quelques années, aujourd'hui surtout, une sorte de recrudescence de mysticisme s'étend et se propage et les sciences occultes, cette fois travaillées par des chercheurs instruits et éclairés, prennent un corps et s'accusent en se précisant.

Nous ne parlerons pas des plates brochures plus ou moins pauvres de sens, qui signalent la présence sur terre d'une multitude d'esprits malins, — méchants ou facétieux, — dont les prétendus exploits ne sont nés souvent que des calembredaines d'un esprit malade ou des extravagances d'un joyeux fumiste.

Il faut beaucoup de précaution pour se conduire un peu dans le dédale de faits, les uns exacts, les autres notoirement erronés dont se compose le bagage des connaissances mystiques actuelles.

Il faut surtout se défier des écarts faciles d'une imagination emportée et prête à tous les vagabondages ; il faut savoir la maîtriser à temps et l'empêcher de s'exalter trop au détriment de la raison.

Entrons maintenant, — après ce court préambule nécessaire, — dans l'étude rapide des faits acquis et des observations faites

Les premières remarques faites furent celles que provoquèrent les *esprits frappenrs.*

Leur première apparition duement signalée est celle qui eut lieu dans la maison de la famille Fox, à Hydesville, petit village d'Amérique, le 19 mars 1848.

Ce fut Madame Fox qui, avec ses deux filles, entendit d'abord des craquements et des bruits étranges dans la maison ; le marteau d'entrée battait tout seul à coups précipités.

D'abord effrayées, puis peu à peu accoutumées à ce tapage qu'elles ne pouvaient attribuer qu'aux esprits, ces dames eurent l'idée de poser quelques questions à ces êtres inconnus et invisibles.

Ce furent les premières manifestations de réponses au moyen de coups frappés par une main invisible,

L'esprit répondit à toutes les questions et conta même son histoire. Madame Fox devint bientôt tellement familière avec lui qu'elle convia des amis, puis des étrangers, à venir l'entendre et en tira d'assez beaux bénéfices.

Telle est, dit-on, l'origine des esprits frappeurs et des tables parlantes ; avouons que cependant on manque là de documents précis et d'observations sagaces et véritablement scientifiques.

De l'Amérique, ce que nous pourrions appeler l'industrie des esprits, vint en Europe où elle s'installa d'abord à Brème, puis à Hambourg, pour gagner toute l'Allemagne ; de là, elle passa en Angleterre et vint enfin en France où on commença à s'en occuper vers 1853.

Les premières expériences spirites ne furent, avouons-le, que des jongleries pas toujours même habiles et le cynisme impudent de certains bateleurs décida enfin quelques savants à réagir. Ce seront plutôt leurs réfutations qui seront la base d'études spirites réellement dignes de ce nom.

En Angleterre, Faraday, et en France, Babinet, se décidèrent à écrire une étude des faits avancés par les médiums et leur entourage.

Leur but était seulement de dissiper ce qu'ils considéraient comme un préjugé, aussi ne voulurent-ils envisager que le côté physique de la question et négligèrent-ils complètement tout ce qui se rattache à la physiologie et à l'émission du fluide nerveux ou vital par la volonté.

Tandis que Faraday prouvait de façon péremptoire que l'adhérence des doigts était nécessaire à la mise en mouvement d'une table tournante, Babinet expliquait à sa façon ce phénomène par sa théorie des mouvements naissants et inconscients. Des deux côtés il y avait une lacune essentielle : l'oubli absolu de mentionner le phénomène vital ou nerveux dont le rôle est ici prépondérant.

S'appuyant sur le principe de l'inertie et sur celui de la conservation de l'énergie qui régissent tous les phénomènes physiques, ils disaient qu'il est aussi impossible à l'homme de créer du mouvement sans force que de faire quelque chose avec rien. Ceci est fort exact. Il semblerait résulter de là que la volonté n'étant point une force propre à la matière brute, mais tout à fait spéciale à la matière intelligente, elle ne saurait en aucun cas mettre en mouvement un corps brut.

Dans cette dernière conséquence, — fort spécieuse pourtant, — se trouve l'erreur du célèbre physicien.

La volonté en effet est bien une force tout à fait spéciale à la matière intelligente, — encore faut-il constater que cette force est un résultat une propriété essentielle et spéciale de la *matière* cérébrale.

La volonté cependant se développe par l'excitation du cerveau de même que le calorique ou l'électricité sont développées par le frottement, genre matériel d'excitation

Mais cette force que nous appelons la volonté n'est autre chose que le fluide vital modifié qui s'échappe de notre corps ainsi que les autres émanations animales et, en prenant la question à ce point de vue, il est fort concevable que ce fluide puisse faire éprouver les effets de son action aux corps matériels et inertes.

Nous en avons d'ailleurs la preuve manifeste dans le phénomène incontestable des tables tournantes.

Pour parler des tables tournantes nous nous en référerons aux travaux complets et consciencieux de M. le Comte de Gasparin qui a donné une relation fidèle de ses multiples expériences et les a discutées de bonne foi.

Nous venons de voir qu'il n'y a pas lieu de distinguer entre les êtres vivants et les corps inanimés pour établir des classes d'individus susceptibles d'obéir à un acte de la volonté ; tous les corps indistinctement sont soumis à sa puissance et il faudrait mettre autant de mauvaise foi pour nier des phénomènes que tout le monde peut produire qu'il y aurait de superstition et d'ignorance à n'y voir que sorcellerie ou influence magique.

Il y a lieu alors de se poser les questions suivantes :

1° Les tables sont-elles mises en mouvement par le simple contact des doigts de plusieurs personnes formant une chaîne ?

2° La volonté seule peut-elle être considérée comme moteur ou bien n'a-t-elle qu'un rôle accessoire dans le mouvement de la table.

3° La table frappe-t-elle des coups, répond-elle aux questions adressées, exécute-t-elle des ordres

4° Les mouvements et réponses merveilleuses de la table sont-ils le fait d'un esprit évoqué.

Les tables tournent, c'est un fait, et les travaux de MM. Faraday, Babinet, Chevreul en ont donné une raison physique. Ce dernier entre autres fait remarquer, justement, que les mouvements les plus faibles continus et multipliés dans le même sens peuvent mettre en mouvement un corps dont la masse est tout à fait hors de proportion avec la force motrice,

Mais tous ces savants n'ont voulu voir que la raison physique du phénomène et leur négligence du côté physiologique a causé une lacune considérable dans leurs appréciations.

Lorsque nous imaginons autour de la table la chaîne constituée, les bout des doigts en contact avec la table par une mince couche d'humidité ou de moiteur va occasionner un dégagement de fluide électrique aussi bien que l'action chimique légère, qui se produit au contact de deux corps. Le fluide nerveux d'ailleurs, — que nous devons considérer comme un cas particulier du fluide général dont le fluide électrique est aussi une manifestation de forme spéciale, — le fluide nerveux circule et se renouvelle dans notre corps sans jamais s'arrêter ou s'épuiser.

Si l'on veut tenir compte de la propulsion de ce fluide par la volonté où se trouvera dans les conditions les plus favorables pour charger une table d'une énorme quantité de fluide selon le nombre des personnes formant la chaîne et la durée du contact.

Ce que nous ignorons encore c'est par quel concours de circonstances occultes le fluide nerveux ou fluide vital devient agent moteur dans le phénomène des tables. La science se chargera d'éclaircir ce point, qu'il nous suffise de le constater comme un fait d'expérience.

Nous pouvons donc préciser et résumer ainsi le phénomène de la table tournante.

Lorsque plusieurs individus appuient leurs doigts sur le plateau d'une table avec la volonté bien arrêtée de la faire mouvoir, voici ce qui se passe : Le fluide nerveux chassé en avant par la volonté s'écoule par le bout des doigts et vient se mélanger au fluide naturel de la table. Après un temps plus ou moins long, l'écoulement électro-nerveux aidé des trépidations musculaires et nerveuses, des battements circulatoires, détermine un craquement dans la table ; puis, l'accumulation de fluide continuant, le mouvement d'abord localisé aux fibres de la table, passe à la table elle-même, qui se met spontanément à avancer, à reculer à tourner.

Selon la direction que la volonté imprime au fluide. la table tourne d'ailleurs dans un sens ou dans l'autre.

Elle obéira dès lors aux ordres qui lui seront donnés répondra les réponses qui lui seront suggérées par une volonté énergique en frappant le nombre de coups qu'on lui commandera de frapper, et tout cela sans qu'il soit nécessaire, — comme on l'a souvent voulu dire, — qu'un compère obéisse à la place de la table.

Voici d'ailleurs une expérience curieuse et

concluante, répétée à plusieurs reprises par nombre de personnes sincères et que rapporte en toute franchise le comte Agenor de Gasparin dans son ouvrage sur les tables tournantes.

La table ayant été chargée de fluide et mise en mouvement par une chaine de plusieurs personnes. à un signal précis tous les doigts abandonnent simultanément la table et demeurent levés en l'air à quelques centimètres de son plateau : si alors on donne à la table l'ordre de se lever pour venir rejoindre les doigts ou de se renverser ou de faire tout autre acte bien déterminé ; cette table obéira aussi exactement que pendant le contact des mains.

Cette expérience répétée un grand nombre de fois par des personnes différentes ne peut être récusée ou mise sur le compte d'une hallucination ou d'une supercherie.

Il nous faut donc l'admettre comme établissant un fait incontestable et facile à répéter.

Remarquons maintenant, — et pour répondre à la deuxième question posée plus haut, — que la volonté n'est qu'une manifestation particulière de la force nerveuse. C'est cette force qui, allant du cerveau aux jambes produit la marche .. Pourquoi cette force de volonté qui peut-être projetée au bout des doigts par un excitant quelconque ne pourrait-elle aller plus loin et, atteignant les corps inanimés placés devant elle, leur communiquer le mouvement.

Nous ne connaissons pas encore d'appareil susceptible de mesurer l'intensité de la force nerveuse ou de la volontés mais le mouvement des tables, avec ou sans contact doit être considérée comme une véritable démonstration physique.

Arrivons maintenant aux réponses que font les tables aux questions posées.

Nous venons de voir que les tables se meuvent et agissent sous l'influence d'une volonté énergique. Lorsque maintenant nous voudrons que la table réponde à une question, par des coups, des chiffres ou des lettres, il sera indispensable que la volonté lui envoie la demande. Cette demande ainsi que sa réponse existent tout entières dans le fluide qui passe des doigts au plateau de la table.

Les moyens de communication, entre les tables et nous, ont lieu par des coups frappés avec un de leurs pieds et correspondant aux lettres de l'alphabet.

Pour cela on affecte chaque lettre de l'alphabet d'un numéro La lettre A aura le numéro un ; la lettre B, le numéro deux, etc. La table frappera alors le nombre de coups correspondant à la première lettre du mot, ensuite elle nommera de même la seconde lettre et ainsi de suite, jusqu'à la fin du mot, puis elle passera au mot suivant pour dire au besoin une phrase entière.

On a aussi employé un cadran entouré de chiffres et de lettres et sur lequel se meut une aiguille mobile Enfin, pour abréger autant que possible la longeur de ces moyens de transmission on a imaginé d'attacher un crayon au pied d'une petite table et de lui faire écrire les réponses aux questions qu'on lui pose.

Il semble de toute évidence que les réponses des tables ne sont que l'écho des réponses mentales des opérateurs. La table repond exactement si la projection de volonté de l'opérateur principal n'est pas contrariée par une volonté différente émanant de une ou plusieurs personnes formant la chaîne. S'il y a contrariété dans les projections de volonté, la réponse sera dénaturée et n'aura aucun sens. C'est pourquoi il est nécessaire qu'il ne se trouve dans une chaîne qu'une seule personne qui commande, toutes les autres volontés venant seulement se réunir à la sienne pour lui donner plus de puissance et d'énergie.

M. Babinet, qui fut un adversaire si déclaré des tables tournantes a écrit que les réponses données par les tables devaient être nécessairement aussi intelligentes que ceux qui les faisaient parler puisque les réponses émanaient de ces personnes.

M. Chevreul un peu après écrivait à Mitons : « Il est facile de concevoir comment une question qu'on adresse à une table peut éveiller dans la personne qui fait cette question, un mouvement cérébral et ce mouvemen qui n'est autre que celui du fluide nerveux peut se propager dans la table ; d'où il résulte que l'impulsion étant mesurée, intelligente, la table répètera la même impulsion. »

Ces autorités doivent faire foi en la matière et nous nous en tiendrons à leur avis. »

Un mot nous reste à dire de la *Trapezomancie* ou divination au moyen des tables ; sur la connaissance des choses cachées, des événements passés, présents et futurs, dans les diverses parties du monde par le secours d'une table. A notre avis il ne faut guère voir là qu'une superstition renouvelée des siècles d'ignorance, où tout objet aux mains d'un magicien devenait instrument de divination et d'oracle.

Ces jongleurs et ces bateleurs étaient autrefois légion ; il n'en reste plus guère aujourd'hui que les tireuses de cartes et quelques diseuses de bonne aventure.

Quant aux oracles rendus par des esprits ou des démons qui, par la toute puissance d'une évocation quittent leurs séjours inconnus pour s'en venir habiter nos meubles et nos ustensiles de ménage il y a lieu, croyons-nous, d'être en garde non contre eux mais contre les facéties de leurs trop habiles orateurs.

De toutes les personnes de bonne foi qui prétendent avoir vu et entendu des esprits il est fort probable que plus d'une a été la dupe de quelque friponnerie ou bien qu'elle se trou vait momentanément soumise à une hallucination développée dans l'influence de son excessive crédulité

Nous avons montré comment la table tourne et répond aux questions qu'on lui pose. Nous avons signalé aussi que, dans nombre de discussions qui se croyaient sérieuses, d'adroits facétieux s'étant glissés, qui — fort habiles aux supercheries de la trapézomancie, — étaient parvenus à capter l'attention et à provoquer l'étonnement des spectateurs. C'est d'ailleurs à notre avis, tout ce qu'il faut voir de vrai dans la divination par les tables.

XVI

LE MERVEILLEUX ET LA PSYCHOLOGIE

L'amour du merveilleux est chose tellement innée, tellement spontanée, dans l'esprit de l'homme, surtout de l'homme peu instruit, que le moindre fait d apparence tant soit peu extraordinaire, le moindre prestige visible suffit pour réveiller cette passion et la faire agir.

Aussi voyons-nous, à des époques fort récentes les miracles des Madones, les tables tournantes, les esprits frappeurs, les spirites.

les mediums et tous les agents de la thaumaturgie moderne avoir leurs croyants, leurs fervents, leurs enthousiastes.

Et cependant parmi cette multitude avide de choses à l'apparence extra-terrestre ou au moins extra-humaine, l'idée ne germe pas toujours que parmi ces thaumaturges les uns ne sont que les agents dévoués d'un parti qui prêche et entretient l'ignorance tandis que d'autres ne sont que d'habiles bateleurs voyant là le moyen de vivre bien et sans trop de peine.

On a beaucoup parlé, on parle encore souvent de certains inspirés ou illuminés qui se dénomment spirites et qui vivant dans un monde de fantasmagorie, conversent avec les esprits et font part à leur entourage des opinions de l'autre monde.

Parmi ces spirites, les uns sont de fort bonne foi — il y en a peu, il est vrai, — mais on peut alors sans crainte les classer dans la catégorie des hallucinés et des cerveaux malades. Toutefois le plus grand nombre de ces thaumaturges travaillent pour un parti d'obscurantisme ou cherchent pour leur propre compte à vivre de mystifications.

Nous ne ferons que rappeler les trop fameux frères Dawenport qui mystifièrent longtemps Paris et dont les jongleries finirent par crouler sous les huées d'un public plus perspicace.

Si nous voulons chercher quelle est la

source de l'amour du merveilleux si souvent en travers de la marche de la raison, il faudra considérer deux faits bien distincts.

Le premier est le vice d'éducation des enfants chez qui l'on s'efforce presque toujours de développer outre mesure l'imagination fut-ce au détriment de la raison ;

Le second n'est autre que l'instinct inné qui pousse l'homme vers une situation meilleure, vers un bien-être plus grand que celui qu'il possède.

On a coutume, en eflet, de bercer les enfants de tant de balivernes, de contes absurdement merveilleux que bien des adultes, -- encore que instruits, — n'ont pas même la force de rejeter complètement ces sottises. C'est l'histoire de tous les préjugés que l'on suce avec le lait de l'enfance, malgré que l'atavisme y donne déjà une intense prédisposition

De même l'appétit instinctif de bien-être pousse toujours l'homme à d sirer ce qu'il n'a pas et à fonder ses espérances sur l'avenir. C'est cet instinct, quand il n'est pas modifié par la raison qui rend les hommes crédules, superstitieux et amis des choses merveilleuses tandis qu'ils ne gardent presque que de l'indifférence pour les vérités les plus flagrantes Ils en arrivent ainsi peu à peu à se nourrir d'illusions qu'ils prennent pour des réalités, — à se bercer de craintes puériles et aussi d'espérances imaginaires.

Voici pour finir ce qu'en dit le grand naturaliste Lamark :

« Cette manière d'être et de sentir étant le propre de l'immense majorité des individus de tous pays, a fourni aux plus avisés les moyens d'abuser et de dominer les autres. Il leur a été facile par là de changer en pouvoir absolu les institutions originairement établies pour la constitution et l'avantage des sociétés. C'est donc à l'ignorance des choses et au très petit cercle d'idées dans lequel vivent les individus de cette majorité qu'il faut rapporter la plupart des maux moraux qui affligent dans tant de contrées. l'homme social. »

Nous nous en tiendrons à cette opinion d'un homme illustre.

XVII

L'ART DE TIRER LES CARTES

On a prétendu que les cartes remontaient au règne de Charles VI et qu'elles furent inventées pour distraire sa folie. Les recherches patientes de nombreux érudits ont cependant établi qu'elles existaient bien auparavant et leur mention en est faite dans plusieurs ouvrages fort anciens.

La cartomancie, ou art de tirer les cartes aurait, d'après Alliette, son origine dans le jeu des bâtons d'Alpha que l'on perfectionna plus tard. On se mit aussi à peindre des cartes de couleurs et à l'époque où Gringoneur offrit un jeu de cartes à Charles VI il ne fit que copier sur des cartons les dessins déjà vus sur les tablettes des vieux sorciers et des devins de son époque.

Boissounade fait d'ailleurs remarquer que l'on jouait déjà aux cartes sous Charles V, et la preuve en est que Jehan de Saintré ne devint favori du roi que « parce qu'il ne jouait ni aux cartes ni aux dés ».

On les connaissait aussi en Espagne puisque Alphonse XI les prohiba dans les statuts de l'ordre de la bande fondé en 133..

Les cartes, d'abord tolérées partout, même dans les couvents. furent ensuite sévèrement prohibées par les prêtres, et Saint Bernard de Sienne les fit brûler en les enlevant à ses moines.

Elles furent encore frappées d'anathème par bien d'autres personnages d'Eglise et nombre de dévotes répèent encore ce dicton : « qui tient les cartes tient le diable. »

Quand le diable revint sur terre, disait-on jadis, il emporta plusieurs femmes qui tiraient les cartes et étouffa des joueurs de piquet Dans le« *Discours sur les Sorciers* », Boguet affirme que nous ne voyons plus le diable se mêler de tours de cartes, mais que certainement il assiste ceux qui les font.

On a trouvé de tout dans les cartes et le sabéïsme, l'histoire, la sorcellerie, la divination, et mille autres choses y ont passé. Quelques savants remarquables y ont trouvé toute l'alchimie durant que les cabalistes y voyaient les esprits des quatre éléments. D'aucun ont dit que les carreaux sont les salamandres, les cœurs sont des sylphes, les trèfles sont des ondins et les piques des gnomes.

Pour nous nous verrons dans les cartes surtout un amusement et une curiosité et en même temps nous chercherons à leur arracher le secret de l'avenir, à déchirer par leur aide le voile impénétrable qui recouvre les évènements futurs qui sont réservés à nous ou à d'autres.

Les cartes françaises ont quatre couleurs — on désigne ainsi les cœurs, les carreaux, les trèfles et les piques. — Le cœur représente la bravoure, le carreau et le pique sont des armes et le trèfle du fourrage.

L'as est un emblême du nerf de la guerre ou de la paix; de l'argent; son nom est celui d'une ancienne monnaie romaine.

Les dénominations des autres datent d'ailleurs du règne de Charles VII et, sauf les rois, se rapportent à des personnages de cette époque.

Le roi de cœur (Charles), représente l'empereur Charlemagne. Le roi de carreau (César), est Jules César ou Auguste. Le roi de trèfle (Alexandre), est Alexandre le Grand, roi de Macédoine, et le roi de pique (David), est soit le David des Hébreux ou Charles VII, lui-même qui fut contraint comme David de faire la guerre contre son propre fils.

La dame de trèfle (Argine, — anagramme de Régina : — Reine), représente la reine Marie d'Anjou, femme de Charles VII; la dame de cœur (Judith), figure la reine Isabeau de Bavière; femme de Charles VI, princesse galante et perverse qui vendit la France aux Anglais. La dame de carreau (Rachel), est Agnès Sorel, maîtresse de Charles VII, et la dame de pique (Pallas), n'est autre que Jeanne d'Arc, la pucelle d'Orléans.

Le valet de cœur (Lahire), représente un illustre capitaine de ce nom qui vivait au temps de Charles VII ; le valet de carreau (Hector), porte le nom d'un chevalier du XVe siècle, Hector de Galard. — Le valet de trèfle (Lancelot) et le valet de pique (Hogier), sont deux guerriers de l'armée de Charlemagne.

Les autres cartes figuraient des soldats à part les as qui représentent l'argent

On a imaginé une multitude de jeux de cartes dont nous n'avons pas à nous occuper ici. — Les cartes, en effet, ne servent pas uniquement au joueur, passionné ou amoureux d'un gain d'argent ; elles servent aussi à raconter le passé et le présent, et prédire l'avenir.

C'est ce qu'on appelle tirer les cartes et c'est

là un art curieux dont nous allons indiquer les principes fondamentaux.

On a dit souvent bien du mal des tireuses de cartes et de leur art, et Larousse s'élève contre elles avec véhémence ; mais malgré toute son indignation. Larousse n'arrive pas à nous convaincre ; il n'a d'ailleurs convaincu personne et l'industrie des tireuses de cartes continue : preuve manifeste que si parfois elles exagèrent leurs dires, au moins souvent présagent elles une bonne partie de la vérité.

Quelques devins et cartomanciens devinrent d'ailleurs des personnages illustres ; ce seront leurs travaux et leurs œuvres qui vont nous servir à documenter notre courte étude ; mais auparavant ne serait-il pas bon de parler un peu d'eux.

Mme de Clerambault qui vivait sous Louis XIV fut une tireuse de cartes remarquable, nous ne pouvons mieux faire que de citer à son sujet le passage qui la concerne dans les *Memoires de Saint-Simon* « La maréchale de Clérambault, — dit-il — croyait avoir une grande connaissance par l'art des petits points.

« Comme, Dieu merci, je ne sais ce que c'est, je n'expliquerai point cette opération en laquelle Madame avait beaucoup de confiance. Elle consulta donc la maréchale sur le voyage de Reims qui lui répondit fermement : Partez, Madame, en toute sûreté ; je me porte bien. C'est qu'elle prétendait avoir vu par ces petits points qu'elle mourrait avant Madame qui, sur cette confiance alla à Reims. Elle y fut logée dans la belle abbaye de Saint Pierre avec Mme la duchesse de Lorraine, où le roi les alla voir deux fois. et dont une sœur du feu comte de Roncy était abbesse

Madame vit le sacre et les cérémonies de l'ordre du lendemain dans une tribune, avec Mme la duchesse de Lorraine et ses enfants, dans laquelle le frère du roi de Portugal eut ainsi place. Mais au retour du sacre elle perdit la maréchale de Cléraimbault qui mourut à Paris le 27 novembre dans sa quatre-vingt-neuvième année, ayant jusqu'alors la santé, la tête, l'esprit et l'usage de tous les sens comme à quarante ans. »

Plus tard, une dame *Ambruget*, qui vécut vers la fin du règne de Louis XIV, fut fort célèbre pour sa prodigieuse divination au moyen des cartes. Ce fut elle qui prédit au roi que, au milieu de tous ses malheurs il ne devait jamais désespérer, et que bientôt une victoire éclatante viendrait réparer tous les désastres et donner la paix à la France En effet, quelques jours plus tard, le maréchal de Villars remportait la brillante victoire de Denain et Louis XIV reconnaissant faisait remettre 6,000 livres à la cartomancienne. Ce fut l'aurore de sa célébrité comme de sa fortune et bientôt après, enrichie par ses clients, elle se retirait dans une somptueuse propriété qu'elle venait d'acheter à Saint-Germain-en-Laye.

Un autre la suivit de près, ce fut l'illustre

Fiasson qui eut une aventure étrange avec le souverain, alors le duc Philippe d'Orléans un peu plus tard régent du royaume. Le duc était un grand coureur d'aventures ; un soir il se rendit chez Fiasson avec le chevalier de Brivozac et une nommée Mariette, chanteuse de l'Opéra. Fiasson ne les connaissait nullement et cependant il prédit à Mariette qu'elle mourrait à l'hôpital d'une maladie honteuse, à Brivozac qu'il serait chassé et au duc qu'il exercerait le pouvoir royal ; — toutes choses qui se réalisèrent de point en point.

Peu après arriva le fameux *Alliette*. Ce n'équ'un garçon coiffeur dont la renommée fut bientôt universelle.

Sa vocation de cartomancien se dévoila à la lecture de l'ouvrage de Court de Gébelin ayant pour titre : *Le monde primitif analysé et comparé avec le monde moderne, considéré dans l'histoire civile, religieuse et allégorique du Calendrier ou Almanach*. Il y fut fort frappé de ces quelques lignes parlant de caractères hyérogliphiques consacrées au mercure d'Egypte, Thot : — « Si l'on entendait annoncer qu'il existe de nos jours, depuis 3957 ans, un ouvrage des anciens égyptiens, un de leurs livres échappé aux flammes qui dévorèrent leur superbe bibliothèque et qui contient leur doctrine la plus pure sur des sujets intéressants, chacun serait sans doute empressé de connaître un livre aussi précieux, aussi extraordinaire. Si l'on ajoutait que ce livre est très répandu dans une grande partie de l'Europe, que depuis un grand nombre de siècles il est entre les mains de tout le monde, la surprise irait sans doute en croissant..... Le fait est cependant vrai. Ce livre égyptien, seul reste de leur superbe bibliothèque, existe de nos jours, il est même dans beaucoup de mains. — C'est l'Almanach.

« Malheureusement ce livre précieux n'est point compris du plus grand nombre de ceux qui en possèdent des copies. Il serait à désirer qu'un homme capable veuille bien se charger d'en expliquer clairement le contenu. »

Alliette, dont le cerveau s'était de plus en plus obscurci dans la lecture des ouvrages de philosophie, voulut être cet homme capable et il se mit à traduire le livre de Thot ; qu'il n'a jamais vu d'ailleurs, car il l'imagina de toutes pièces. Son travail pique au vif la curiosité du public qui accourut le consulter. La Révolution lui fit mettre ses livres en lieu sûr et il ne fit plus parler de lui.

Il avait d'ailleurs des concurrents et parmi eux il faut citer le *Comte de Modène* qui s'amusait à jouer des cartes sybillines. Il fit même quelques prédictions curieuses.

Citons en passant Madame *Clément* qui se disait élève de Mlle Lenormand, puis Mlles Lelicou et Julia Orsini, enfin, tout récemment et dans le quartier Bréda, *Edmond* fut une célébrité et il eut beaucoup de succès, même et surtout dit-on, parmi les dames du faubourg Saint-Germain.

Nous allons maintenant donner une courte notice sur la célèbre *Mlle Lenormand*, dont chacun encore se réclame aujourd'hui.

Marie-Anne Lenormand, est née à Alençon en 1772, et fit des études complètes pour son temps à l'abbaye royale des bénédictines. Dès son enfance elle montra des dispositions au mysticisme et disait elle-même : « J'étais une somnambule éveillée » Un évènement imprévu vint tout-à-coup mettre en lumière ses facultés de devineresse.

L'abbesse du couvent ayant été destituée, bien avant la décision royale, la jeune Lenormand, annonça qu'une Mme de Livarède serait l'élue du monarque. Ce fut vrai, mais à ce moment elle n'était plus aux bénédictins et continuait ses prédictions chez les Dames de Sainte-Marie, où on l'appelait la petite Sybille.

Rappelée par Mme de Livarède, la jeune fille se mit à étudier les théories nouvelles du docteur Gall, puis, avec 1200 francs gagnés par un numéro de loterie choisi par elle, elle se rendit à Londres auprès du maitre phrénologue. Gall l'accueillit fort bien, l'étudia et l'instruisit en lui prédisant de grands succès de devineresse.

Ce fut elle qui, à la convocation des Etats généraux par Louis XVI, — elle n'avait que 17 ans — s'écria : « Malheur, trois fois malheur sur Ninive. »

Elle prédit la chute de la Monarchie, la dispersion du clergé et presque toute la révolution. Elle vint à Paris en 1790, où elle fut très consultée surtout dans son appartement de la rue de Tournon, n° 5.

Elle reçut les tribuns de la révolution et leur fit à tous des prédictions curieuses et exactes.

Elle ne se servait d'ailleurs pas seulement des cartes, mais possédait une haute connaissance des sciences cabalistiques et de l'art divinatoire reposant sur les bases précises que nous connaissons : le somnambulisme et le magnétisme.

Elle étudia aussi l'astrologie et arriva à fixer presque des lois précises dans les rapports du passé et du présent avec l'avenir.

Un jour, comme la princesse de Lamballe lui racontait un songe où elle avait vu des choses étranges, elle lui conseilla de se préparer à mourir, et malgré tous ses efforts, elle ne put conjurer le sort fatal.

Envoyée à la Petite Force, Mlle Lenormand fut reçue avec enthousiasme ; elle releva le courage des prisonniers, en prédisant la chute de Robespierre et la fin de la Terreur.

Cela se passait quelques jours avant le 9 thermidor.

Mlle Lenormand, pendant sa captivité sauva d'ailleurs la vie à Mlle de Montansier à qui elle écrivit : « Mettez vous au lit, feignez d'être malade ; un changement de prison vous conduirait à la guillotine, mais vous l'éviterez et vous vivrez très âgée. » Il arriva en effet, que ceux qui furent transportés à la conciergerie montèrent sur l'échafaud, tandis que Mlle de Montansier, demeurée à la Petite Force fut délivrée le 9 thermidor et mourut à près de 100 ans

Elle fut aussi chiromancienne et étudia la main de Napoléon, quand il était encore sous-lieutenant ; elle se complut d'ailleurs à en reproduire plus tard les signes curieux.

Elle annonça à Joséphine de Beauharnais le Coup d'Etat du 18 brumaire et l'engagea à suivre son époux.

Arrêtée sur une dénonciation de la générale Moreau, elle annonça elle même sa mise en liberté pour le 1er janvier 1804 à midi, ce qui fut exact.

Arrêtée, exhilée et passant par nombre de péripéties, Marie Anne Lenormand demeura célèbre et mourut seulement à l'âge de soixante et douze ans en 1843. Elle s'était prédit 124 ans de vie ; il est vrai qu'elle mourut des suites d'une opération chirurgicale.

Nous reviendrons au fur et à mesure sur ses nombreux ouvrages.

XVIII

L'EXPLICATION DES CARTES

Avant de rien entreprendre nous devons remarquer d'abord que dans la divination par les cartes il est nécessaire d'apporter la plus grande réserve et la plus grande discrétion en ayant soin de ne jamais laisser distraire son attention des personnes dont on s'occupe.

On peut en effet tirer les cartes pour les croyants comme pour des incrédules, — aussi pour des nerveux trop impressionnables comme pour des indifférents sceptique.

Il arrive même que certains évènements entourés de circonstances bizarres ont donné raison à des prédictions faites en l'air mais qui avaient été impressionnantes. Ce n'est alors qu'une sorte d'auto-suggestion obsédante qui force le consultant à accomplir tôt ou tard ce qui lui a été prédit.

On ne saurait donc trop recommander la prudence dans les pronostics.

L'art des cartes repose d'ailleurs sur la fatalité incontestable qui nous régit et nous dirige et c'est pour cela qu'il n'y a pas trop à le recuser surtout si le cartomancier sait mêler intelligemment l'horoscope avec les intuitions qu'il peut avoir du caractère et de la vie du consultant.

En résumé il sera bon, tout en préparant les cartes de se renseigner auprès du consultant sur son degré de foi dans les opérations *qu'il demande*, ou bien, au moins de l'observer indirectement.

Il faut tâcher en même temps de se faire une opinion approchée de son caractère, de son tempérament, de son désir et de sa nervosité et ne pas oublier d'en tenir compte dans l'énoncé des résultats indiqués par les cartes.

La façon de tirer les cartes que nous allons indiquer est celle de Mlle Lenormand.

Remarquons d'abord que dans la cartomancie il y a comme une hiérarchie de cartes. La plus forte est l'as, puis viennent le roi, la dame, le valet, le dix, le neuf, le huit et le sept.

(Dans la méthode d'Etteila dont nous dirons un mot ensuite, l'as est plus faible que le valet.)

Il y aura de même une hiérarchie des couleurs : Les trèfles marcheront les premiers en raison de leur signification de bon présage et d'évènement heureux ; — après eux viennent les cœurs qui annoncent la joie, la douceur, la libéralité, — puis ce sont les carreaux qui signifient querelle, retard, contrariétés. — et enfin viennent les piques, présages de maladie, de douleur ou de perte d'argent,

Ces significations ne sont d'ailleurs que des significations d'ensemble et par masses ; mais dans un groupement déterminé l'influence d'une carte pourra être fortement modifiée par celles qui l'entourent.

Remarquons en passant que chaque fois que deux cartes semblables encadrent une figure, — par exemple un roi entre deux huit, — c'est un signe certain d'emprisonnement, de privation de liberté.

Arrivons maintenant à la signification de chaque carte prise individuellement dans un jeu de piquet ordinaire. Il faut autant que possible se procurer un jeu de cartes simples c'est-à-dire dont les personnages ne sont pas découpés à mi-corps et accolés pour présenter deux têtes. — Quand il n'est pas possible d'avoir un pareil jeu il faudra marquer l'une des extrémités de chaque carte pour lui déterminer un haut et un bas car nous allons voir que debout, une carte n'a pas la même signification que renversée.

Voici maintenant l'explication de toutes les cartes :

Trèfles

As. — Bonnes nouvelles ; argent ; joie, plaisirs.

Renversé. — Prédiction analogue mais faible et de courte durée.

Roi. — Homme loyal, généreux, serviable.

Renversé. — Il aura des contrariétés dans ses projets.

Dame. — Femme aimante, honnête et douce ; heureux mariage.

Renversé. — Femme jalouse et susceptible.

Valet. — Jeune homme adroit et entreprenant ; enfant.

Renversé. — Flatteur peu dangereux.

Dix. — Fortune, grandeur, succès.

Renversé. — Réussite de peu d'importance.

Neuf. — Héritage imprévu ; rentrée d'argent inespérée.

Renversé. — Cadeau de peu d'importance.

Huit. — Jeune fille brune ou jeune homme brun, bien disposé à l'égard du consultant ou de la consultante.

Renversé. — Déception d'amour ; tromperie.

Sept. — Argent trouvé ; service rendu par une amie.

Renversé. — Déception amoureuse ; petite trouvaille.

Cœurs

As. — Lettre d'amour ; agréable nouvelle.

Renversé. — Visite d'un brave ami.

Roi. — Homme franc, libéral, ami fidèle.

Renversé. — Obstacle à l'exécution de projets honnêtes.

Dame. — Femme douce et aimante ; très bonne amie.

Renversé. — Esprit déçu.

Valet. — Ami sincère et bienfaisant ; joyeux garçon, bon vivant.

Renversé. — Amant mécontent.

Dix. — Joie, contentement, triomphe.

Renversé. — Inquiétude, légers soucis.

NEUF. — Satisfaction ; réussite.

Renversé. — Jalousie ; chagrin passager.

HUIT. — Réussite en amour, joie, réjouissance.

Renversé. — Indifférence de la personne aimée.

SEPT. — Paix du cœur, honnêtes projets ; pensées agréables.

Renversé. — Ennuis, légers soucis.

CARREAUX

AS. — Lettre qu'on recevra, lettre de change, billet de banque.

Renversé. — Nouvelle désagréable reçue par lettre.

ROI. — Homme méchant, dangereux ; militaire.

Renversé. — Danger moindre ou éloigné.

DAME. — Femme médisante et frivole, jalouse, intrigante.

Renversé. — Il n'y a rien à craindre de sa méchanceté.

VALET. — Facteur ; domestique infidèle : flatteur méchant.

Renversé. — Les nouvelles qu'il apportera seront mauvaises.

DIX. — Voyage ; changement de domicile.

Renversé. — Voyage qui aura de tristes résultats.

NEUF. — Retards ; contrariétés.

Renversé. — Brouille en amour ou chez soi.

Huit. — Petit voyage ; entreprises amoureuses.

Renversé. — Insuccès de l'entrprise ou du voyage.

Sept. — Moquerie. satire, critique.

Renversé. — Cancans de femmes, d'étrangers ou d'enfants.

Piques

As. — Succès auprès de la femme aimée, plaisir; argent.

Renversé. — Mauvaises nouvelles, chagrins, tristesse.

Roi. — Homme haineux et jaloux ; contrariétés, tribulations.

Renversé. — Ses efforts pour le mal n'aboutiront pas.

Dame. — Veuve ou femme mariée, médisante, méchante, jalouse.

Renversé. — Défiez-vous d'elle ou cela vous nuira beaucoup.

Valet. — Jeune homme querelleur, méchant, de mauvaise vie.

Renversé. — Il médite une trahison.

Dix. — Pleurs, chagrins, déception, emprisonnement.

Renversé. — Les peines seront de courte durée.

Neuf. — *La plus mauvaise carte.* — Présage de mort.

Renversé. — Emprisonnement ou perte de parents.

Huit. — Maladie prochaine, affliction, contrariétés.

Renversé. — Mariage rompu.

Sept. — Maîtresse infidèle, peines de peu de durée.

Renversé. — Intrigue de peu d'impotrance.

A ce jeu de 32 cartes, Mlle Lenormand ajoutait en général les quatre deux qui signifiaient :

Deux de trèfle. — Confident dévoué.

Deux de cœur. — La personne pour qui on tire les cartes.

Deux de carreau. — Confident peu sûr.

Deux de pique. — Ami dont il est bon de se défier.

Signalons en passant que les figures rouges sont en général l'emblème de personnes blondes et les figures noires représentent des personnes brunes.

Avant d'indiquer le détail du jeu voyons la signification des rencontres de cartes.

Quatre as annoncent des périls, des dangers, des hasards fâcheux dans le commerce; emprisonnement.

Trois as. — Nouvelles favorables.

Deux as. — Complot contre le consultant.

Quatre rois. — Réussite complète, dignités, honneurs.

Trois rois. — Bonne réussite ; réunion d'hommes sérieux.

DEUX ROIS. — Projets entre personnes de même valeur.

QUATRE DAMES. — Réunions, bals, festins, plaisirs.

TROIS DAMES. — Cancans, médisances, discussions inutiles.

DEUX DAMES. — Réunion de deux amies.

QUATRE VALETS. — Réunion joyeuse et bruyante de jeunes gens.

TROIS VALETS. — Mauvais propos, faux amis.

DEUX VALETS. — Projets coupables, trahison prochaine.

QUATRE DIX. — Grande réussite dans tous les projets.

TROIS DIX. — Libertinage, mauvaise conduite

DEUX DIX. — Changement de profession ou de situation.

QUATRE NEUF. — Grande surprise.

TROIS NEUF. — Fortune, santé, joie, bonheur.

DEUX NEUF. — Petit profit, petit gain au jeu.

QUATRE HUIT. — Voyage de peu de durée.

TROIS HUIT. — Cadeaux, projets de mariage.

DEUX HUIT. — Affaire de cœur peu importante.

QUATRE SEPT. — Intrigues de domestiques, pièges, menaces.

Trois sept. — Grossesse, maladie, infirmités.

Deux sept. — Petite intrigue amoureuse.

Arrivons maintenant à la façon de procéder pour tirer les cartes Nous n'indiquerons que le procédé le plus habituel et en employant seulement 32 cartes sans ajouter les deux.

Prenez donc un jeu ordinaire et désignez à l'avance la carte qui doit vous représenter ou représenter la personne qui consulte

Mêlez et faites couper de la main gauche puis retournez les cartes trois par trois. Quand dans les trois cartes il y en aura deux de la même couleur (2 trèfles, 2 cœurs...) on prendra la plus forte des deux et on la mettra à part Si les trois cartes sont de la même couleur on ne prend encore que la plus forte, mais si elles sont de la même valeur (3 rois, 3 dix...) on les prend toutes les trois.

Quand vous avez écoulé tout le jeu vous le reprenez battez, coupez et refaites la même opération trois fois Vous devez avoir de côté un nombre impair de cartes, 13, 15, 17, 19 ou 21.

Si la carte représentant le consultant n'est pas sortie, il faut la tirer du jeu et si le nombre alors n'est pas impair on en tire une autre.

On étale alors les cartes sur la table, et on regarde d'abord, s'il n'y a pas de rencontre de cartes semblables, qu'il faut expliquer d'abord.

Cela fait nous procédons de la façon suivante :

En commencant par la carte qui représente le consultant et en se dirigeant du côté où regarde sa figure nous compterons cinq cartes ; la cinquième nous donnera une explication, repartant de cette carte nous compterons encore jusqu'à cinq et ainsi de suite jusqu'à ce que nous soyons revenus à la carte de départ. — Cette première explication donnée nous prendrons les deux cartes extrêmes pour les comparer, puis les deux suivantes — une à chaque bout, — et ainsi de suite jusqu'à celle du milieu qui restera seule.

— Enfin — relevant ces paquets de cartes nous les battons, faisons couper de la main gauche et nous en faisons trois tas en procédant de la manière suivante :

Une carte à gauche, une au milieu, une à droite et une de côté pour la surprise, puis toujours de gauche à droite, mais sans rien mettre sur la surprise.

Nous prions ensuite le consultant de choisir un tas pour lui-même, — un autre pour sa maison, — le troisième pour ce qu'il n'attend pas.

Ces trois paquets expliqués on recommence de même en ramassant toutes les cartes sauf celle de la suprise. On fait une troisième opération ce qui donne trois cartes à la surprise et alors on la retourne et on l'explique.

Tel est le procédé le plus fréquemment employé et nous croyons bon de n'en pas indiquer d'autre, les notions et explications générales étant suffisantes et l'espace nous manquant pour un traité complet de cartomancie.

Nous passerons également sous silence les différentes réussites et le jeu de tarots égyptiens d'Alliette — alors se faisant appeler Etteilla, — l'usage en est compliqué, et d'ailleurs ces tarots ne sont qu'entre les mains des professionnels de la cartomancie et ce n'est pas pour eux mais pour les gens du monde que nous écrivons ici.

XIX

LES TAROTS DES BOHÉMIENS

Avant de quitter les cartes pour entrer en pleine Kabale un mot est à dire des tarots types dont se servent les bohémiens pour leurs prédictions et leurs rites cabalistiques.

Il existe un grand nombre de tarots différents et le plus connu est celui qu'inventa Eteilla et qui est le seul à peu près dont on se serve encore en France. Mais tous ces tarots sont plus ou moins calqués sur les tarots bohémiens

Ce Tarot a fait l'objet d'un long et fort curieux ouvrage de Papus auquel on peut se reporter : mais il est surtout bon de consulter un livre dont nous reparlerons encore, c'est l'ouvrage de M. A. Vaillant qui a pour titre : *Les Rômes ou histoire vraie des vrais bohémiens.* »

Voici comment il s'exprime au sujet du tarot en tablettes des devins et sorciers bohémiens.

« La forme, la disposition. l'arrangement de ces tablettes et les figures qu'elles représentent, bien que diversement modifiées par le temps sont si manifestement allégoriques et les allégories en sont si conformes à la doctrine civile, philosophique et religieuse de l'antiquité qu'on ne peut s'empêcher de les reconnaître pour la synthèse de tout ce qui faisait la foi des anciens peuples. »

« Il est une déduction du livre sidéral d'Hénoch qui est *Hernoca ;* il est modelé sur la roue astrale d'*Athor* qui est As-taroth ; semblable à l'*ot-tara* indien, ours polaire, ou *arctura* ou septentrion ; il est la force majeure (*taru*) sur laquelle s'appuie la solidité ferrale du monde et le firmament sidéral de la terre.

» Conséquemment comme l'ours polaire dont on fait le char du soleil, le chariot de *David* et d'*Arthur ;* il est l'heure grecque (*Tuché*), le destin chinois (*tiko*), le hasard égyptien (*tiki*) ; le sort (*tika*) des Rômes.

» En tournant sans cesse autour de l'Ours du pôle, les astres déroulent à la terre le faste et le néfaste, la lumière et l'ombre, le chaud et le froid, d'où découlent le bien et le mal, l'amour et la haine, qui font le bonheur, (*ex-tuchie*) et le malheur (*dis-tuchie*) des hommes.

» Si l'origine de ce livre se perd dans la nuit des temps, au point que l'on ne sache ni où ni quand il a été inventé, tout porte à croire qu'il est d'origine indo-tartare, et que, diversement modifié par les anciens peuples, selon les nuances de leurs doctrines et le caractère de leurs sages, il était un des livres de leurs sciences occultes, et peut-être même un de leurs livres sybillins.

» Nous avons vu qu'il avait dû être connu des Romains, et qu'il avait pu non-seulement leur être apporté aux premiers jours de l'Empire, mais déjà même dès les premiers temps de la République, par ces nombreux étrangers qui, venus d'Orient et initiés aux mystères de Bacchus et d'Isis, en répandaient les doctrines, le rite et les pratiques dans toute l'Italie.

» Maintenant nous allons voir comment il est effectivement la synthèse de deux *vers* de l'univers, la synthèse de l'harmonie lumineuse des astres et de la morale intelligente des hommes, la synthèse de tous les rapports de la triple nature physique ou corporelle, lumineuse ou intellectuelle, harmonique ou morale des astres et des hommes entre eux, et comment en conséquence, il est assez admirablement conçu pour avoir été de tout temps le livre de l'*Art divinatoire*. »

M. Jules de Grandpré dans son livre : *L'Art de prédire l'avenir*, fait suivre cette citation et quelques autres de M. Vaillant de ces réflexions judicieuses.

« On conviendra que cette étude de l'origine du tarot prête un singulier relief à la cartomancie. Elle lui donne en quelque sorte ses titres de noblesses tirés des plus antiques archives de l'humanité. Six mille six cents ans d'existence ; c'est assez vénérable.

» Vous n'avez donc pas à rougir de pratiquer un art divinatoire dont tant de peuples et de générations se servirent avant vous. Si cette pratique est vaine, elle est exécutée, elle est autorisée même par sa merveilleuse durée.

» Aussi vieille que le monde elle ne finira sans doute qu'avec lui. Elle est naturelle, elle a sa raison d'être, cela ne peut être nié ; sa durée en fait foi.

» Qui sait ? peut-être dans son arche, Noé, avec sa famille, consultait-il le tarot pour savoir quand se retireraient les eaux du déluge.

» Mais, en six mille six cents années, le livre a eu un trop grand nombre d'éditions pour nous être parvenu sans avoir été altéré, revu, corrigé et dénaturé.

» Les chrétiens y virent une œuvre du diable et l'interdirent. Les tablettes devinrent un jeu entre les mains des peuples qui ne savaient plus les lire... »

Or, voici ce que dit Cicéron, — qui était oracle et augure en même temps qu'orateur, — dans son traité *De la divination*.

« Par le raisonnement un médecin prévoit qu'une maladie augmentera, un pilote qu'une tempête arrivera, et un général que l'ennemi fera tel ou tel mouvement. Ils ne laissent pas néanmoins de se tromper souvent les uns et les autres, quoique leurs opinions soient fondées sur de bons raisonnements.

» Ce n'est pas sans fondement non plus qu'un laboureur quand il voit ses oliviers en fleurs, espère qu'ils porteront du fruit ; cependant il se trompe quelquefois. Que si ceux-là se trompent, qui ne jugent rien que sur des raisons et des conjectures probables, que devons-nous croire de ceux qui n'ont d'autre connaissance de l'avenir que celle qu'ils obtiennent du vol ou du chant des oiseaux, des prodiges, des oracles ou des songes ?

» Je ne vous dis point encore quels signes vains sont la fissure d'un foie, le chant d'un corbeau, le vol d'un aigle, la chute d'une étoile, le chant d'une personne agitée par la fureur, les sorts et les songes de chacun desquels je parlerai séparément en son lieu et dont je ne parle maintenant qu'en général.

» Mais comment peut-on prévoir qu'une chose arrivera, lorsqu'il n'y a aucune raison pour faire qu'elle arrive, aucune cause pour cela, ni aucune marque pour le désigner ?... »

Cicéron, il est vrai, était l'augure incrédule qui se souciait assez peu de son rôle de prêtre devin pour oser dire à haute voix dans le forum : « Je ne sais pas comment deux augures peuvent se regarder sans rire. »

Quoi qu'il en soit de ces opinions diverses et un peu contradictoires, nous abandonnerons les cartes et tarots en laissant à chacun son appréciation personnelle et le droit même de ne voir là qu'une amusante distraction.

Bornons-nous d'ailleurs à rechercher sans crainte ni tristesse ce que les cartes pourront nous promettre de bon ou de mauvais, et lorsque le hasard nous les aura fait placer nous-mêmes de telle ou telle façon, et ne nous faisons jamais trop de peine, ni trop grosse joie, d'apprendre ce que nous-mêmes nous leur faisons dire.

XX

L'ASTROLOGIE ET LA KABBALE

L'astrologie, — science jadis célèbre et qui compte d'illustres adeptes — est l'art de prédire l'avenir par l'observation des astres en étudiant leur influence propre et celle que leur donne leur position dans le ciel.

Un mot de Voltaire est à citer ici : « L'astrologie, — dit-il, — s'appuie sur des bases bien meilleures que la magie, car si personne n'a vu ni farfadets, ni dives, ni péris, ni démons, ni cacodémons, on a vu souvent des prédictions d'astrologues s'accomplir. »

Dans l'origine l'astrologie ne se distinguait pas de l'astronomie et on employait les deux mots indifféremment. Suivant Lalande ce ne fut qu'au IIIe siècle de notre ère, moment où florissait Saint-Clément d'Alexandrie, — que l'on commença à faire une distinction ; l'astronomie restant la science des lois des mouvements des astres et l'astrologie, celle de leurs influences occultes sur l'univers.

Il y a lieu de distinguer deux espèces d'astrologies : — l'*astrologie naturelle* et l'*astrologie judiciaire*. La première se propose de prévoir et d'annoncer les pluies, les vents, le chaud, le froid, l'abondance, la stérilité, les maladies... on peut la diviser en *astrologie météorologique* et *astrologie médicale*.

L'astrologie judiciaire, ou astrologie proprement dite, s'occupe de tracer, au moment de sa naissance ou à n'importe quel moment de sa vie, la ligne que doit parcourir un homme dans le temps. Elle détermine son caractère et ses passions futures, elle montre à l'avance périls, joies et malheurs ; en un mot elle apprend à un homme le rôle immuable de sa vie qu'il ne saurait autrement pénétrer.

Nous laisserons de côté l'astrologie météorologique que l'on retrouve tout entière dans les dictons des paysans.

Un mot seulement de l'astrologie médicale.

Hippocrate croyait à l'influence des astres sur la production des maladies. Parmi les constellations dont l'influence lui semble la plus marquée. il signale l'Arcture, les Pléiades et le Chien. On doit, dit-il, faire grande attention au lever et au coucher de ces étoiles parce que les jours où ils arrivent sont des jours ou signes toujours marqués par la mort ou la guérison des maladies.

Gallien, lui, se préoccupait surtout de la lune et avait imaginé un mois médicinal correspondant au mois lunaire. Il admettait d'ailleurs l'influence des autres astres et raisonnait ainsi à leur égard. « Si l'aspect des astres ne produit aucun effet et que le soleil, la source de la vie et de la lumière règle lui seul les quatre saisons de l'année, elles seront tous les ans les mêmes et n'offriront aucune variété dans leur température, puisque le soleil n'a pas chaque année un cours différent. Puis donc qu'on observe tant de variations il faut recourir à quelque autre cause qui ne présente pas cette uniformité.

Paracelse admet cinq classes d'influences morbifiques, parmi lesquelles l'influence astrale. Les astres suivant lui nous atteignent en agissant sur l'atmosphère d'éther qui enveloppe tout, et c'est cette atmosphère mystérieuse qui produit les épidémies et tous autres phénomènes de ce genre. Pour arriver à déterminer l'influence de chaque astre, Paracelse la déduit de l'action des minéraux sur les parties du corps en partant de ce principe que ce qui guérit indique la cause du mal. Pour passer aux astres, il suffit de remarquer que pour lui Mars représente le fer, Venus le cuivre, Saturne le plomb..... et on en conclut l'influence thérapeutique de chacun.

Laissons de côté l'astrologie plus récente et arrivons à l'astrologie judiciaire qui a pour objet de lire dans le ciel les destinées des hommes.

Les prédictions astrologiques se fondent sur les aspects et positions du soleil, de la Lune et des planètes au moment de la naissance ou d'une époque critique de la vie d'un homme.

Dans le but de faciliter la détermination des aspects toute l'étendue du ciel était divisée en douze parties égales par l'horizon, ce méridien et quatre autres cercles passant par les extrémités nord et sud de l'horizon

Ces espaces égaux étaient les *douze maisons du ciel* enfermées dans les *cercles de position.*

Ces cercles étaient supposés fixes et immobiles, en sorte qu'un corps céleste, par l'effet du mouvement diurne parcourait en 24 heures les douze maisons. On donnait le nom d'horoscope au commencement de la première maison ou au point de l'écliptique qui se levait au moment de l'observation :

La première maison était celle de la vie,
La deuxième » » des richesses,
La troisième » » des frères,
La quatrième » » des liens de parenté,

La cinquième maison était celle des enfants,
La sixième » » de la santé,
La septième » » du mariage,
La huitième » » de la mort,
La neuvième » » de la religion,
La dixième » » des dignités,
La onzième » » de l'amitié,
La douzième » » des inimitiés.

Il y avait en outre une grande différence entre les maisons sous le rapport de la puissance. La plus puissante était la première, puis la dixième !...

Chaque maison était gouvernée par un astre particulier bien plus puissant chez lui que chez le voisin ; enfin de deux planètes également puissantes la prépondérance restait à celle qui était dans la maison de la plus grande influence.

Voyons maintenant l'influence des planètes. Cette influence était un effet de trois causes. 1° La nature de la planète, — 2° ses aspects, 3° la maison du ciel où elle se trouvait à un moment donné.

Le soleil était bienfaisant et favorable,
Saturne triste et mélancolique,
La lune, humide, morose et froide,
Jupiter, tempéré et bénin,
Mars, sec et ardent,
Vénus, féconde et bienveillante,
Mercure, inconstant et variable.

L'aspect, d'après la définition de Kepler est

l'angle des rayons venant des deux planètes et se rencontrant à la terre. Il y en avait cinq: la conjonction, l'opposition, le trine, le quadrile et le sextile.

La conjonction donne un angle nul, l'opposition un angle de 180°, le trine 120°, le quadrile 90° et le sextile 60°. Les aspects deviennent malins comme l'opposition et le quadrile ou bénins, comme le trine et le sextile, ou indifférents comme la conjonction.

Voici d'ailleurs ce que dit Theilla à ce sujet:

« Trône des planètes ou les douze maisons du zodiaque dans lesquelles les planètes ont de l'empire sur les autres.

» Le Soleil a son trône dans le signe du Lion.

» Mercure a son trône dans le signe de la Vierge.

» Vénus a son trône dans le signe du Taureau.

» La Lune a son trône dans le signe de l'Ecrevisse.

» Mars a son trône dans le signe du Scorpion.

» Saturne a son trône dans le signe du verseau. »

1. ☉ Le *soleil* signifie les souverains, les princes du sang, les grands juges; il signifie aussi le seigneur du lieu consultant..

2. ☿ *Mercure* domine sur les philosophes, les astrologues, les cartomanciens, les géomètres, les physiciens, les poètes, les historiens, les auteurs et inventeurs et en général sur tous les hommes de sciences et arts. Mais

dira-t-on, Mercure ne donne pas de fortune. car les hommes de sciences en général ne sont pas riches Ils le seraient tous si ils ne s'appliquaient qu'à compter comme des financiers.

3. ♁ *Vénus* a la domination sur les amours, les mariages, les souverains, les apothicaires, les tailleurs d'habits, les perruquiers, les coiffeurs, les sages-femmes, les joueurs d'instrument, les marchands de modes, les valets et les femmes de chambre, les bijoutiers, les parfumeurs et surtout ceux qui vendent de la parure pour porter sur soi et pour décorer les appartements comme glaces, chiffonnières et autres meubles de goût.

4. ☺ La *lune* domine sur les comédiens, les joueurs de guitare, les bouchers, les chandeliers et ciriers, les cordiers, les limonadiers, les cabaretiers, les vidangeurs ; surtout ceux qui font état de travailler la nuit, par état, jusqu'au soleil levant ou de vendre des denrées pour la nuit ; et aussi sur les petits négociants, les usuriers, les courtiers, les maquignons, les rats de palais

5. ♂ *Mars* domine sur les guerriers, les médecins vulgairement les chimistes, les chirurgiens, barbiers, cuisiniers, boulangers, pâtissiers, fondeurs, orfèvres, serruriers... enfin sur tous ceux qui emploient le fer ou le feu.

6. ♃ *Jupiter* domine sur les vrais sages et sur l'élite des grands philosophes, sur les grands magistrats. sur les banquiers, les armateurs, agriculteurs, manufacturiers...

7. ♄ *Saturne* domine sur les vieillards, les ecclésiastiques, les rentiers, les couvents, les bons moines ; enfin sur tous ceux qui sont séparés du corps de la société et y vivent plus moralement que physiquement. »

C'est en Assyrie qu'on place en général le berceau de l'astrologie, souvent appelé aussi et pour cela Art Chaldaïque. Elle y naquit de l'astrolâtrie, religion de Ninive et de Babylone. Diodore de Sicile nous apprend que les Assyriens plaçaient le soleil et la lune à la tête des dieux et qu'ils avaient noté leur cours à travers la constellation du Zodiaque.

Le Zodiaque était l'ensemble de douze amours dans lesquels entrait le soleil au cours de l'année, les douze signes étaient régis par douze dieux seigneurs des mois ; chaque mois se décomposait en trois décades sur lesquels régnaient les astres appelés Dieux conseillers.

Il est probable que les Chaldéens qui rapportaient tout aux influences sidérales s'imaginaient entre les planètes et les métaux des relations mystérieuses. Cette doctrine se retrouve chez les Sabéens, héritiers de leurs traditions. Le soleil représente l'or ; — La lune l'argent : — Saturne le plomb ; — Mars le fer : — Jupiter l'Etain ;...

Passant par l'Egypte, la Chine, l'Inde, la Grèce Rome, l'astrologie vint prendre pied dans l'Europe moderne. Les rois de France eurent des astrologues attachés à leur personne et cette science était encore très vivace à la fin du XVIe siècle. A partir du XVIIe siècle elle perd de plus en plus d'adeptes et est négligée par les rois et par les savants.

Il fallut cependant que Lieutaud, en 1705, fit annoncer sur la couverture de *La connaisnaissance des Temps* — que ce n'était point là un livre de prophéties comme le croyait encore le public.

Nous ne ferons que signaler en passant *la Magie* avant de produire des effets merveilleux par des moyens surnaturels et surtout par l'intervention des dessous.

On la divise en *magie noire*, en magie proprement dite, qui n'est que l'évocation des mauvais anges, — *magie blanche* ou naturelle qui se confond avec l'escamotage et la prestidigitation, et enfin *magie théurgique* qui est le rite des cérémonies religieuses par lesquelles les Chaldéens entraient en relations avec les intelligences supérieures.

Sorcellerie ou prestidigitation, tout est là et nul aujourd'hui ne s'en occupe, nous n'en dirons pas davantage.

Arrivons enfin à la *kabbale* qui au fond n'est que l'ensemble des traditions juives, touchant l'interprétation de l'ancien testament.

A en croire les juifs, la kabbale est une tradition d'origine divine, aussi ancienne que le genre humain, car Raziel, l'ange des mystères, l'enseigna par ordre de Dieu à Adam quand il fut chassé du Paradis terrestre. Révélée de nouveau à Moïse quand il recevait la loi sur lè Sinaï, elle fut conservée pure par les sages jusqu'au retour de la captivité de Babylone.

Cette origine mystique, à coup sûr, est attrayante, mais aussi il faut dire la vérité et cette vérité est que la kabbale fut inventée chez les juifs environ deux cents ans avant Jésus-Christ. Elle se forma du mélange des idées orientales avec le mosaïsme, pendant la captivité de soixante et dix ans et se développa naturellement, et peu après en particulier dans la secte des Caraïtes pour atteindre son plus grand développement au temps de Philon et des Ecoles d'Alexandrie.

« La kabbale, dès son origine, — dit M. Franck, — se partageait en deux branches ; l'une qu'on appelle l'histoire de la Genèse, (Maasseh Tereschit) était une explication symbolique de la création ou une théorie de la nature. L'autre ayant paru être *l'histoire du char céleste*. (Maasseh Merkabad) c'est-à-dire du char dont il est question dans la vision d'Eschiel formant un système de théologie et de métaphysique où le développement nécessaire des attributs divins était représenté comme la cause de tous les êtres.

On n'attribuait pas à la première le même degré d'importance et de sainteté qu'à la seconde. Celle-ci ne devait être divulguée qu'avec des précautions et des restrictions infinies. Peu à peu on rédigea ces deux sciences, d'abord confiées exclusivement à la mémoire des adeptes. Quelques rares manuscrits conçus dans le style des anciens oracles, passaient mystérieusement de mains en mains en augmentant sans cesse de volume. Ainsi se formèrent les deux principaux et plus anciens monuments de la kabbale, le *Sepher récirah* et le *Zohar* dont le premier correspond à l'histoire de la Genèse et le second à l'histoire du char céleste, nous ne considérons donc ni l'un ni l'autre comme l'ouvrage d'un seul auteur : nous n'attribuerons pas comme on l'a fait longtemps et sans motif le *Sepher recirah* à Akibah et le *Zohar* à Simon-ben-Zochaï, bien que celui-ci et ses disciples y aient, selon toute apparence, la plus grande part ; et par ce moyen s'évanouissent à la fois toutes les difficultés qu'on a élevées contre l'authenticité de ce livre.

Outre cette première notion d'un kabballe toute théorique qui comprenait une doctrine complète sur Dieu et sur l'univers et un système d'exegèse pour connaître le sens de l'Écriture, il en existe un autre qui s'applique à une science toute différente, ayant pour objet de proclamer au moyen de l'incantation et procédés analogues, des effets surnaturels et des miracles ; de composer des *Kameoth* ou amulettes ; d'exorciser et de guérir les maladies par la vertu de certaines formules...

Si l'on veut bien dégager le *Kabballe* des formes bizarres dont elle s'enveloppe, elle nous apparaît tout d'abord comme un panthéisme bien arrêté. Tout est dans un tout suprême, un être primordial qui se développe éternellement sous des formes diverses et qui tire de sa propre substance par une série indéfinie d'émanations d'abord la force qui le crée lui-même avec ses propres attributs, puis le monde entier. Tel est le dernier mot du système cabalistique

Par crainte des poursuites inquisitoriales les adeptes de la Kabballe se retranchèrent derrière la *Bible* et prétendirent que leurs théories comportaient l'explication d'un livre regardé par les Juifs comme la vérité même. Mais, comment concilier le panthéisme cabalistique avec le Jéovah personnel de Moïse ; les cabalistes se tirèrent habilement de ce dilemne d'apparence impossible. Ils imaginèrent que chaque mot biblique contient un sens littéral et un ou plusieurs sens figurés ou mystiques. Pour arriver à la découverte d'une vérité, il faut. en général, faire abstraction du premier sens et toujours s'occuper du second.

Les évènements, les cérémonies ne sont que de grossiers symboles d'une idée...

Un mot peut s'interpréter de trois manières distinctes :

1° *Themurah*, consiste à changer la valeur d'un mot en permutant la première lettre avec la dernière.

2° *Notarikon* consiste à envisager chaque

lettre isolément, le mot entier étant considéré comme une sentence, ou en prenant la première et la dernière lettre de chaque mot d'un verset pour en former un nouveau qui révèle le sens mystique.

3' *Gematria* consiste à chercher le sens d'un mot en substituant aux lettres qui le constituent les nombres qu'elles représentent dans la numération hébraïque.

On voit qu'avec de pareils systèmes on peut aller loin. Aussi la Kabballe apparaissait au public comme un enseignement mystérieux et terrible qui donnait la toute puissance mais ne pouvait être compris que des plus sages et des plus purs.

Allons maintenant au cœur de la doctrine enfermée dans les livres des cabalistes et en particulier dans le *Zohar* et voyons comment elle résout les trois grands problèmes de la Nature de Dieu, — de l'origine et de la formation du monde — et de la destinée de l'âme humaine

D'après les cabalistes, l'être infini (En Soph), est la substance de tout ce qui est Dans son essence première le Dieu s'ignore lui-même. Il existerait inconscient de sa propre existence s'il ne revêtait les formes diverses qui l'expriment. Il renferme en lui dix attributs ou *Séphiroths* qui sont les formes immuables de son être.

La première est le *diadème* par qui l'infini se dégage du fini. Du diadème sortent deux principes, la *sagesse* principe mâle et l'*intelligence* principe femelle, qui engendrent un fils la *science*. Ces trois premières séphiroths forment une immuable trinité.

De l'intelligence émanent deux autres séphiroths, la *grâce* et la *justice* qui se réunissent en un troisième attribut, la *beauté*, leur centre commun.

Ces trois séphiroths forment encore une trinité indivisible d'où en émane une autre formée de la *gloire*, le *triomphe* et le *fondement*.

Enfin la dixième séphiroth, la *royauté* est l'harmonie suprême qui relie les autres.

Enfin les trois trinités précédentes se réunissent en une trinité plus élevée, — le *diadème* ou l'être absolu — la *beauté* ou l'être idéal et la *royauté* ou l'être se manifestant dans la nature. Dieu possédant alors la pleine connaissance de lui-même devient l'homme idéal ou céleste, l'*Adam-Kadmon*.

Après s'être engendré Dieu engendre l'univers qu'il tire de son sein. Les formes immuables ainsi tirées de l'Adam Kudmon sont encore des séphiroths au nombre de dix ; — voici ce qu'en dit M. Franck.

« La première c'est l'esprit du dieu vivant ou la sagesse éternelle, la sagesse divine identique avec le *verbe* ou la *parole*. La seconde c'est le souffle qui vient de l'esprit. le signe matériel de la pensée ou de la parole, en un mot l'*air* dans lequel selon l'expression figurée du texte ont été gravées et sculptées les lettres de l'Alphabet. La troisième c'est l'*eau* engendrée par l'air comme l'air est engendré par la voix ou par la parole. L'eau épaissie et concentrée produit la terre, l'argile, les ténèbres et les éléments les plus grossiers de ce monde. ' a quatrième des séphiroths c'est le *feu* qui est la partie subtile et transparente de l'eau comme la terre en est la partie grossière et opaque. Avec le feu Dieu se construit le trône de sa gloire, les roues célestes, c'est-à-dire les globes semés dans l'espace, les séraphins et les anges. Avec tous ces éléments réunis il a construit son palais ou son temple qui n'est autre chose que l'Univers. Enfin, les quatre points cardinaux et les deux pôles nous représentent les dernières séphiroths. »

Sortie tout entière de Dieu, la création ne saurait être qu'un acte d'amour. Dans la chaine dont Adam Kudmon est le premier anneau et dont la matière brute est le dernier, il existe une progression décroissante et l'imperfection est d'autant plus grande que l'objet créé est plus loin du principe générateur, mais rien n'est dans la nature qui soit maudit et réprouvé.

La vie n'est pas une déchéance et le mal n'est pas un principe, mais l'obscurcissement du bien. Satan lui-même n'a qu'un empire éphémère et doit retourner vers l'Être éternel apré une série d'expiation et dans la fin des temps l'Enfer doit devenir un lieu de délices.

Les anges tiennent une grande place dans le symbolisme cabalistique mais n'ont aucune puissance personnelle ; force agissant toujours dans le même sens, ils sont inférieurs à l'homme qui jouit de sa liberté.

Il existe d'après *Kabballe* des myriades d'anges partagés en dix légions. Le prince des anges est *Metatrôn* et il maintient le mouvement et l'harmonie des sphères pendant que les anges s'occupent de chaque planète en particulier et chaque objet du monde. Quant à l'homme c'est l'être le plus parfait et celui de la création où Dieu se reconnaît lui-même.

Il se compose de trois éléments, de trois âmes unies dans la même conscience, l'*esprit* qui émane du verbe, l'*âme* qui émane de la Beauté et *principe sensitif* d'où naissent les instincts et les fonctions vitales et qui émane de la Royauté.

Outre ces trois éléments il préexiste à la naissance de chaque homme une forme extérieure qui doit le caractériser à l'éclosion de sa vie et, bien que les âmes soient soumises à une destinée inévitable, l'homme n'en reste pas moins absolument libre.

Pour concilier les choses en apparence incompatibles, les cabalistes admettent le dogme de la réminiscence et une sorte de métempsycose. L'homme peut se tromper mais son âme porte en elle le germe de toutes les perfections. Tant que l'homme se trompe il renaît dans des vies successives jusqu'à ce qu'il atteigne cette perfection en acquérant les vertus qui lui manquaient, l'âme retourne alors au sein de Dieu goûter l'éternel bonheur auquel l'homme peut atteindre même durant sa première existence, quand il laisse son âme se fondre dans son principe c'est-à-dire n'avoir d'autre existence que celle d'Adam Kudmon.

Tel est le système de la Kabballe qui a compté des adeptes illustres parmi lesquels nous devons citer Akibah, Philon, Avicenne, Raymond Lulle, Pic de la Mirandole, Paracelse, Renchlin, Henri Mours, Van Helmont, Robert Plyad...

Nous allons maintenant passer en revue la kabballe magique que l'on peut et doit ranger parmi les sciences occultes. La théorie de la kabballe magique est d'ailleurs empruntée à celle de la kaballe phylosophique.

Il existe un curieux livre de l'abbé Montfaucon de Vilars. intitulé *Le comte de Gabalis*, et qui résume la doctrine cabaliste, nous allons donner une analyse de cette ouvrage fort peu connu.

D'après l'abbé de Montfaucon les cabalistes enseignent que les éléments sont habités par des créatures parfaites, dont le crime d'Adam a ôté la connaissance et le commerce à sa prospérité. Celles de ces créatures qui habitent la mer et les fleuves sont des *ondins* ou des *nymphes*, d'une beauté bien supérieure à celle des filles des hommes.

La terre est remplie de *gnôme*, êtres de petite taille qui gardent les trésors et fournissent aux enfants des sages, tout l'or dont ils ont besoin ! es *Salamandre*. habitants du feu sont réservés aux philosophes, leur filles et leurs femmes sont d'une grande beauté De-puis le péché d'Adam ces habitants sont devenus mortels et les moyens par lequel il recouvrent leur immortalité est le commerce de l'homme Une nymphe ou sylphide devient immortelle et capable de la béatitude céleste si elle peut se marier à un sage ; un gnôme ou un sylphe cesse d'être mortel s'il épouse la fille d'un homme.

Aussi les sages doivent ils dédaigner les filles des hommes pour ces esprits qui donnent le bonheur parfait. De ces unions naissent les grands hommes, et les contracter c'est obéir à la volonté de Dieu qui en avait ainsi décidé le jour de la création.

Une phrase curieuse en outre : « Un des enfants de Noë rebelle aux conseils de son père ne put résister aux attraits de sa femme non plus qu'Adam aux charmes de son Eve. Mais comme le péché d'Adam avait noirci toutes les âmes de ces descendants, le peu de complaisance que Cham eut pour les sylphes marqua toute la noire prostérité. De là le teint horrible des Egyptiens et de tous ces peuples hideux, à qui il est commandé d'habiter sous la zône torride, en punition de l'ardeur profane de leur père. »

Quand à celui qui veut obéir aux prescriptions des cabalistes et avoir des rapports avec les esprits rien de plus facile et voïci le procédé : « Si on veut recouvrer l'empire sur les salamandres, il faut purifier et exalter l'élément du feu qui est en nous et relever le ton de cette corde relachée.

Il n'y a qu'à concentrer le feu du monde par des miroirs conçaves, dans un globe de verre, et c'est ici l'artifice que les ânciens ont caché religieusement et que le divin Théophraste a découvert. Il se forme dans ce globe une poudre solaire, laquelle s'étant purifiée d'elle-même du mélange des antres éléments et étant préparée selon l'art, devient en peu de temps souverainement propre à exalter le feu qui est en nous et à nous faire devenir, par manière de dire, de nature ignée. »

Pour attirer les sylphes, les nymphes et les gnomes, il n'y a qu'à « fermer un verre plein d'air englobé d'eau, le laisser exposé au soleil un mois pour séparer les éléments selon la science. C'est un merveilleux aimant pour attirer sylphes, nymphes et gnomes. »

Quand toutes les filles de l'air sont venues dociles à l'appel il faut choisir la plus jolie qui, on en est certain, ne sera pas rebelle. Mais il ne faut jamais leur être infidèle car elles sont fort jalouses et leur vengeance serait terrible.

Les addeptes de la Kabballe font remonter cet art à la plus haute antiquité. Les Chaldéens en connaissaient les mystères ; — Orphée, Homère, tous les poètes de l'antiquité étaient des cabalistes aussi bien que Moïse et tous les patriarches hébreux.

La plupart des inspirations cabalistiques commençaient par le mot sacré Agla, composé des lettres initiales de quatre mots hébreux :

Athab gabor leolam Adonaï

qui forment une phrase dont le sens est le suivant : Vous êtes puissant et éternel, Seigneur.

Nous terminerons en citant les principaux ouvrages ayant trait à la Kabballe.

Conclusions philosophiques de cabale et de théologie, par Pic de la Mirandole. — Le *Sepher* ou livre de la création, traduit en latin par Portel. — Le *comte de Gabalis*, par l'abbé Montfaucon de Villars. — Et les *Lettres Cabalistiques* de M. le Marquis d'Agens.

Chacun aura loisir de les consulter s'il le désire.

Là s'arrêtera notre longue pérégrination à travers les sciences anciennes et peu connues dont la connaissance passionne autant qu'elle sert.

Peut-être ne serait-il pas toujours nécessaire de prendre au pied de la lettre quelques affirmations que la lourdeur de notre tâche ne nous permettait pas de développer et d'expliquer dans les quelques lignes dont nous pouvions disposer.

Si nous avons réussi à intéresser et à instruire en résumant dans un livre unique ce que contiennent à peine quelque vingt ou trente traités spéciaux, notre œuvre ne sera pas perdue et nous aurons, sans fierté aucune, le droit d'en être heureux pour avoir tant peu soit-il, contribué au bonheur des autres.

TABLE DES MATIÈRES

Imp. A. Chiron, Niort.

Spécialités Orientales

de la

Maison Paul DULAC

17, 17 bis & 19, rue Laferrière, PARIS

MESDAMES,

Le secret des formules que nous sommes sans conteste les premiers à vous offrir, nous vient de l'Orient, ce pays des fleurs, des parfums capiteux et de l'idéale beauté.

L'incomparable supériorité de nos produits qui menacent de détrôner rapidement les marques les plus réputées mettent avec raison nos concurrents en émoi

Nul n'ignore que les institutions et les mœurs orientales, imposent à la femme l'art et la science de plaire.

De constantes rivalités lui apprennent tous les raffinements de la science amoureuse.

La femme est comme le printemps ; nous l'aimons parce qu'elle sème des roses célestes sur le cours de notre vie, parce qu'elle donne à notre âme les douceurs parfumées des suaves et savoureuses senteurs. L'attrait du visage et la beauté des formes ne suffisent pas toujours pour captiver. Les charmes qui non seulement en Orient, mais encore en France, ont fait le succès de quelques courtisanes célèbres dont l'ascendant et la bonne fortune ont étonné le monde, exercent un effet non moins irrésistible.

L'amour étant fait d'illusions, il faut que le bonheur émane de la femme comme le parfum de la fleur.

C'est pour cela qu'à la grâce naturelle, les orientales ajoutent les parfums subtils, les crèmes qui donnent à l'épiderme la fraîcheur et le velouté des pêches appétissantes.

Elles ont des pâtes qui font les dents nacrées d'une blancheur éclatante et des miels rosés, avec lesquels les lèvres ressemblent à des mûres saignantes délicieuses à manger.

Les femmes d'Orient ne vieillissent point, du moins en apparence et les rides du visage, les taches de rousseur, les rugosités, sont des laideurs inconnues. Le poids des ans les tue sans les flétrir.

Cette incontestable supériorité sur nos charmantes parisiennes, dont l'élégance est proverbiale, provient de deux causes également regrettables :

— Les excès qui ruinent la santé.

— Les malfaisants ingrédients falsifiés qui détériorent les tissus et flétrissent avant l'âge.

Les Orientales n'emploient que des compositions végétales bienfaisantes et hygiéniques.

Grâce à nos recherches et surtout à la bienveillante générosité d'un ami, célèbre préparateur chimiste, confident et fournisseur de plusieurs favorites, nous avons le plaisir d'offrir à nos clientes de vraies et inimitables spécialités orientales ayant la merveilleuse propriété de conserver, malgré les ans, l'éclat et la beauté de la jeunesse.

Sachet de Flore

Un SACHET DE FLORE mis dans le bain vous pénètre d'un parfum d'une douceur, d'une finesse et d'une persistance incomparables.

Le SACHET DE FLORE conserve indéfiniment son parfum et il peut servir au bain après avoir pendant plusieurs années imprégné le linge, les vêtements d'une odiférance suave et enivrante.

Ablutions diverses

De l'état de propreté des organes dépend la santé de la femme ; de leur fraîcheur dépendent aussi l'éclat vivant des yeux, le son clair et vibrant de la voix, la bonne humeur et le sourire franchement séducteur.

La femme n'est vraiment belle que si elle est gaie et la souffrance rend triste, maussade, désagréable.

Or, les migraines, les maux d'estomac, la mauvaise haleine et toutes les indispositions qui en sont le cortège habituel, ont une cause souvent unique que nos lectrices éviteront par l'usage de LA FAVORITE.

LA FAVORITE est une eau de toilette excessivement efficace.

Nous ne craignons pas d'affirmer qu'elle est souveraine contre toutes les indispositions et qu'elle prévient toujours les affections diverses dont la femme souffre si souvent au grand détriment de son ascendant moral et de ses charmes.

Ainsi que les fleurs épanouies, que pâlissent les rayons trop ardents du soleil, mais qu'une rosée matinale conserve dans toute leur luxuriance, LA FAVORITE conserve à la femme tout l'éclat de sa beauté.

Développement et Reconstitution des Seins

Charmantes pommes qui perdirent le genre humain, pourquoi n'êtes-vous pas sur toutes les poitrines féminines, également belles, également grosses, également fermes et douces.

La nature capricieuse est prodigue ou ingrate.

Tandis qu'elle comble de ses faveurs de séduisantes privilégiées, elle semble oublier les pauvrettes auxquelles comme à regret, elle donne à peine des rudiments d'appas.

Ces inégalités ont de tout temps chez les femmes, fait l'orgueil des unes et le désespoir des autres, et de tout temps aussi la coquetterie a imaginé mille artifices pour corriger les erreurs et sauver les apparences. Aux décors des autels les prêtres de tous les cultes déploient leur génie artistique et les fidèles subjugués déposent leurs offrandes sur ces glorieux symboles des éternelles joies.

Les femmes sont des prêtresses d'amour.

Puisque les illusions sont le mirage du vrai bonheur, sachez, femmes, par de troublantes réalités donner de durables illusions.

Le système oriental que nous préconisons, parce qu'il donne des résultats certains, est basé sur des principes scientifiques à la fois mécaniques et physiologiques. La force d'un organe étant toujours proportionnée à la nourriture qu'il reçoit, il s'agit pour augmenter le volume de la poitrine d'attirer le sang dans les cellules mammaires de l'y maintenir assez longtemps pour qu'il puisse les nourrir fortement et en augmenter le volume.

Un appareil l'ASPIRATEUR placé sur le sein, détermine un afflux qui le remplit et le gonfle.

Après chaque aspiration qui ne doit pas se prolonger au delà d'une minute, une légère friction avec une flanelle très douce imbibée de l'eau de toilette LA FAVORITE, accélère la circulation et prolonge la durée du flux sanguin provoqué par l'aspiration. Une nourriture plus abondante est donc donnée aux tissus qui se développent et grossissent avec une rapidité d'autant plus heureuse que la Favorite en les pénétrant les raffermit et pendant le développement leur conserve les formes naturelles et régulières qui sont l'un des éléments principaux de la beauté plastique.

La merveilleuse luxuriance des orientales n'est due qu'à ces procédés des plus simples, qui opèrent du reste chez nous de véritables miracles de développement et de reconstitution chez celles qui désespéraient le plus.

Les Dents

Il n'est pas un dentifrice qui ne blanchisse les dents, mais presque tous sont funestes à leur conservation.

Ainsi que les papiers de verre qui n'enlèvent la rouille qu'en usant le métal, les dentifrices attaquent l'émail, le rongent et la dentine mise à nu se carie.

C'est de là que proviennent les taches noires et les dents gâtées.

Notre DENTALINE est une pâte essentiellement inoffensive qui raffermit les gensives parfume la bouche, et, donne aux dents une blancheur éclatante. Ainsi que toutes nos spécialités, cette pâte nous vient d'Orient. Nous laissons à nos lectrices le soin d'en apprécier les avantages.

Les Lèvres

Le MIEL ORIENTAL rend les lèvres roses, non pas parce qu'il les colore, mais parce qu'il assouplit les muqueuses et les assainit. Il en augmente la fraîcheur et la sensibilité vitale et le rose qu'il procure au lieu d'être factice devient naturel et persistant.

Le Miel Oriental seul fait et conserve les lèvres fraîches et belles.

Les Yeux

L'éclat des yeux dépend de l'état physique et moral des individus, c'est pourquoi l'on dit qu'ils sont le miroir de l'âme, mais il dépend surtout de l'hygiène.

L'OFTALINE, liqueur à base végétale fait disparaître toute trace de fatigue et donne aux yeux un éclat extraordinaire. L'OFTALINE augmente énormément la puissance pénétrante du regard.

Les dompteurs, les professeurs et amateurs d'hypotisme, tous ceux dont le succès dépend de la puissance des yeux en reconnaissent la réelle influence ainsi que les dames du monde qui nous honorent de leur confiance.

Le Visage

CRÈME ORIENTALE.— Les spécialités qui se disputent le plus les faveurs du public sont assurément les crêmes destinées à donner à l'épiderme, la fraîcheur, la finesse et l'éclat d'une blancheur marmoréenne avec des transparences roses.

C'est pour obtenir ce résultat que nombre de dames, il est pénible de le constater, se livrent à un véritable maquillage et emploient toutes sortes de pommades blanches et roses qui brûlent littéralement les tissus et les vieillissent prématurément.

La CRÈME ORIENTALE au contraire conserve, assouplit et rajeunit la peau, lui donne des transparences appétissantes, conserve les tissus au point d'éviter et de faire disparaître toutes les rides, les taches et les points noirs.

Quoique ne contenant aucune matière grass et c'est de là que provient sa supériorité et ses effets, elle donne à la poudre de riz une adhérence parfaite.

POUDRE DE RIZ. L'abus de la poudre est désastreux, Mesdames. poudrez-vous très légèrement et surtout ne choisissez que des poudres de marque dont vous êtes sûre de l'authenticité. Evitez comme un danger les poudres falsifiées et à bon marché.

Beauté Plastique

L'harmonie et la proportion des formes constituant la beauté réelle de la femme, leur disproportion nuit à l'élégance et au charme qui se dégagent de l'être tout entier.

Sous la pression, souvent exagérée, qu'exerce le corset, le ventre a une tendance à descendre; il se pelotonne et grossit.

Cette proéminence devient parfois une véritable infirmité, que nos élégantes combattent vainement en se serrant davantage encore.

Un régime spécial est seul capable de faire disparaître totalement la rotondité exagérée de l'abdomen.

Tous les médecins de l'univers entier sont unanimes à le reconnaître et tous combattent les médications qui ne peuvent que détruire l'estomac en amaigrissant le corps.

Un aliment laxatif exclusivement végétal capable d'éviter d'une manière absolue l'échauffement et la constipation, de maintenir constamment le corps libre et dispos, amincit la taille et diminue la grosseur du ventre.

La GLUTINE est une farine orientale obtenue avec l'enveloppe certicale d'une céréale très fortifiante qui repose l'estomac et contient sous un petit volume tous les principes nutritifs et réparateurs dont peuvent avoir besoin même ceux qui se livrent à de rudes travaux.

La GLUTINE est l'aliment complet par excellence.

Sous l'influence de ce régime, les intestins toujours libres et propres se fondent pour ainsi dire et le ventre, que durcissent de fréquentes constipations, redevient souple et normal.

Il nous est impossible de dire combien la GLUTINE est précieuse à tous les points de vue. Nos lectrices qu'attristent l'ampleur et les indispositions intestinales nous sauront gré de leur avoir fait connaître ce nouvel aliment.

La GLUTINE se prend le matin et se prépare comme le chocolat, à raison de deux cuillerées à bouche dans du lait. Il est utile de la prendre à chaque repas en guise de potage et de manger très modérément.

Les effets bienfaisants de la GLUTINE sont au-dessus des louanges et nous sommes heureux de constater qu'elle est la base alimentaire d'un grand nombre de Parisiennes, heureuses d'en savourer le goût agréable et d'en apprécier les résultats salutaires

L'Absaline

Un préjugé général veut que tous les produits réputés capables d'activer la pousse des cheveux sur les têtes dénudées ou d'en empêcher la chute soient d'inutiles ingrédients sans effets et sans vertus. Nous affirmons que l'*Absaline* jusqu'à l'âge de 40 et 45 ans fait repousser les cheveux et qu'après cet âge elle en empêche la chute. Voilà un fait acquis, certain, indéniable. Désormais, ne dites plus : « il n'y a rien pour faire repousser les cheveux », et pénétrez vous bien de cette vérité : L'*Absaline* fait repousser les cheveux et en empêche la chute ; elle leur donne aussi une souplesse et un brillant remarquables.

Le Régénérateur d'AARON rend aux cheveux blancs leur couleur naturelle.

Mixture Verricide

Les verrues même les plus anciennes et les plus grosses disparaissent immédiatement avec la *Mixture Verricide.*

Elle est absolument souveraine et ses effets sont immédiats.

Donc plus de verrues puisque la *Mixture Verricide* les fait disparaitre immédiatement.

L'effet de la Mixture sur les corps et durillons est absolument aussi énergique.

Pastilles Brennus

L'haleine est le fluide subtil avec lequel s'échappe le soupir recueilli dans un baiser. Elle contribue beaucoup au crescendo des sensations aimables mais à la condition d'être suave et parfumée.

Lecteurs et vous adorables lectrices, faites que la vôtre soit douce et bonne comme la brise embaumée par les senteurs enivrantes des fleurs printanières.

Que vos baisers soient savoureux : qu'ils donnent l'illusion des roses dont on respire les parfums avec délice. Vous y gagnerez en amour. en attrait et en beauté. Les lèvres s'uniront à vos lèvres, plus suaves. Vous ne verrez pas la bouche amie, se détourner et s'éloigner avec dégoût; vous la sentirez, au contraire se reposer longuement sur la vôtre pour y boire le nectar enivrant qui s'en dégage. Et vous serez aimés, et vous serez heureux !

Les *Pastilles Brennus*, préparées exclusivement dans ce but, n'ont rien de commun avec les autres compositions jusqu'alors employées. Elles ne l'on sont ni forte ni âcres.

D'un goût très agréable, elles communiquent à la bouche la fraicheur, à l'haleine le parfum que l'on aime longuement respirer.

La boite de Pastilles se vend *franco* **1 fr. 50.**

P.-S. — Nous recommandons aux fumeurs nos pastilles qui enlèvent immédiatement le goût et l'odeur du tabac.

Les pastilles Brennus sont exquises, délicieuses, odoriférantes et peuvent être offerte en société comme de succulentes et savoureuses friandises. La boite qui les contient est élégante et solide.

Elles sont incontestablement les favorites de la haute et élégante société parisienne.

PRIX COURANT

SACHET de FLORE	2 fr.
LA FAVORITE, le flacon	5 fr.
ASPIRATEUR.	6 fr.
DENTALINE.	1 fr.
MIEL ORIENTAL. . . . . ;	1 fr.
L'OFTALINE, le flacon.	2 fr.
CRÈME ORIENTALE	3 fr.
L'ABSALINE.	3 fr.

RÉGÉNÉRATEUR D'AARON . . . . 5 fr.
MIXTURE VERRICIDE . . . . 1 fr.
POUDRE DE RIZ . . . . 2 fr.
GLUTINE, le sac . . . . 3 fr.

Adresser lettres et valeurs en mandats, bons ou timbres-poste à M. Paul DULAC, 17, 19, rue Laferrière, PARIS.

PAPIER A CIGARETTES

Le Brennus

SUAVE et PARFUMÉ

LUI. — Quels doux parfums, Marquise, et comme avec [délices

On sent qu'ici l'amour se ligue avec les fleurs
Pour exalter les sens et captiver les cœurs...

Elle. — Monsieur, je suis vraiment charmée des compliments flatteurs, qu'en termes élégants vous savez si bien dire, que me valent les qualités exquises du BRENNUS.

Lui. — Le BRENNUS ?...

Elle. — Au fait, il vous est permis de l'ignorer encore, mais apprenez, et tout le monde bientôt le saura, que le BRENNUS est le seul papier à cigarette communiquant au tabac les vapeurs troublantes qui grisent et procurent l'extase des rêves enchanteurs.

Le BRENNUS purifie la bouche, parfume l'haleine et rend les baisers savoureux. — Le BRENNUS produit en brûlant un effet supérieur à celui des pastilles aromatiques dont se serven les fumeurs, pour se débarrasser de l'odeur forte et désagréable du tabac. — Le BRENNUS, au plus haut point hygiénique, détruit les microbes qui affectent le larynx et fortifie les organes de la respiration.

Le BRENNUS est donc le seul, le vrai, l'unique papier qui réunit essentiellement ces deux qualités :

UTILE — AGRÉABLE

Quoique tout récemment connu, le succès du BRENNUS s'affirme tous les jours d'un manière certaine et durable.

Il n'est pas un seul vrai fumeur qui l'ayant essayé ne veuille en faire un usage continuel et définitif.

Les parfums du BRENNUS se communiquent au linge, aux vêtements, si bien qu'il remplace avantageusement les sachets et essences les plus recherchés.

NOTA. — Les difficultés de fabrication et son prix de revient très élevé font que le BRENNUS au détail est vendu 15 *Centimes*.

PAUL DULAC, 17, 19, rue Laferrière, PARIS

Dans tous les bureaux de tabac

Intermédiaire Médical

La plus belle fortune qu'il soit donné à l'homme de posséder, c'est la santé. Malheureusement et surtout en ce siècle de surmenage physique et moral les maladies de toutes sortes ont un accès facile dans nos organes qu'affaiblissent encore les excès auxquels nous nous accoutumons et les toxiques que chaque jour nous absorbons sous forme de boisson frelatées ou autres poisons malfaisants.

Malheureusement, aussi, les malades, lorsqu'ils n'ont pas auprès d'eux un médecin éclairé pour les soigner sont l'objet de continuelles sollicitations de la part d'industriels sans scrupule qui spéculent sur les douleurs humaines en vantant les effets merveilleux de panacées miraculeuses qui ne possèdent en réalité que la propriété d'enrichir leurs inventeurs.

Nous avons la prétention d'avoir fait œuvre humanitaire et philanthropique en créant l'*Intermédiaire Médical* dont les bienfaits se renouvellent chaque jour et qui nous vaut — c'est là du reste notre meilleure récompense, l'unanime reconnaissance de tous ceux qui nous honorent de leur confiance et auxquels nous apportons les secours de la science et les consolations d'une prompte guérison.

Nous ne voulons certes pas condamner en bloc les spécialités auxquelles nous venons de faire allusion ; il en est assurément de très consciencieusement préparées, mais il suffit d'avoir du bon sens et de réfléchir un peu pour se convaincre qu'il n'est pas au monde un remède capable de guérir tous les malades et toutes les maladies.

Chaque maladie a son spécifique, ainsi que chaque malade a son tempérament, et nul ne peut, de bonne foi, contester que pour agir, un remède a besoin d'être rigoureusement approprié à la nature de l'affection et au tempérament du souffrant.

Tous les médecins vous diront que pour une maladie identique, un remède qui a produit sur un malade des effets merveilleux restera inefficace ou pourrait même devenir nuisible chez un individu autrement organisé que le premier.

Cela se voit tous les jours, c'est pourquoi, dans tous les cas l'intervention du médecin est indispensable. Celui-ci étudie son client, connaît ses habitudes, sa constitution, ses prédispositions, l'origine et les causes réelles du mal et pour le combattre avec succès, il sait comment il faut l'attaquer.

Tel est, du reste, le but de l'*Intermédiaire Médical*. Nous avons intéressé à notre œuvre des Docteurs spécialistes célèbres et compétents de notre capitale qui répondent à toutes les demandes de consultations qui nous sont adressées.

Nos lecteurs sont donc favorisés de ce précieux avantage, que leur cas est étudié par un spécialiste distingué : c'est-à-dire, par un homme qui connaît mieux que tout autre la maladie traitée, puisqu'il limite ses études et ses observations à cette branche de la médecine qu'il préfère

Un homme, quelque bien doué qu'il soit, ne saurait être universel et la médecine est une science si compliquée, si difficile que dans les grands centres et à Paris surtout, les docteurs ont reconnu la nécessité de diviser leurs efforts en limitant chacun le champ de ses études aux parties pour lesquelles il se sent le plus d'aptitudes. C'est grâce à cette division du travail que les Pasteur. les Roux, et autres sont devenus des bienfaiteurs de l'humanité et les gloires immortelles de notre siècle.

L'*Intermédiaire Médical* a pour but d'apporter les secours efficaces de la science médicale et les consolations d'une prompte guérison dans tous les cas où elle est possible, aux malades de province qui vainement souffrent et se désespèrent.

Plusieurs maladies d'un caractère spécialement intime, que par un sentiment de scrupule souvent fort légitime, les malades hésitent à confier au médecin de la famille, sont radicalement guéries par les spécialistés de l'*Intermédiaire Médical*, après une observation ponctuelle pendant huit à dix jours au maximum, d'un traitement infaillible, quelle que soit du reste la durée du mal et son état chronique et invétéré.

Division Générale

Nos clients ne devront pas perdre de vue que la douleur ressentie dans une partie quelconque du corps n'implique pas toujours un état de maladie de l'organe endolori.

Très souvent la cause initiale de la douleur est ailleurs et pour la faire disparaître il faut et il suffit de soigner la partie malade souvent ignorée du souffrant.

C'est ainsi, pour préciser davantage, que

les affections d'estomac provoquent des maux de tête, des troubles de la vue, des battements de cœur, des étouffements, etc.

Les blessures déterminent souvent le gonflement des ganglions et des douleurs dans les aînes

Chez les femmes, les maladies de l'utérus ont un retentissement dans tout l'organisme et déterminent des troubles nombreux et variés tels : atonie digestive et intestinale, de là, un affaiblissement général ; neurasténie. Il en est de même des affections nerveuses.

C'est pour cela que nous prions nos lecteurs de nous écrire avec le plus de détails possible les renseignements qui nous seront utiles pour faire déterminer le caractère exact de la maladie et le traitement qui lui convient.

Pour les y aider, nous énumérons les questions principales auxquelles ils doivent répondre :

Nom... Profession... Adresse très lisible.

Date de la naissance.

Etat de santé du père et de la mère.

Si les parents sont morts ou ont été malades, indiquer la nature des maladies.

Professions et occupations journalières.

Régime alimentaire.

Boissons absorbées et habitudes diverses

Penchants naturels et excès habituels.

Nature du tempérament (nerveux, sanguin ou lymphatique).

Etat de santé pendant la jeunesse.

Description de la maladie à guérir, comment elle a débuté, depuis combien de temps, ses manifestations, modifications qu'elle peut avoir subies, traitement déjà employé, etc. etc.

La valeur scientifique des consultations que nous adressons a pour garant l'autorité des célébrités médicales qui nous assurent leur concours.

Il nous est permis grâce à leur généreuse philanthropie, de faire parvenir à nos lecteurs, dans les trois jours qui suivront la demande, une réponse comportant les détails et renseignements d'une sérieuse consultation moyennant la somme de **5 francs** par consultation.

Prière d'adresser les lettres et valeurs en timbres, mandats ou bons de poste, à Monsieur LEBLOND, secrétaire de l'*Intermédiaire médical*, 36, Rue Notre-Dame-de-Lorette, Paris.

L'organe de l'Intermédiaire Médical est un traité pratique et scientifique contenant toutes les notions complètes de médecine et d'hygiène ainsi que l'indication des soins immédiats à donner dans tous les cas de maladie ou d'accident. Il contient en outre un formulaire de pharmacie usuelle.

L'organe de l'Intermédiaire Médical est envoyé franco à toute personne qui nous demande une consultation.

Merveilleuse Découverte
DONT S'ÉMEUT
LE MONDE SAVANT DE L'UNIVERS ENTIER

La Cephalose

Le monde savant de l'univers entier s'est ému en apprenant récemment l'étonnante et merveilleus découverte de Doctor-Brennus.

Depuis plus de dix ans, Doctor-Brennus travaillaità la découverte de ce produit idéal : la *Cephalose* avec la persévérance et l'acharnement laborieux du savant qui veut atteindre son but et arracher un secret de plus aux lois mystérieuses de la nature.

Ce secret, désormais pénétré, est, sans conteste le plus important et le plus précieux événement de notre siècle. — La *Cephalose* n'est pas une substance nouvelle, trouvée dans quelque coin ignoré de notre globe elle est le résultat de combinaisons obtenues d'après les lois del'affinité, par des procédés spéciaux qui en font un produit unique, inimitable, jusqu'alors inconnu.

En présentant la *Cephalose* au public intellectuel dont le cerveau, souvent fatigué et affaibli par les rigoureuses nécessités de l'existence, est l'instrument indispensable, notre but n'est pas de faire une réclame favorable à la découverte de Doctor-Brennus. Nous voulons uniquement et nousinsistons sur ce point faire une œuvre de vulgarisation scientifique.

« Nous voulons apporter à ceux qui pensent » fortement, à ceux dont les facultés mentales » sans cesse travaillent, à ceux qui ont besoin » de grands efforts intellectuels, le moyen de » résister au labeur sans fatigue et sans déper» dition.

Nul n'ignore aujourd'hui que du cerveau s'élabore la pensée, absolument comme dans les autres viscères du corps, se distillent les éléments anatomiques nécessaires au fonctionnement de notre organisme.

La pensée se manifeste, puissante ou faible, selon que le cerveau, contient tous les éléments nécessaires à son bon fonctionnement en qualité et en quantité nécessaires.

En examinant le cerveau au point de vue physiologique nous savons qu'il est exposé comme les autres organes, aux maladies, à la fatigue, aux infirmités, et la pensée est forte, puissante, lucide, selon qu'il travaille plus ou moins bien. De même qu'il est reconnu qu'une nourriture saine et substantielle augmente la vitalité du corps il est également incontestable qu'en donnant au cerveau les éléments qui lui conviennent, ceux qu'il consomme, on le rend apte, ainsi que le corps, à produire beaucoup et longtemps.

En la comparant aux autres branches de la science, la médecine. pendant longtemps, a marché à petits pas dans la voie du progrès, parce qu'elle avait eu le tort de méconnaître l'influence prédominante de l'esprit sur le corps. Le moral influe beaucoup sur le physique, il influe même au point de produire des miracles d'endurances et de guérison.

Fortifier et assainir le cerveau, ce générateur de tout l'organisme est assurément fortifier et assainir l'individu tout entier.

Doctor Brennus n'est pas le premier savant qui ait cherché à résoudre ce problème difficile de l'augmentation de la puissance intellectuelle et vitale par des moyens physiologiques : bien d'autres avant lui, pressentant l'influence immense qu'une semblable découverte devait exercer sur l'avenir de la société, y ont travaillé, en France et à l'étranger. Leurs études n'ont pas été sans résultat, attendu qu'elles ont servi à démontrer la relation intime qui existe entre la composition de la matière cérébrale, et la production de la pensée.

Dans une communication faite à l'Académie de Médecine en 1887, le Dr Robin, parlant du phospho glycérate, constate qu'il exerce sur la nutrition de tous les organes une puissante accélération et que cette accélération prend sa source dans une stimulation particulière de l'appareil nerveux.

En injection sous cutanée, il produit des effets non moins aussi énergiques que le liquide testiculaire qui n'agit vraisemblablement qu'en vertu du phosphore organique qu'il contient. Il y a donc avantage à l'employer à la place de ce liquide puisque l'on substitue un produit défini, dosable, à une préparation incertaine, variable et éminemment altérable. Le Dr Robin a été conduit à étudier la valeur thérapeutique des glycérophosphates par la constatation qu'il a faite dans la composition des urines des neurasthéniques. Elles renferment en effet des quantités relativement considérables de phosphore incomplètement oxydé qui s'y trouvent surtout sous la forme d'acide phospho-gylcérique.

En admettant qu'il vaut mieux introduire dans l'organisme le phosphore sous forme d'une combinaison organique aussi rapprochée que possible de celle qu'il a dans le système nerveux, le Dr Robin employa les phospho-glycérates.

Les résultats furent favorables dans plusieurs cas de sciatique, de tic douloureux de la face, de maladie d'Addison.

Le phospho-glycérate de chaux réussit contre les dépressions nerveuses, les convalescences, les arthénies nerveuses, la chlorose, l'albuminerie, la phosphaturée, l'ataxie, l'hyperothenie gastrique, la sciatique aiguë.

(D'après le formulaire des médicaments nouveaux, Bacquillon et Limousin, 1897).

C'est en s'inspirant de ces travaux que Doctor-Brennus est arrivé à trouver ce merveilleux produit, la *Cephalose* qui permet l'assimilation de l'agent le plus efficace de la therapeutique.

Il est par exemple un état maladif spécial presque indéfinissable dont les conséquences sont souvent désastreuses parce qu'il affecte l'énergie et les facultés. Nous voulons parler de la Neurasthénie, cette déchéance de la vitalité de l'être.

D'après la *Médecine Nouvelle*, la science nosologique consultée à ce sujet a répondu : « Je ne sais pas ce qui se passe dans l'état général de ces malades, mais je constate une diminution de l'énergie et un désiquilibre. Les organes sont frappés d'hypéresthésie ou bien d'ataxie.

Le cerveau suit le mouvement et l'être se détraque en proie à tous les symptômes les plus divers. » Les symptômes les plus fréquents sont : Faiblesse générale, perversion de l'appétit, maux de tête, étourdissements, excitabilité des sens, oppression nerveuse, palpitations, fourmillements, sensation de constriction à la gorge (boule hystérique), douleurs au sommet de la tête, troubles de la vue, idées noires ; distention du ventre par les gaz, travail intellectuel difficile, prédisposition à l'impuissance ou impuissance avérée.

Tous ces symptômes ne se rencontrent pas à la fois chez un même individu mais ils sont la conséquence inévitable de l'état neurasthénique contre lequel la *Céphalose* est le seul régénérateur véritablement souverain.

« La *Cephalose* agit sur le cerveau et par » influence directe et morale, sur toute l'éco- » nomie. Nous pouvons donc affirmer qu'elle » constitue le meilleur stimulant qu'il soit pos-

» sible d'employer dans le cas de défaillances » momentanées ou d'impuissance.

» La *Cephalose* n'est pas un excitant ; c'est » là son moindre défaut, pouvons-nous dire.

» Toutes les substances administrées pour » produire un effet immédiat sont les pires et » les plus dangereuses ennemies qu'il faut tou- » jours et à tout prix éviter. Leur emploi et les » excès qui s'en suivent font les jeunes vieil- » lards, incapables, qu'attendent d'amères » déceptions, ou que la mort cueille vite s'ils » en continuent l'usage. Une machine sur- » chauffée éclate et se détériore rapidement.

» La *Cephalose*, au contraire conserve » malgré les ans, les forces et la vigueur » de la jeunesse, parce qu'elle maintient » tous les rouages de l'organisme dans une » parfaite harmonie. Son action ne se ma- » nifeste que progressivement parce qu'elle » n'apporte que petit à petit les éléments » régénérateurs, MAIS ELLE EST SURE, ELLE » EST DURABLE, ELLE NE FAILLIT JAMAIS ET ELLE » PROMET POUR L'AVENIR DES SATISFACTIONS » CONSTANTES.

» La *Cephalose* est assurément l'un des plus » beaux triomphes de la science dont puisse » s'enorgueillir notre siècle et dont bénéficie- » ront en force et en vigueur les générations » futures. »

ou timbres-poste.

MODE D'EMPLOI. — Une cuillerée à café, dans un demi-verre d'eau ou de boisson ordinaire, trois fois par jour avant chaque repas.

La correspondance est reçue par M. ALEXIS LEBLOND, secrétaire de l'*Intermédiaire Médical*, 36, rue Notre-Dame-de-Lorette, Paris elle le sentiment moral, du beau, de l'art et de l'idéal, dans toute la pureté de ses manifestations.

Ce livre est une innovation capable de plaire à tous, parce qu'il satisfait au besoin dominant, parce qu'il répond à de constantes et unanimes préoccupations.

Le désir de plaire et d'être aimé nous subjugue au point de nous faire perdre la raison, et nous employons toutes les ressources de notre esprit et de notre imagination pour mériter l'attention de la personne qui est l'objet de notre affection.

La séduction n'est pas toujours le résultat d'un don de la nature, et l'art de captiver par l'esprit, par la galanterie aimable, par les délicatesses de sentiments, par la poésie des mots, est autrement puissant et d'un effet plus durable que la beauté du visage.

L'amour est donc à la fois un art et une science qui nécessitent une profonde connaissance des faiblesses du cœur humain et l'habitude des moyens à employer pour, à bon escient, gagner les cœurs et triompher des résistances.

Les Billets doux et l'art d'aimer sont un enseignement attrayant, un cours joyeux et spirituel de galanteries et de bienséances amoureuses, une étude savante de l'amour.

Non seulement cet ouvrage contient les œuvres de nos meilleurs poètes de l'Amour dont nous nous sommes assurés la collaboration, mais encore il fait revivre dans ses pages luxueusement artistiques toutes les productions oubliées ou inconnues, mais toujours suaves et suggestives des écrivains célèbres des siècles derniers. Les Billets doux et l'Art d'aimer sont une véritable anthologie de l'amour.

La première partie, Les Billets doux contient les poésies badines et galantes qui s'offrent et se disent dans les salons du monde à l'occasion d'une fête ou d'une soirée ; les sonnets, madrigaux, quatrains et poulets d'amour qui sont toujours les préludes des intrigues et enfin ces poésies troublantes dans lesquelles les poètes mettent toute leur âme et toute leur passion.

Nous avons recueilli dans ce domaine immense et merveilleux de notre littérature, toutes les poésies que l'amour a le plus spirituellement et le plus passionnément inspirées.

Dans sa partie philosophique, l'*Art d'aimer*, est l'inspirateur, le guide et le conseiller.

Jamais ouvrage n'a été conçu et présenté comme l'est : *Les Billets doux et l'Art d'aimer* et jamais aucun n'aura obtenu pareil succès.

—

Les Jeux de Hasard

POURQUOI ON PERD

COMMENT ON GAGNE.

A LA ROULETTE

AU TRENTE ET QUARANTE

AU BACCARA.

LES COURSES

LA BOURSE

Ce livre n'est pas une méthode — ce n'est pas davantage un système (il y en a trop dont *pas un* n'est capable de gagner). — Ce n'est pas non plus une théorie abstraite d'où ne résulte rien, sinon des idées fausses qui poussent seulement le joueur à une perte souvent plus rapide.

C'est l'étude pratique du jeu par un joueur expérimenté.

C'est le moyen certain de gagner **toujours et tous les jours** un minimum de vingt pour cent c'est-à-dire un cinquième du capital engagé, quel qu'il soit.

Et cette affirmation n'est pas un leurre, une réclame allèchante, c'est l'expression la plus exacte de la vérité, de la vérité indéniable, rigoureusement controlée et expérimentée par les rares joueurs pratiques qui jusqu'à présent en connaissent, nous pouvons bien dire, le secret.

La connaissance du jeu tuera le jeu, nous croyons faire œuvre morale en le publiant ; les mieux avisés sauront en profiter.

Cet ouvrage comprend trois parties distinctes, — en trois volumes ou fascicules qui se vendent séparément.

1er fascicule. — Etude de la roulette, du trente et quarante et du baccara.

Les mauvaises méthodes de jeu et les dangers de ces méthodes.

Sur quelles bases il est possible d'asseoir une manière de jouer qui ait toute chance de donner un résultat.

Indication de quelques systèmes connus et la preuve de leur impuissance et de leur danger.

Règles générales de tous ces jeux ainsi que des jeux des courses et des opérations de la bourse.

Preuve que dans tous ces cas on peut gagner toujours et régulièrement.

Prix : Cinq francs.

2e fascicule. — Le moyen de gagner deux cents francs par jour avec mille francs. — *Roulette, trente et quarante.*

Ce moyen, nous ne saurions trop le répéter, n'est pas un système comme le comprennent les joueurs ; c'est le résultat d'une étude qui a montré dans chaque jeu le point faible de la banque et la manière de le battre.

La preuve en est fournie de façon manifeste et on peut dire que, par ce procédé, on ne joue plus, on se fait payer à coup sûr par la banque.

Prix : **25** francs.

3e fascicule. — La même étude est faite sur le baccara et sur les courses. Le moyen de gagner de l'argent sur toute opération de bourse est une conclusion qui ne peut manquer d'être intéressante.

Prix : **10** francs.

Certains maintenant d'avoir donné à chacun le moyen de gagner au jeu nous attendons sans crainte le jugement des personnes à qui ce livre est destiné.

LES

Chemins Nouveaux

PRIX : **1 fr. 50**

Il n'est assurément pas un seul homme qui n'ait, tant il est naturel, le désir impérieux de faire fortune.

Tous les efforts sont tournés vers ce but et à côté d'un ami du sort, de milliers de malheureux ne parviennent que difficilement à vivre.

Assurément cette fée bienfaitrice, que nous appelons la chance, contribue beaucoup à la réussite mais ceux qu'elle protège, il faut bien en convenir, doivent presque toujours ses faveurs à leur mérite. — La fortune, sauf quelques rares exceptions, va à qui sait l'appeler, et l'habileté, l'intelligence sont les auxiliaires qui l'attirent,

Ajoutons à cela une profonde connaissance des hommes et des choses, et le choix judicieux d'une voie qui convienne à ses moyens et à ses aptitudes.

Cet ouvrage, *Les Chemins Nouveaux*, aborde ces questions, mais encore avec les chemins nouveaux qu'il indique, il enseigne tous les procédés, toutes les combinaisons, tous les trucs peu ou point connus du public avec lesquels toujours on fait fortune. Ceux qui nous étonnent par leur réussite rapide, utilisent sûrement quelques-unes des combinaisons ingénieuses, quelques-uns des procédés habiles, des moyens ignorés des masses que l'auteur a recherchés, étudiés et recueillis dans cet ouvrage que nous offrons à la masse des travailleurs besogneux avec la certitude que tous y trouveront le moyen d'améliorer rapidement leur situation.

Ce sont, en effet, des chemins nouveaux, inexplorés et ignorés, des voies plus larges, plus faciles, plus rapides, qu'il découvre aux lecteurs qui seront heureux de bénéficier des connaissances que l'auteur lui-même sait utiliser avec profit et qu'il dévoile avec une généreuse philanthropie.

Transports

par chemins de fer

DES MARCHANDISES ET DES VOYAGEURS

Prix : 2 francs.

Cet ouvrage est le code pratique des commerçants industriels et voyageurs dans leurs rapports avec les compagnies des chemins de fer.

Toutes les obligations des voyageurs et expéditeurs envers les compagnies sont indiquées, mais ce qui vaut mieux, toutes les obligations des compagnies envers les voyageurs et expéditeurs le sont également avec les moyens à employer pour obtenir facilement satisfaction.

Les compagnies de chemin de fer sont des puissances contre lesquelles le public ne lutte avec avantage que lorsqu'il est bien pénétré de ses droits et ce sont ces droits que cet ouvrage fait connaître aux lecteurs avec la marche á suivre pour les faire respecter.

scientifiques qui auraient pu le rendre obscur ; il s'est appliqué à faire un ouvrage essentiellement pratique, un guide complet de l'apiculteur inexpérimenté, sans rien oublier de tout ce qui peut lui être utile pour la culture de ses abeilles, la bonne qualité de son miel, la prospérité de son rucher, la fabrication du vin (hydromel), eau-de-vie, vinaigre, et liqueurs diverses, véritables nectars que l'on obtient avec le miel.

Puisse-t-il déterminer tous les fonctionnaires de province à augmenter leur bien-être en cultivant comme lui les abeilles, source de revenus importants.

Ouvrages Divers

Georges Brandinibourg. Croquis du Vice. Illustré par Steinlein. 3,50

Victor Joze. Babylone d'Allemagne. Romans de Mœurs Berlinoises. Illustré par Bac, Lubin et Lautrec. 3,50

Victor Joze. L'Homme à Femme, suivi de Reine de Joie, mœurs parisiennes. 3,50

Victor Joze. Les Sœurs Vachette, roman de mœurs parisiennes. Illustré par Madc . 3,50

Victor Joze. Le Demi-Monde des Jeunes filles. Roman de mœurs parisiennes. 3,50

Victor Joze. Veuve Béguin, roman de mœurs parisiennes. 3,50

Auguste Villiers. Minette, roman d'une jeune fille sage. 3,50

Math. Coucou (Les Jolies Femmes de province). 3,50

Achille Mélandri. Sélection Naturelle, roman illustré par l'auteur. 3,50

Louis Richard. Fin de Jeunesse. 3,50

Mme Oct. Feuillet. La Filleule de Monseigneur. 3,50

A. du Gay. Fourberies des Femmes, l'Amour forcé. 3,50

Henri Kistemaeckers. L'Illégitime 3,50

Jules Lévy. Les Gosses de Paris. 3,50

» Belles de jour et Belles de Nuit . . 3,50

Jules Lévy. Tout ça c'est des Histoires de Femmes 3,50

Jules Lévy. Les Femmes de Tout le Monde. . . 3,50

Daniel Lesueur. Lèvres closes est le roman d'une passion ardente, mystérieuse, qui, dans son vertige de tendresse et de volupté, apparait comme plus fatale que coupable et trouve son expiation dans un dénouement plein de mélancolie.

Cette histoire d'amour, écrite avec un art troublant, surpasse en intensité tout ce que nous a déjà donné l'auteur si brillant de *Passion Slave* et *l'Invincible Amour*.

Daniel Lesueur. Passion Slave. 3,50

» L'invincible Charme 3,50

Brazillier. Le Prix du Bonheur. 3,50

E. Zier. La Chronique des amours d'Yseult. . . 3,50

Armand Carpentier. Le Roman d'un Singe. . . 3,50

Armand Charpentier. L'Evangile du Bonheur. Mariage, union libre, amour libre 3,50

Jean Reibrack. La Force de l'Amour. 3,50

Sirius. Le Langage des fleurs et l'Alphabet d'Amour. 3,50

Pierre Louys. La Femme et le Pantin 3,50

Paul Perrin. Les bonnes fortunes du père Pédard 3,50

Cartanier. Le catéchisme des amants 3,50

G. Auriol. Ma chemise brûle. 3,50

Jules Arnuff. Chair inquiète. . . . . 3'50

Pierre Valdagne. L'amour par principes 3,50

Georges de Porto-Riche. Théâtre d'Amour. . . . 3,50

Pierre de Lano. Du cœur aux sens. 3,50

Deschamps. Carnet d'un voyageur au Harem. Croquis, notes, souvenirs, impressions. . . . 3,50

Rollice. Confidences de jeunes filles 3,50

Grévin. Petites gredineries parisiennes. 3,50

Ch. Virmaitre. Dictionnaire de l'Argot. 6,00

» Paris impur. 3,50

» Trottoirs et Lupanars. 3,50

Abbé X. La messe d'amour 3,50
Dargenthal. Fleur de chair, vie d'une courtisane, nombreuses illustrations 3,50
Destelle. Cabotines d'Amour, nombr. illustr . . 3,50
Eugène Héros. La Grosse Marie. Nouvelles parisiennes. Ill. par Gray, Grün et Couturier. 3,50
Meunier. Chair à plaisir, illustré. 5,00
A. Sylvestre. Le Péché d'Eve. 5,00
Thilda. Pour se damner. 5,00
Richard Lescide. Contes extra-galants, illustré. 5,00
Rambaud et Dubut de Laforest. Le Faiseur d'hommes 5,00
H. d'Argis. L'Education Conjugale. 3,50
A. Boutique. L'Amour Cynique 3,50
» Un Fils de 89. 3,50
» Les Malthusiennes 3,50
Vicomtesse de Nacla. Le Choisir, le Garder. Conseils à une jeune femme. 3,50
» Le Boudoir. Conseils d'élégance, illustré. 3,50
» Dictionnaire de Savoir-Vivre. 3,50
» Dans l'ombre du Harem. 3,50
Louis de Robert. L'Envers d'une Courtisane . . 3,50
Edmond Lepelletier et Clément Rochet. Les Amours de Don Juan 3,50
Pierre Louys. Aphrodite, mœurs antiques. Illustration de A. Calbet. 3,50
Jacques Souffrance. Le Couvent de Gomorrhe. Mœurs abominables et mystères horribles des communautés religieuses. 3,50
Cartanier. Le Roman d'un Amoureux 3,50
» Le Catéchisme des Amants. 3,50
Jean de Chibra. L'Heure sexuelle. 3,50
J. F. Court. L'Enfer passionnel 3,50
Eugène Chavette. Les Petites Comédies du Vice, illustré. 3,50
» Les Petits Drames de la Vertu, 2e série des petites comédies du vice, illustré. 3,50
» Les Bêtises Vraies, pour terminer les petites comédies du vice, illustré. 3,50
Marie Colombier. La plus jolie Femme de Paris. 3,50
» Courte et Bonne. 3,50

Dubut de Laforest. Belle Maman. 3,50
» La Bonne à tout faire. 3,50
» Le Cocu imaginaire. Illustré. 3,50
» Les Dévorants de Paris. . . 3,50
» Les Petites Ratas. 3,50
» Le Commis imaginaire. . . . 3,50
» La Femme d'affaires. 3,50
A. Hepp. Les Anges Parisiens. 3,50
» L'Epuisé. 3,50
Charles Leroy. Le Colonel Ramollot, illustré. . 3,50
Jules Moineaux. Le Monde où l'on rit, illustré. 3,50
Marc de Montifaud. Les Courtisanes. 3,50
» Entre Messe et Vêpres. . 3,50
Pierre Véron. Paris Vicieux, illustré. 3,50
Maurice Talmeyr. Hist. Joyeuses et Funèbres. 3,50
Sauvenières. Piments Rouges. 3,50
Lucien Descaves. Sous-offs, grande édition, illustré, Grévin. 10,00
Catule Mendès. Les Iles d'Amour, magnifique volume illustré, 6 eaux-fortes. 25,00
Dubut de Laforest. Les Aventures de Faublas, édition de Bruxelles, illustrée, 4 volumes. . 14,00
Daniel Riche. Le Charme d'Amour 3,50
Gatine. Filles d'Orient 3,50
Jean Thorel. Devant le Bonheur. 3,50
André Maurel. Les Justes Noces. Ouvrage couronné par l'Académie française 3,50
Camille Lemonnier. Un Mâle. 3,50
Edouard Dujardin. L'initiation au péché et à l'Amour. 3,50
André Lebey. Les Poèmes de l'Amour et de la Mort. 3,50
Albert Juhellé. La Crise virile. 3,50
J. H. Rosny. Les Retours du Cœur 3,50
Joséphin Péladan. La Vice suprême. 3,50
» L'initiation sentimentale . 3,50
» A Cœur perdu 3,50
» La Victoire du Mari 3,50
» Cœur en peine 3,50

Pierre Véron. Paris Vicieux, illustré...... 3,50
Oscar Méténier. L'Amour qui tue. 2 volumes. 7 00
A. Saulière. Ce qu'on n'ose pas dire..... 10,00

Sciences, Philosophie, Médecine

Doctor-Brennus. Amour et Sécurité....... 3,00
» De l'Avortement......... 5,00
Docteur Laurent. Les Bisexués (Gynécomastes et Hermaphrodites), 11 grav.......... 5,00
Docteur Jozan. Traité pratique des maladies des voies urinaires et des organes générateurs de l'Homme.................. 5,00

Cet ouvrage destiné aux gens du monde se recommande d'une manière toute spéciale en permettant à chacun de reconnaître tous les signes et symptômes des maladies contagieuses secrètes et de *les guérir soi-même.*

» Traité pratique complet des maladies des femmes............... 5,00

Se recommande au même titre que le précédent.

Docteur Villemont. L'Amour dans le Mariage, illustré......................... 21,00
Docteur A. Cleisz. Lois de la Création des Sexes, des moyens de s'assurer d'une progéniture mâle.................. 3,00
Docteur Laupts. Perversion et perversité sexuelles, enquête médicale, documents, procès d'Oscar Wilde.................. 6,00
Docteur Lutaud. La Stérilité et son traitement, nombreuses figures........... 4,00
Docteur Garnier. Le Mariage et ses effets conjugaux, avec figures............ 3,50
» La Génération universelle, lois, secrets, mystères, chez l'homme et chez la femme................ 3,50
» Impuissance morale et physique chez les deux sexes, avec figure.... 3,50
» La Stérilité humaine et l'Her-

maphrodisme, avec figures. 3,50

Docteur Garnier. Le Célibat et les Célibataires. 3,50

» Epuisement nerveux génital. 3,50

A. Debay. Hygiène et physiologie du Mariage. 3,00

» Histoire naturelle de l'homme et de la femme. 3,00

» Hygiène et physiologie de l'Amour. 3,00

» Physiologie, description des trente beautés de la femme. 3,00

Dr Debray. Physiologie Sexuelle 24,00

S. Tarnier et P. Burdin. Traité de l'art des Accouchements. . . . . 1er tome. 15,00

2e tome. 12,00

3e tome. 12,00

A. Ouvrard. Traité pratique d'accouchements. 15,00

E. Gaucher. Traité des Maladies de la Peau. 2 volumes. 22,00

Dr A. Tardieu. L'Avortement. Etude médico-légale 5,00

Moll. Les perversions de l'instinct génital. . 5,00

Docteur Bergeret. Des fraudes dans l'accomplissement des fonctions génératrices . 3,00

Docteur Von Kraft Ebing. Psychopathie sexuelle, avec recherches sur l'inversion sexuelle, (étude médico-légale) 15,00

Docteur Villemont. Les Secrets de la Génération, illustre 21,00

Docteur Garnier. Onanisme seul ou à deux . 3,50

Docteur Garnier. Anomalies sexuelles 3,50

Docteur Garnier. Le Mal d'Amour 3,50

A. Debay. Phylosophie du Mariage 3,00

A. Debay. Hygiène de la beauté 3,00

A. Debay. Hygiène des Plaisirs 3,00

A. Debay. Histoire des Sciences occultes . . . 3,00

Tous les ouvrages non contenus dans cet extrait de catalogue sont également fournis aux meilleures conditions.

Imp. A. Chiron, Niort.

DEUXIÈME PARTIE

Les Pratiques OCCULTES DÉVOILÉES

LES PRÉLIMINAIRES DU GRAND ŒUVRE ET LES TRAVAUX PRÉALABLES DE L'INITIATION

L'homme qui gémit sous le poids accablant des préjugés de la présomption aura peine à se persuader qu'il m'ait été possible de renfermer dans un Recueil l'essence de plus de vingt volumes, qui, par leurs dits, redits et ambiguïtés, rendaient l'accès des opérations philosophiques presque impraticable ; mais que l'incrédule et le prévenu se donnent la peine de suivre pas à pas la route que je leur trace, et ils verront la vérité bannir de leur esprit la crainte que peut avoir occasionnée un tas d'essais sans fruits, étant faits hors de saison, ou sur indices imparfaits.

C'est encore en vain qu'on croit qu'il n'est pas possible de faire de semblables opérations sans engager sa conscience ; il ne faut pour être convaincu du contraire que jeter un clin d'œil sur la vie de *saint Cyprien*.

J'ose me flatter que les Savants attachés aux Mystères de la science divine, surnommée occulte, regarderont ce Livre comme le plus précieux Trésor de l'univers.

Quintescence des formules confuses contenues dans les ouvrages célèbres

LE GRAND GRIMOIRE

Ce grand Livre est si rare, si recherché dans nos contrées, que pour sa rareté on le peut appeler, d'après les rabbins, le véritable Grand Œuvre, et ce sont eux qui nous ont laissé ce précieux original que tant de charlatans ont voulu contrefaire inutilement en voulant imiter le véritable, qu'ils n'ont jamais trouvé, pour pouvoir attraper de l'argent des simples qui s'adressent au premier venu sans chercher la véritable source. On a copié celui-ci d'après les véritables écrits du grand roi Salomon, que l'on a trouvés, par un pur effet du hasard, ce grand roi ayant passé tous les jours de sa vie dans les recherches les plus pénibles et dans les secrets les plus obscurs et les plus inespérés ; mais enfin il a réussi dans toutes ses entreprises, et il est venu à bout de pénétrer jusqu'à la demeure la plus reculée des esprits, qu'il a tous fixés et forcés de lui obéir, par la puissante de son *Talisman* ou *Clavicule* ; car quel autre homme que ce puissant génie aurait eu la hardiesse de mettre au jour les foudroyantes paroles dont Dieu se servit pour consterner et faire obéir les esprits rebelles, à sa première volonté ? Ayant pénétré jusqu'aux voûtes célestes pour approfondir les secrets et les puissantes paroles qui font toute la force d'un Dieu terrible et respectable, il a, ce grand roi, pris l'essence de ces réservés secrets, dont s'est servi la grande divinité, puisqu'il nous a découvert les influences des astres, la constellation des planètes, et la manière de faire paraître toutes sortes d'esprits, en récitant les grandes appellations que vous trouverez ci-après dans ce livre, de même que la véritable composition de la *Verge foudroyante*, et les effets qui font trembler les esprits, et dont Dieu s'est servi pour armer son ange qui chassa Adam et Eve du paradis terrestre, et de laquelle Dieu frappa les anges rebelles, précipitant leur orgueil dans les abîmes les plus épouvantables, par la force de cette *Verge* qui forme des nuées, qui disperse et brise les tempêtes, les orages, les ouragans, et les fait tomber sur quelle partie de la terre que vous voulez.

Voici donc, ci-après, les véritables paroles sorties de sa bouche, que j'ai suivies de point en point, et dont j'ai eu tout l'agrément et toute la satisfaction possibles, puisque j'ai eu le bonheur de réussir dans toutes mes entreprises.

O hommes ! faibles mortels ! tremblez de votre témérité, lorsque vous pensez aveuglément de posséder une science assez profonde.

Portez votre esprit au delà de votre sphère, et apprenez de ma part qu'avant de rien entreprendre, il faut être fermes et inébranlables, et très attentifs à observer exactement de point en point tout ce que je vous dis, sans quoi tout tournera à votre désavantage, confusion et perte totale ; et si, au contraire, vous observez exactement ce que je vous dis, vous sortirez de votre bassesse et de votre indigence, ayant pleine victoire dans toutes vos entreprises.

Armez-vous donc d'intrépidité, de prudence, de sagesse et de vertu pour pouvoir entreprendre ce grand et immense ouvrage, dans lequel j'ai travaillé jour et nuit, pour arriver à la réussite de ce grand but : il faut donc faire exactement tout ce qui est indiqué ci-après.

Prions.

Vous passerez un quart de lune entier, sans fréquenter aucune compagnie de femmes ni de filles afin de ne pas tomber dans l'impureté.

Ensuite vous commencerez votre quart de lune dans le moment que le quartier commencera, promettant au grand *Adonay*, qui est le chef de tous les esprits, de ne faire que deux repas par jour, ou toutes les vingt-quatre heures dudit quart de lune, lesquels vous prendrez à midi et à minuit, ou si vous aimez mieux à sept heures du matin et à sept heures du soir, en faisant la prière ci-après, avant que de prendre vos repas, pendant tout ledit quartier.

PRIÈRE

Je t'implore, grand et puissant Adonay, maître de tous les esprits, je t'implore, ô Eloïme, je t'implore, ô Jéhovam ! O grand Adonay ! je te donne mon âme, mon cœur, mes entrailles, mes mains, mes pieds, mes soupirs et mon être : ô grand Adonay, daigne m'être favorable.

Ainsi soit-il. Amen.

Prenez ensuite votre repas et ne vous déshabiller ni ne dormez que le moins qu'il vous sera possible pendant tout le dit quartier de lune, pensant continuellement à votre ouvrage et fondant toute votre espérance dans l'infinie bonté du grand Adonay ; après quoi, le lendemain de la première nuit dudit quart de lune, vous irez chez un droguiste pour acheter une pierre sanguine dite *ématille*, que vous porterez continuellement avec vous, crainte d'accident, attendu que dès lors l'esprit que vous avez en vue de forcer et de contraindre fait tout ce qu'il peut pour vous dégoûter par la crainte, pour faire échouer votre entreprise, croyant par cette voix se dégager des filets que vous commencez à lui tendre : il faut observer qu'il ne faut être qu'un ou trois, y compris le *Karcist*, qui est celui qui doit parler à l'esprit, tenant en la main *Verge foudroyante* ; vous aurez soin de choisir pour l'endroit de l'action un lieu solitaire et écarté du monde, afin que le *Karcist* ne soit pas interrompu : après quoi vous achèterez un jeune chevreau vierge, que vous décorerez, le troisième jour de la lune, d'une guirlande de verveine, que vous attacherez à son cou, au-dessous de sa tête, avec un ruban vert ; ensuite, le transporterez à l'endroit marqué pour l'apparition et là, le bras droit nu jusqu'à l'épaule, armé d'une lance de pur acier, le feu étant allumé avec du bois blanc, vous direz les paroles suivantes, avec espérance et fermeté :

Première offrande

Je t'offre cette victime, ô grand Adonay, Eloïme, Ariel et Jehovam, et celà à l'honneur, gloire et puissance de ton être supérieur à tous les esprits ; daigne, ô grand Adonay ! le prendre pour agréable. Amen.

Ensuite, vous égorgerez le chevreau et lui ôterez la peau et mettrez le reste dessus le feu, pour y être réduit en cendres que vous ramasserez et les jetterez du côté du soleil levant, en disant les paroles suivantes : C'est pour l'honneur, gloire et puissance de ton nom, ô grand

Adonav, Eloïme, Ariel et Jehovam ! que je répands le sang de cette victime ; daigne, ô grand Adonay ! recevoir ces cendres pour agréables.

Pendant que la victime brûle, vous pouvez vous réjouir en l honneur et gloire du grand Adonnay, Eloim, Ariel et Jehovam, ayant soin de conserver la peau de chevreau vierge pour former le rond ou le grand *cercle cabalistique*, dans lequel vous vous mettrez le jour de la grande entreprise. (*Voyez* note F.)

VÉRITABLE COMPOSITION DE LA BAGUETTE MYSTÉRIEUSE OU VERGE FOUDROYANTE

TELLE QU'ELLE EST REPRÉSENTÉE CI-CONTRE

La veille de la grande entreprise, vous irez chercher une baguette ou verge de noisetier sauvage, qui n'ait porté, et qu'elle soit précisément semblable à celle que vous voyez ci-contre ; ladite baguette devant faire fourche en haut, c'est-à-dire, du côté des deux bouts ; sa longueur doit être de dix-neuf pouces et demi ; après que vous aurez trouvé une baguette de même forme, vous ne la toucherez que des yeux, attendant jusqu'au lendemain, jour de l'action, que vous irez la couper positivement au lever du soleil ; et alors vous la dépouillerez de ses feuilles et petites branches, si elle en a, avec la même lame d'acier qui a servi à égorger la victime, qui sera encore teinte de son sang, attendu que vous devez faire attention de ne point essuyer ladite lame, en commençant à la couper quand le soleil commencera à paraître sur cet hémisphère, en prononçant les paroles suivantes :

Je te recommande, ô grand Adonay, Eloïm, Ariel et Jehovam ! de m'être favorable et de donner à cette baguette que je coupe la force et la vertu de celle de Jacob, de celle de Moïse et de celle du grand Josué : je te recommande aussi, ô grand Adonay, Eloïm, Ariel et Jehovam ! de renfermer dans cette baguette toute la force de Samson la juste colère d Emmanuel et les foudres du grand *Zariatnatmik*, qui vengera les injures des hommes au grand jour du jugement. *Amen.*

Après avoir prononcé ces grandes et terribles paroles et ayant toujours la vue du côté du soleil levant, vous achèverez de couper votre baguette et l emporterez dans votre chambre ; ensuite, vous chercherez un morceau de bois, que vous rendrez de même grosseur que les deux bouts de la véritable, que vous porterez chez un serrurier pour faire ferrer les deux petites branches fourchues avec la lame d acier qui a servi à égorger la victime, faisant attention que les deux bouts soient un peu aigus lorsqu ils seront posés sur le morceau de bois. Le tout étant ainsi exécuté, vous retournerez à la maison et vous mettrez ladite ferrure vous-même à la véritable baguette, vous prendrez ensuite une pierre d'aimant que vous ferez chauffer pour aimanter les deux pointes de votre baguette, en prononçant les paroles suivantes.

Par la puissance du grand Adonay, Eloïm, Ariel et Jehovam, je te recommande d unir et d'attirer toutes les matières que je voudrai : par la puissance du grand Adonay, Eloïm, Ariel et Jehovam, je te commande, par l'incompatibilité du feu et de l'eau, de séparer toutes matières comme elles furent séparées le jour de la création du monde. *Amen.*

Ensuite, vous vous réjouirez en l'honneur et gloire du grand Adonay, étant sûr que vous possédez le plus grand trésor de lumière : le soir ensuite, vous prendrez votre baguette, votre peau de chevreau, votre pierre *ématille* et deux couronnes de verveine, de même que deux chandeliers et deux cierges de cire vierge bénits et faits par une fille vierge. Vous prendrez aussi un batte-feu neuf, deux pierres neuves avec de l'amadou pour allumer votre feu de même qu'une demi-bouteille de brandevin et une portion d'encens bénit avec du camphre, aussi bien que quatre clous qui aient servi à la bière d'un enfant mort et ensuite, vous vous transporterez à l'endroit où doit se faire le grand œuvre et ferez exactement ce qui suit, en imitant, de point en point, le grand cercle cabalistique, tel qu'il est démontré ci-après.

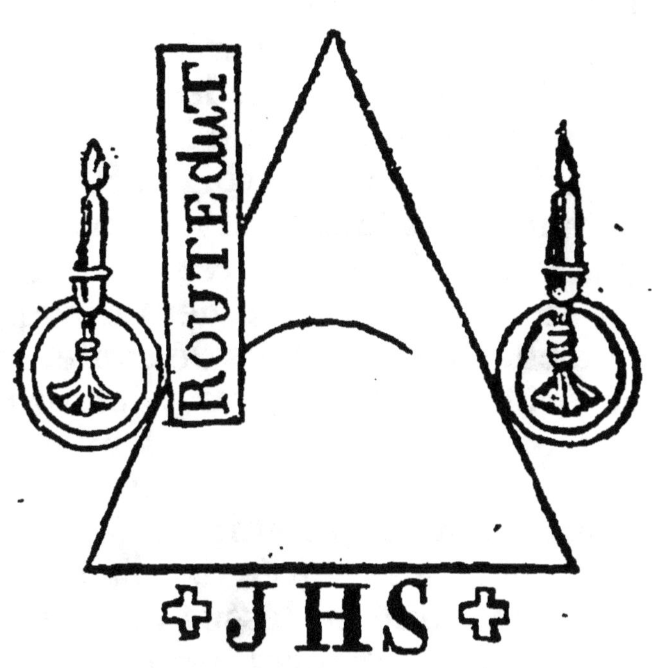

REPRESENTATION VÉRITABLE DU GRAND CERCLE CABALISTIQUE

Vous commencerez par former un cercle avec la peau de chevreau, tel qu'il est indiqué ci-devant, que vous clouerez avec quatre clous ; vous prendrez ensuite votre pierre ématille et tracerez un triangle au devant du cercle, el qu'il est représenté, en commençant du côté du levant : vous tracerez aussi avec la pierre ématille le grand A, le petit E, le petit A et le petit J, de même que le saint nom de Jésus au milieu de deux croix (JHS), afin que les esprits ne vous puissent rien par derrière ; cela fait, vous commencerez à allumer deux cierges, et aurez un vase neuf devant vous, rempli de charbons de bois de saule, que l'on aura fait brûler le même jour, y jetant une partie de l'esprit de brandevin, et une partie de l'encens et du camphre que vous avez, réservant le reste pour entretenir un feu continuel, convenablement à la durée de la chose, tout ce qui est marqué ci-dessus étant fait exactement, vous prononcerez les paroles suivantes :

Je te présente, ô grand Adonay ! cet encens comme le plus pur : de même je te présente ces charbons comme sortant du plus léger bois. Je t'offre, ô grand et puissant Adonay, Eloïm, Ariel et Jehovam, de toute mon âme et de tout mon cœur, daigne, ô grand Adonay ! le prendre pour agréable. *Amen.*

Vous ferez aussi attention de n'avoir sur vous aucun métal impur, sinon de l'or ou de l'argent pour jeter la pièce à l'esprit, la ployant dans un papier que vous lui jetterez, afin qu'il ne vous puisse faire aucun mal quand il se

Voir à la fin du volume les conditions d'envoi de l'encens et du camphre.

présentera devant le cercle ; et pendant qu'il ramassera la pièce vous commencerez la prière suivante, en vous armant de courage, de force et de prudence.

Première partie

O grand Dieu vivant ! en une seule et même personne, le Père, le Fils et le Saint Esprit, je vous adore avec le plus profond respect, et me soumets à votre sainte et digne-garde avec la plus vive confiance : je crois, avec la plus sincère foi, que vous êtes mon créateur, mon bienfaiteur, mon soutien et mon maître, et je vous déclare n'avoir d'autre volonté que celle de vous appartenir pendant toute l'éternité.

Ainsi soit il.

Seconde prière

O grand Dieu vivant ! qui as créé l'homme pour être bienheureux dans cette vie, qui as formé toutes choses pour ses besoins, et qui as dit : « Tout sera soumis à l'homme » sois-moi favorable, et ne permet pas que des esprits rebelles possèdent des trésors qui ont été formés pour nos besoins temporels. Donne-moi, ô grand Dieu ! la puissance d'en disposer par les puissantes et terribles paroles de la clavicule. Adonay, Eloïm, Ariel, Jehovam, Tagla, Mathon, soyez-moi favorables. *Amen.*

Vous aurez soin d'entretenir votre feu avec l'esprit de brandevin, l'encens et le camphre ;

et direz ensuite la prière de l'offrande comme suit :

Offrande

Je t'offre cet encens comme le plus pur que j'aie pu trouver, ô grand Adonay, Eloïm, Ariel et Jehovam ! daigne le prendre pour agréable ; ô grand Adonay ! sois-moi favorable par ta puissance, et fais-moi réussir dans cette grande entreprise *Amen.*

DIVERSES APPELLATIONS DES ESPRITS INFERNAUX CONJURATION

Première appellation a l'empereur Lucifer

Empereur Lucifer, prince et maître des esprits rebelles, je te prie de quitter ta demeure dans quelque partie du monde qu'elle puisse être, pour venir me parler ; je te commande et conjure de la part du grand Dieu vivant le Père le Fils et le Saint-Esprit, de venir sans faire aucune mauvaise odeur, pour me répondre à haute et intelligible voix, article par article, sur ce que je te demanderai, sans quoi tu y seras contraint par la puissance du grand Adonay, Eloïm Ariel, Jehovam, Tagla, Mathon et de tous les autres esprits supérieurs qui t'y contraindront malgré toi.

Venite, venite.

Submiritilor Lucifugé, ou tu vas être tourmenté éternellement par la grande force de cette baguette foudroyante. *In subito.*

Seconde appellation

Je te commande et conjure, empereur Lucifer, de la part du grand Dieu vivant, et par la puissance d'Emmanuel son fils unique, ton maître et le mien, et par la vertu de son sang précieux qu'il a répandu pour arracher les hommes de tes chaînes ; je t'ordonne de quitter ta demeure dans quelque partie du monde qu'elle soit, jurant que je ne te donne qu'un quart d'heure de repos, si tu ne viens parler au plus tôt à haute et intelligible voix ; ou si tu ne peux venir toi-même, m'envoyer ton messager Astaroth en signe humain, sans bruit ni mauvaise odeur ; sans quoi je te vais frapper, toi et toute ta race, de la redoutable baguette foudroyante jusqu'au fond des abîmes ; et ce, par les puissantes paroles de la clavicule : *Par Adony, Eloïm, Ariel Jehovam Tagla, Mathon, Almonzin, Arios Pytona, Magots, Silphæ, Cabost, Salamadræ, Gnomus, Terreæ, Cœlis, Godens, Aqua.* In subito.

Avertissement

Avant que de lire la troisième appellation, si l'esprit ne comparaît pas, vous lirez la clavicule, telle qu'elle est ci-après, et frapperez tous les esprits en mettant les deux bouts fourchus de votre baguette dans le feu ; et dans ce moment ne vous épouvantez pas des hurlements effroyables que vous entendrez, car pour lors tous les esprits paraîtront ; alors avant que de lire la clavicule pendant le bruit que vous entendrez, vous direz encore la troisième appellation.

Troisième appellation

Je t'ordonne, empereur Lucifer, de la part du grand Dieu vivant, de son cher Fils et du Saint-Esprit, et par la puissance du grand Adonay, Eloïm, Ariel et Jehovam, de comparaître dans la minute ou de m'envoyer ton messager Astaroth, t'obligeant de quitter ta demeure dans quelque partie du monde qu'elle soit, te déclarant que si tu ne parais pas dans ce moment, je vais te frapper derechef, toi et toute ta race, avec la baguette foudroyante du grand Adonay, Eloïm, Ariel et Jehovam, etc.

Si l'esprit ne paraît pas jusqu'ici, mettez encore les deux bouts de votre baguette au feu et lisez les puissantes paroles ci-après de la grande clavicule de Salomon.

Grande Appellation

Tirée de la véritable Clavicule

Je te conjure, ô Esprit ! de paraître dans la minute par la force du grand Adonay, par Eloïm, par Ariel, par Jehovam, par Agla, Tagla, Mathon, Oarios, Almouzin, Arios, Membrot, Varios, Pithona, Magots, Silphæ, Rabost, Salamandræ, Tabost, Gnomus, Terreæ, Cœlis, Godens, Aqua, Gingua, Janua, Etituamus, Zariatnatmik. A.. E.. A.. J.. A.. T.. M.. O.. A.. A.. M.. V.. P.. M.. S.. C.. S.. T.. G.. T.. C.. G . A. G.. J.. F.. Z..

Après avoir répété deux fois ces grandes et puissantes paroles, vous êtes sûr que l'esprit paraîtra comme suit.

De l'apparition de l'esprit

Me voici, que me demandes-tu ? pourquoi troubles-tu mon repos, ne me frappe plus de cette terrible baguette.

Lucifugé Rofocale.

Demande à l'esprit

Si tu eusses paru quand je t'ai appelé, je ne t'aurais point frappé, pense que si tu ne m'accordes ce que je vais te demander, je te vais tourmenter éternellement.

Salomon

Réponse de l'esprit

Ne m'amuse point ici et ne me tourmente plus ; dis-moi au plus tôt ce que tu me demandes.

LUCIFUGÉ ROFOCALE

Demande à l'esprit

Je te demande que tu me viennes parler deux fois tous les jours de la semaine, pendant la nuit, soit à moi ou à ceux qui auront mon présent livre, que tu approuveras et signeras, te laissant la volonté de choisir les heures qui te conviendront, si tu n'approuves pas celles qui sont marquées ci-dessous.

Savoir :

Le lundi à neuf heures et à minuit.

Le mardi à dix heures et à une heure.

Le mercredi à onze heures et à deux heures.

Le jeudi à huit heures et à dix heures.

Le vendredi à sept heures du soir et à minuit.

Le samedi à neuf heures du soir et à onze heures.

De plus, je te commande de me livrer le trésor le plus près d'ici, te promettant pour récompense, la première pièce d'or ou d'argent que je toucherai, tous les premiers jours de chaque mois : voilà ce que je te demande.

SALOMON.

Réponse de l'esprit

Je ne puis t'accorder ce que tu me demandes sous ces conditions ni sous aucune autre, si tu ne te donnes à moi dans cinquante ans, pour faire de ton corps et de ton âme ce qu'il me plaira.

LUCIGUGÉ ROFOCALE.

AVERTISSEMENT

Vous remettrez ici le bout de la baguette foudroyante au feu, et relirez la grande appellation de la clavicule, jusqu'à ce que l'esprit se soumette à vos désirs.

Réponse et convention de l'esprit

Ne me frappe pas davantage, je te promets de faire ce que tu voudras, deux heures de nuit de chaque jour de la semaine.

Savoir :

Le lundi à dix heures et à minuit.
Le mardi à onze heures et à une heure.
Le mercredi à minuit et à deux heures.
Le jeudi à huit heures et à onze heures.
Le vendredi à neuf heures et à minuit.
Le samedi à dix heures et à une heure.

J'approuve aussi ton livre et te donne ma véritable signature en parchemin, que tu y attacheras à la fin, pour t'en servir au besoin;

me soumettant aussi d'y comparaître devant toi toutes les fois que j'y serai appelé, lorsque tu ouvriras le livre, que tu te seras purifié, que tu auras la terrible baguette foudroyante, et que tu auras composé le grand cercle cabalistique, et que tu prononceras le mot ROFOCALE; te promettant de comparaître et traiter à l'amiable avec ceux qui seront munis dudit livre où est ma véritable signature, pourvu qu'ils m'appellent en règle, la première fois qu'ils auront besoin de moi.

Je m'engage aussi à te livrer le trésor que tu me demandes, pourvu que tu gardes le secret pour toujours, que tu sois charitable envers les pauvres, et que tu me donnes une pièce d'or ou d'argent tous les premiers jours de chaque mois : si tu y manques, tu seras à moi pour toujours.

LUCIFUGÉ ROFOCALE

Approuvé.

RÉPONSE A L'ESPRIT

J'acquiesce à ta demande.

SALOMON.

CENTUM REGNUM

CHIAMATA DI LUCIFERO

Lucifer, Ouia, Kameron Aliscot, Mandesumini, Poemi Oriel, Magreuse, Parinoscon, Estio, Dumogon, Divorcon, Casmiel, Hugras, Fabil, Vonton, Uli, Sodierno, Petan !

Venite, Lucifer. *Amen.*

PROMESSE DE L'ESPRIT

CAPO PRIMO.

Io Lucifero Imperatore Potentissimo supremo edindependente, libero ed assoluto, padrone ditutto il Regno sotteraneo, dispotico Signor in tutte le mi giuridizione, formidabile, terribile, nobilissimo, al cui Impero tuto Regolatissimo, si muove à governa arbitro di tutte le fortune, di tutte le siagure, sapiente à sagace, è formito d'ogni più sublime luminoso caratere, Domatore del l'Europa è di tutte le siagure ed Asia in particolare.

CAPO SECUNDO.

Prometto è giuro al nome di Dio da viventi obedienza, prontezza è somissione al padrone di questo libro firmato, è giuratto al nome sudetto, è de miei sudetti carateri, et in virtù di tal giuramerto è sotto signassione, giuro d'adelire à tutto quello che piu sera in piacere del padrone di questo libro.

CAPO TERCIO.

Piu, prometto è giuro per parte di miei sudite l'istesso; Onde al solo legere che si fara della mia chiamata al capo primo di questo libro, di comparir subitto, prontamente in forma di bel garzone, ò giovine, in aria piacouele, sensa strepitto, rumore, ò altro che possa offendere, ò intimorire il padrone di questo libro, respondento giustamente con chiarezza, sensa amfibologia alle sue interrogazioni, ed essequendo quanto mi vera commandatto, con tutta realtà, èsinceritttià, sensa che de bono precedere profumi, ò altre invocasioni, magiche azioni, ò circoli, è ceremonie, ma pensi instentamente ofermi pronto essequitore de suoi commandi.

CAPO QUARTO.

Senso che in tali occazioni maimai offenda

le Compagne, ò altre cocose del mondo, è Compito il mio servisio di subidamente partire sensa strepito alenno.

CAPO QUINTO

Piu, prometto è giuro nella forma predetta sua universalissima servitù di tutti i miei sudetti al padrone di questo libro sensa diferensa digre de dignata ò d'altre regioni, ma ogni quale volta, tempo, stagione, anno, mose, settimana, giorno, ora, è quarto ; est instente che rara letta la mia chiamata di compartre in forma di bel giovine, è di soministrali qualsisia de miei rudetti in servizio al padrone di questo libro, è di non partiré se prima non sara ò sara licensiatto colla semplice Formola, o di me, o delli altri.

CAPO SEXTO.

Piu, prometto, è giuro per me à tutti li altri al nome di Dio è delli nostri misteriori Caratteri, segretessa fedeltà inviolabile, sensa ponto maimai contrevenire al mio giuramento, è promessa.

CAPO SEPTIMO.

Piu, prometto è giuro io in particolare per tutti i miei sudetti di protegere, è di diffendere il padrone di questo libro da tutte le fiagure, pericoli, ed altre naturali, ed accidentali vicende, ed in caso per qualonque suo bisoguo saro chiamato di assisterlo, è provederlo di tutto il bisogneuole, abenche non si inotato in questo libro.

Modi do Licenziare.

Ite in pace à loco vestro et pax sit inter vos redituri ad me cum vos invocavero, in nomine Patrís et Filii et Spiritus Sancti.

Ordre de l'Esprit.

Suis-moi, et viens reconnaître le trésor, armé de la *baguette foudroyante* et de la pierre *ématille*, sortir du cercle par l'endroit où est indiquée la route du trésor, qui est la porte du grand Adoay, et suivre l'esprit; l'esprit conduira alors jusqu'à l'entrée du trésor : et il se pourra qu'alors on voie comme un grand chien cotonné qui en fermera l'entrée, avec un collier reluisant comme le soleil, ce qui sera un Gnome qu'il écartera en lui présentant le bout de sa baguette, lequel marchera vers le trésor ; le suivre, et, en arrivant auprès du trésor, il sera surpris d'y voir la personne qui l'aura caché, qui voudra se jeter sur lui, mais elle ne pourra absolument pas l'approcher : sera aussi pourvu d'un morceau de parchemin vierge, où sera écrit la grande conjuration de la clavicule qu'il jettera sur le trésor en prenant en même temps une pièce pour gage et reconnaissance, et en en jetant d'abord une de son argent, qu'il aura mordue ; après quoi il se retirera à reculons, emportant avec lui ce qu il pourra du trésor, le reste ne pouvant pas lui échapper par les précautions prises ci-devant faisant attention de ne se point tourner quelque bruit qu'il entende ; car, dans ce moment, il lui semblera que toutes les montagnes du monde se renverseront sur lui ; il faut pour lors s'armer d'intrépidité, ne point s'épouvanter et tenir ferme : faisant cela, l'esprit le reconduira jusqu'à l'entrée du cercle. Alors Karcist commencera à lire le renvoi de l'esprit tel qu'il est ei-après.

CONJURATION

Et renvoi de l'Esprit.

Oh prince Lucifer ! je suis content de toi pour le présent: je te laisse en repos et te permet de te retirer où bon te semblera, sans faire aucun bruit ni laisser aucune mauvaise odeur. Pense aussi à ton engagement, car si tu y manques d'un instaut, tu peux être sûr que je te frapperai éternellement avec la baguette foudroyante du grand Adonay. Eloïm, Ariel et Jehovam. Amen.

Actions de grâces

O grand Dieu ! qui as créé toutes choses pour le service et l'utilité de l'homme nous te rendrons de très humbles actions de grâces de ce que, par ta grande bonté, tu nous as comblés pendant cette nuit de tes précieuses faveurs, et de ce que tu nous as accordé tout ce que noue désirons : c est à présent, ô grand Dieu ! que nous avons connu toute la force de tes grandes promesses, lorsque tu nous as dit: « Cherchez et vous trouverez, frappez et l'on vous ouvrira, » et comme tu nous à ordonné et recommandé de soulager les pauvres, nous te promettons à la face du grand Adonay, d'Eloïm, d'Ariel et de Jehovam, d'être charitables et de répandre sur eux les rayons de soleil dont ces quatre puissantes divinités viennent de nous combler. Ainsi soit-il. Amen.

SECOND LIVRE. CONTENANT LE VÉRITABLE SANCTUM REGNUM, DE LA CLAVICULE OU LA VÉRITABLE MANIÈRE DE FAIRE LES PACTES

Avec les noms, puissance et talents de tous les grands esprits supérieurs, comme aussi la manière de les faire paraître par la force de la grande appclation du Chapitre des pactes de la grande Clavicule, qui les force d'obéir à quelque opération que l'on souhaite.

LE SANCTUM REGNUM OU LA VÉRITABLE MANIÈRE DE FAIRE DES PACTES AVEC TEL ESPRITS QUE CE SOIT SANS QU'ILS VOUS PUISSENT FAIRE AUCUN TORT

Le véritable *sanctum regnum* de la grande clavicule, autrement dit le *Pacta conventa dæmoniorum* dont on parle depuis si longtemps, est une chose fort nécessaire à expliquer ici pour l'intelligence de ceux qui. voulant forcer les esprits. n'ont point la qualité requise pour composer la verge foudroyante et le cercle cabalistique dont il est parlé dans le livre précédent. Ils ne peuvent, dis-je, venir à bout de forcer aucun esprit de paraître. s'ils n'exécutent de point en point tout ce qui est décrit ci-après touchant la manière de faire des pactes avec tels esprits que ce puisse être ; soit pour avoir la jouissance des femmes et des filles, et en avoir telle faveur que l'on souhaite ; soit pour découvrir les secrets les plus cachés dans toutes les cours et les cabinets du monde, soit pour faire travailler un esprit pendant la nuit à son ouvrage : soit pour faire tomber une grêle ou la tempête partout où l'on souhaite : soit pour vous rendre invisible, soit pour se faire transporter partout où l'on veut, soit d'ouvrir toutes les serrures, de voir tout ce qui se passe dans les maisons, et d'apprendre tous les tours et finesses des bergers, soit pour acquérir la main de gloire et pour connaître toutes les qualités et les vertus des métaux et des minéraux, des végétaux et de tous les animaux purs ou impurs : et pour faire des choses si surprenantes, qu'il n'y a aucun homme qui ne soit dans la dernière surprise de voir que, par le moyen de faire pacte avec quelques esprits, on puisse découvrir les plus grands secrets de la nature, qui sont cachés aux yeux de tous les autres hommes. C'est par le moyen de la grande clavicule du grand roi Salomon que l'on a découvert la véritable manière de faire les pactes dont il s'est servi lui-même pour réquérir tant de richesses, pour avoir la jouissance de tant de femmes et pour connaître les plus impénétrables secrets de la nature, par lesquels on peut faire toute sorte de bien et toute sorte de mal.

Enfin, nous commencerons par décrire les noms des principaux esprits avec leurs puissance et pouvoir, et ensuite nous expliquerons le *Pacta dæmoniorum*, ou la véritable manière de faire les pactes avec quels esprits que ce soit. Voici ci-contre les noms et signes des principaux esprits infernaux.

Leurs signes et caractères

Lucifer
Empereur

Belzébuth,
Prince.

Astaroth,
Grand-Duc

Ensuite viennent les esprits supérieurs qui sont subordonnés aux trois nommé ci-devant.

Leurs signes et caractères

LUCIFUGÉ,
prem. Ministre.

SATANACHIA,
Grand génréal.

AGALIAREPT,
Grand général.

FLEURETTY,
Lieutenant gén.

SARGANATAS.
Brigadier.

NEBIROS,
mar. de camp.

Les six grands esprits que je viens de nommer ci-devant dirigent, par leur pouvoir, toute la puissance infernale qui est donnée aux autres esprits. Ils ont à leurs services dix huitautres esprits qui leur sont subordonnés.

SAVOIR :

1 Baël
2 Agares
3 Marbas.
4 Pruslas.
5 Aamon.
6 Barbatos.
7 Buer.
8 Gusoyn.
9 Botis.
10 Bathim.
11 Pursan.
12 Abigar.
13 Loray.
14 Valefar.
15 Foraü.
16 Ayperos.
17 Nuberus.
18 Glasyabolas.

Après vous avoir indiqué les noms des dix-huit esprits ci-devant, qui sont inférieurs aux six premiers que j'ai décrits aussi ci-devant. il est bon de vous prévenir de ce qui suit.

SAVOIR.

Que LUCIFUGÉ commande sur les trois premiers, qui se nomment Baël, Agares et Marbas.

SATANACHIA sur Pruslas, Aamon et Barbatos.

AGALIAREPT, sur Buer, Gusoyn et Botis.

FLEURETTY, sur Bathim, Pursan et Abigar.

SARGATANAS, sur Loray. Valofar et Foraü

NEBIROS. sur Ayperos, Nuberus et Glasyabolas.

Et quoiqu'il y ait encore des millions d'esprits qui sont tous subordonnés à ceux nommés ci-devant, il est très inutile de les nommer à cause que l'on ne s'en sert que quand il plaît aux esprits de les faire travailler à leur place, parce qu'ils se servent de tous ces esprits supérieurs comme s'ils étaient leurs ouvriers ou leurs esclaves ; ainsi, en faisant le pacte avec un des six principaux dont vous avez besoin, il n'importe quel esprit qui vous serve ; néanmoins, demandez toujours à l'esprit avec lequel vous faites votre pacte, que ce soit un des trois principaux qui lui sont subordonnés qui vous serve.

Voici précisément les puissances, sciences, arts et talents des Esprits susnommés, afin que celui qui veut faire un pacte puisse trouver dans chacun des talents des six esprits supérieurs ce dont il aura besoin.

Le premier est le grand LUCIFUGÉ ROFOCALE, premier ministre infernal ; il a la puissance que LUCIFER lui a donnée sur toutes les richesses et sur tous les trésors du monde. Il a sous lui Baël, Agares et Marbas, et plusieurs autres milliers de démons ou d'esprits qui lui sont tous subordonnés.

Le second est le grand SATANACHIA, grand général : il a la puissance de soumettre à lui toutes les femmes et toutes les filles, et d'en faire ce qu'il souhaite. Il commande la grande légion des esprits : il a sous lui Pruslas, Aamon et Barbatos, etc.

AGALIAREPT, aussi général, a la puissance de découvrir les secrets les plus cachés dans toutes les cours et dans tous les cabinets du monde ; il dévoile aussi les plus grands mystères, il commande la seconde légion des esprits : il a sous lui Buer, Gusoyn et Botis, etc., etc.

FLEURETTY, lieutenant général, a la puissance de faire tel ouvrage que l'on souhaite pendant la nuit ; il fait aussi tomber la grêle partout où il veut. Il commande un corps très considérable d'esprits : il a sous lui Bathim, Pursan et Abigar.

SARGATANAS, brigadier, a la puissance de vous rendre invisible, de vous transporter partout, d'ouvrir toutes les serrures, de vous faire voir tout ce qui se passe dans les maisons, de vous apprendre tous les tours et finesses des bergers ; il commande plusieurs brigades d'esprits. Il a sous lui Loray, Valefar et Foraü.

NEBIROS, maréchal de camp et inspecteur général, a la puissance de donner du mal à qui il veut ; il fait trouver la main de gloire, il enseigne toutes les qualités des métaux, des minéraux, des végétaux et de tous les animaux purs et impurs ; c'est lui qui a aussi l'art de prédire l'avenir, étant un des plus grands nécromanciens de tous les esprits infernaux : il va partout ; il a inspection sur toutes les malices infernales, il a sous lui Ayperos, Nuberus et Glasyabolas, etc.

Avertissement

Quand vous voudrez faire votre pacte avec un des principaux esprits que je viens de nommer, vous commencerez, l'avant-veille du pacte, d'aller couper, avec un couteau neuf qui n'ait jamais servi, une baguette de noisetier sauvage qui n'ait jamais porté et qui soit semblable à la *verge foudroyante*, telle que celle qui est déjà décrite, et dont vous avez la figure dans le premier livre, positivement au moment que le soleil paraît sur notre horizon ; cela étant fait, vous vous munirez d'une pierre *ématille* et de cierges bénits, et vous choisirez ensuite un endroit pour l'exécution, où personne ne vous incommode ; vous pouvez même faire le pacte dans une chambre écartée ou dans quelque masure de quelque vieux château ruiné, parce que l'esprit a le pouvoir d'y transporter quel trésor qui lui plaît. Cela étant fait, vous tracerez un triangle avec votre pierre *ématille*, et cela seule-

Ematille. — Voir prix et conditions d'envoi à la fin de ce volume.
Cierges bénits » » »

ment la première fois que vous ferez votre pacte ; ensuite vous placerez les deux cierges bénits à côté et tels qu'ils sont placés vers le triangle des pactes que vous voyez ci-après, y plaçant le S. N. de Jésus derrière, afin que les esprits ne vous puissent faire aucun mal ; ensuite vous vous placerez au milieu dudit triangle, ayant en main la baguette mystérieuse, avec la grande appellation à l'esprit, la clavicule, la demande que vous voulez faire à l'esprit, avec le pacte et le renvoi de l'esprit, tel qu'il est marqué ci-après, au modèle du triangle cabalistique des pactes.

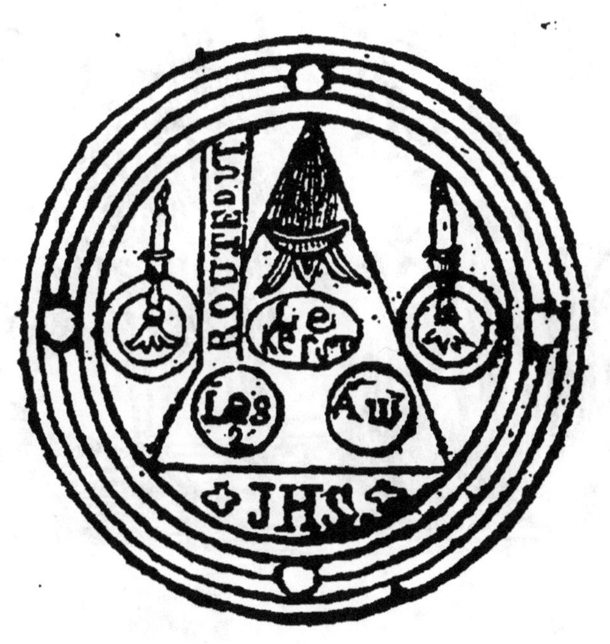

Ayant exécuté exactement tout ce qui est marqué ci-devant, vous commencerez à réciter l'appellation suivante avec espérance et ermeté.

Grande appellation des esprits avec lesquels l'on veut faire un pacte, tirée de la grande clavicule.

Empereur Lucifer, maître de tous les esprits rebelles, je te prie de m'être favorable dans l'appellation que je fais à ton grand ministre Lucifugé Rofocale, ayant envie de faire pacte avec lui ; je te prie aussi, prince Belzébuth, de me protéger dans mon entreprise. O comte Astaroth ! sois-moi propice, et fais que, dans cette nuit, le grand Lucifugé m'apparaisse sous une forme humaine, et sans aucune mauvaise odeur, et qu'il m'accorde, par le moyen du pacte que je vais lui présenter, toutes les richesses dont j'ai besoin. O grand *Lucifugé* ! je te prie de quitter ta demeure, dans quelle partie du monde quelle soit, pour venir me parler, sinon je t'y contraindrai par la force du grand Dieu vivant, de son cher Fils et du Saint-Esprit ; obéis promptement, ou tu vas être éternellement tourmenté par la force des puissantes paroles de la grande clavicule de Salomon, et dont il se servait pour obliger les esprits rebelles à recevoir son pacte : ainsi, parais au plus tôt ! ou je te vais continuellement tourmenter par la force de ces puissantes paroles de la clavicule, « Agion, Telagram, vaycheon stimulamaton y ezpares retragrammaton oryoram irion esytion existion eryona onera brasim moym messias soter Emanuel Saboot Adonay, te adoro et invoco. »

Vous êtes sûr que d'abord que vous aurez lu les puissantes paroles indiquées ci-dessus, que l'esprit paraîtra, et vous dira ce qui suit.

Apparition de l'esprit.

Me voici ; que me demandes-tu ? pourquoi troubles-tu mon repos ? réponds-moi.

LUCIFUGÉ ROFOCALE

Demande à l'esprit

Je te demande pour faire pacte avec toi, et afin que tu m'enrichisses au plus tôt sinon je te tourmenterai par les puissantes paroles de la clavicule.

Réponse de l'esprit

Je ne puis t'accorder ta demande. qu'a condition que tu te donnes à moi dans vingt ans pour faire de ton corps et de ton âme ce qu'il me plaira.

LUCIFUGÉ ROFOCALE.

Alors vous lui jetterez votre pacte. qui doit être écrit de votre propre main. sur un petit morceau de parchemin vierge, qui consiste à ce peu de mot ci-après, en y mettant votre signature avec votre véritab'e sang.

Voici le PACTE.

« Je promet au grand LUCIFUGÉ de le récompenser dans vingt ans de tous les trésors qu'il me donnera. En foi de quoi je me suis signé»

Signature,

Je ne puis t'accorder ta demande.

LUCIFUGÉ ROFOCALE.

Alors pour forcer l'esprit à vous obéir, vous relirez la grande appellation avec les terribles paroles de la clavicule, jusqu à ce que l'esprit reparaisse et vous dise ce qui suit :

Seconde appariton de l'esprit

Pourquoi me tourmentes-tu davantage ? Si tu me laisses en repos, je te donnerai le plus prochain trésor, à condition que tu m'en con-

Parchemin vierge. — Voir prix et conditions d'envoi à la fin de ce volume.

sacres une pièce tous les premiers lundis de chaque mois et tu ne m'appelleras qu'un jour de chaque semaine, savoir : depuis les deux heures du soir jusqu'à deux heures après minuit. Ramasse ton pacte, je l'ai signé ; et si tu ne tiens pas ta parole, tu seras à moi dans vingt ans.

LUCIFUGÉ ROFOCALE.

Réponse à l'esprit.

J'acquiesce à ta demande à condition que tu me feras paraître le plus prochain trésor. que je pourrai emporter tout de suite.

Signature,

Réponse de l'esprit

Suis-moi et prends le trésor que je vais te montrer.

Alors vous suivez l'esprit par la route du trésor qui est indiquée au triangle des pactes, sans vous épouvanter, et jetterez votre pacte tout signé sur le trésor, en le touchant avec votre baguette ; vous en prendrez tant que vous pourrez, et vous vous en retournerez dans le triangle en marchant à reculons ; vous y poserez votre trésor devant vous et vous commencerez tout de suite à lire le renvoi de l'esprit, tel qu'il est marqué ci-après :

CONJURATION ET RENVOI DE L'ESPRIT AVEC LEQUEL ON FAIT UN PACTE

O grand Lucifugé ! je suis content de toi pour le présent, je te laisse en repos et te permets de te retirer ou bon te semblera, sans faire aucun bruit ni laisser aucune mauvaise odeur. Pense aussi à ton engagement de mon pacte, car si tu y manques d'un instant, tu peux être sûr que je te tourmenterai éternellement avec les grandes et puissantes paroles de la clavicule du grand roi Salomon, par lequel l'on force tous les esprits rebelles d'obéir.

PRIÈRE AU TOUT-PUISSANT EN FORME D'ACTION DE GRACES

Dieu Tout-Puissant, père céleste, qui as créé toutes choses pour le service et l'utilité des hommes, je te rends de très humbles actions de grâces de ce que, par ta grande bonté, tu as permis que, sans risque, je puisse faire pacte avec un de tes esprits rebelles, et le soumettre à me donner tout ce dont je pourrais avoir besoin. Je te remercie, ô Dieu Tout Puissant, du bien dont tu m'as comblé pendant cette nuit : daigne accorder à moi, chétive créature, tes précieuses faveurs : c'est à présent, ô grand Dieu ! que j'ai connu toute la force et la puissance de tes grandes pro messes lorsque tu nous as dit : « Cherchez vous trouverez ; frappez et l on vous ouvrira » et comme tu nous as ordonné et recommandé de soulager les pauvres, daigne, grand Dieu, m'inspirer de véritables sentiments de charité et fais que je puisse répandre sur une aussi sainte œuvre une grande partie des biens dont la grande divinité a bien voulu que je fusse comblé : fais ô grand Dieu ! que je jouisse avec tranquillitéde ces grandes richesess dont je suis possesseur ; et ne permet pas qu'aucun esprit rebelle me nuise dans la jouissance des précieux trésors dont tu viens de permettre que je sois le maître. Inspirez-moi aussi, ô grand Dieu ! les sentiments nécessaires pour pouvoir me dégager des griffes du démon ct de tous les esprits malins. Je me mets, grand Dieu le Pèrc, Dieu le Fils et le Saint-Esprit, en votre sainte protection.

Amen.

Oraison pour se garantir des mauvais esprits

O Père Tout-Puissant ! O mère la plus tendre des Mères ! O Exemplaire admirable des sentiments et de la tendresse des mères ! O Fils, la fleur de tous les fils ! O forme de toutes les formes ! Ame, esprit, harmonie et nombre de toute choses, conservez-nous, protégez-nous et soyez-nous propice. Amen,

TABLE

des jours heureux et ma heureux

JOURS HEUREUX.	MOIS.	JOURS MALHEUREUX.
le 3. 10. 27. 31.	Janvier.	le 13 et le 25.
le 7. 8. et 18.	Février.	2. 10. 17 et 22.
3. 9. 12. 14. 16.	Mars	13. 19. 20, 28.
5—et le 17.—	Avril.	18. 20. 29. 30.
1. 2. 4. 6. 9. 14.	Mai.	10. 17. et le 20.
8. 5.7. 9. 12. 23.	Juin.	le 4 et le 20.
3. 6. 10. 23. 30	Juillet.	le 5. 13. et 27.
5. 7. 10. 14. 29.	Août.	2. 13. 27. et 31.
6. 10. 13. 18. 30.	Septem.	13. 16. 18. 19
13, 16. 25. 31.	Octobre.	le 3. 9. et le 27.
3. 13. 23. 30.	Novemb.	le 16 et le 25.
le 10. 20. le 29.	Décemb.	le 15. 28. et 31.

REMARQUES.

Plusieurs savants prétendent que cette Table fut donnée à Adam par un ange ; aussi était-ce la règle de sa conduite : il ne semait et ne transplantait rien, que dans des jours heureux et tout lui arrivait à bon port; si nos cultivateurs suivaient ses traces, l'abondance comblerait nos vœux.

SECRETS DE L'ART MAGIQUE DU GRAND GRIMOIRE

COMPOSITION DE MORT, OU LA PIERRE PHILOSOPHALE

Prenez un pot de terre neuf, mettez-y une livre de cuivre, avec une demi chopine d'eau-forte que vous ferez bouillir pendant une demi-heure : après quoi vous y mettez trois onces de vert-de-gris que vous ferez bouillir une heure ; puis vous mettrez deux onces et demie d'arsenic, que vous ferez bouillir une heure ; vous y mettrez trois onces d'écorce de chêne bien pulvérisée, que vous laisserez bouillir une demi-heure, une potée d'eau rose bouillie douze minutes, trois onces de noir de fumée que vous laisserez bouillir jusqu'à ce que la composition soit bonne ; pour voir si elle est assez cuite, il faut y tremper un clou ! si elle y prend, ôtez-la, elle vous produira une livre et demie de bon or ; et si elle n'y prend point, c'est une preuve qu'elle n'est pas assez cuite.

POUR FARE LA BAGUETTE DIVINATOIRE ET LA FAIRE TOURNER

Dès le moment que le soleil paraît sur l'horizon, vous prenez de la main gauche, une

Voir à la fin du volume les prix et conditions d'envoi du cuivre, eau fort vert de gris, arsenic, eau rose, noir de fumée.

baguette vierge de noisetier sauvage et la coupez de la droite en trois coups, en disant : *Je te ramasse au nom d'Eloïm Mutrathon, Adonay et Semiphoras*, afin que tu aies la vertu de la verge de Moyse et de Jacob, pour découvrir tout ce que je voudrai savoir ; et pour la faire tourner, il faut dire, la tenant serrée dans ses mains par les deux bouts qui font la fourche : *Je te commande au nom d'Eloïm, Matrathon, Adonay et Semiphoras.*

Pour lever tout sort et faire revenir la personne qui a causé le mal

Prenez le cœur d'un animal complètement mort en ayant soin de n'y faire aucune blessure, et mettez-le sur une assiette bien propre ; puis ayez neuf piquants d'aubépine et procédé comme il suit :

Percez dans le cœur un de vos piquants, disant : « Adibaga, Sabaoth, Adonnay, contra ratout prisons pererunt fini unixio paracle gossum. »

Prenez deux de vos piquants et enfoncez-les, disant : « Qui fussum mediator agras gaviol valax. »

Prenez-en deux autres et en les perçant dites : « Landa a zazar valoi sator xio paracle gossum. »

Prenez deux autres de vos piquants et en les perçant prononrez : « Avir sunt (devant vous) paracletur stator verbonum offisum fidando. » Puis continuez disant :

« J'appelle ceux ou celles qui ont fait fabriquer le Missel Abel ; partout à nous venir trouver, par mer ou par terre, tout partout, sans délai et sans dédit. »

Percez le cœur d'un clou à ces dernières paroles. Notez bien que si on ne peut avoir des piquants d'aubépine on aura recours à des clous neufs. — Le cœur étant percé comme nous l'avons indiqué, on le met dans un petit sac, puis on le pend à la cheminée, assez haut pour qu'il ne soit pas vu. Le lendemain vous retirerez le cœur du sac et le mettrez sur une assiette. Retirant alors la première épine, vous la percez dans un autre endroit du cœur en prononçant les paroles qui lui sont destinées ci-dessus ; vous en relevez deux autres et les reperçant vous dites les paroles convenables ; enfin vous les relevez toutes dans le même ordre pour les repercer comme nous avons dit, observant de ne jamais les enfoncer dans les mêmes trous. On continue ce travail pendant *neuf* jours. Toutefois si vous ne voulez donner relâche au malfaiteur vous faite votre neuvaine dans le même jour, et dans l'ordre prescrit. Après avoir finalement percé le clou dans le cœur en prononçant les paroles sus-dites, on fait un grand feu ; on met ensuite le cœur sur un gril et on le fait rôtir sur la braise ardente. Il faut que le maléficiant vienne demander grâce. S'il est hors de son pouvoir de venir dans le peu de temps que vous lui accordez, vous le ferez m. Notez bien que vous devez éviter. soit en barrant la porte, ou par tout autre moyen, que le maléficiant ne s'approche de votre gril.

POUR ROMPRE ET DÉTRUIRE TOUT MALÉFICE CÉLÉBRÉ CONTRE LES ANIMAUX

Prenez une tassée de sel plus ou moins, selon la quantité d'animaux maléficiés et prononcez dessus ce qui suit :

« Hergo gomet hunc gueridans sesserant deliberant amci.

Faites ensuite trois tours autour des animaux commençant du côté du soleil levant et continuant suivant le cours de cet astre, les animaux devant vous, et, en faisant vos jets sur iceux par pincées, récitez les mêmes paroles.

MIROIR SYMPATHIQUE

Ce miroir, qui a la forme indiquée par la figure 9, est à double glace, plane d'un côté et grossissante de l'autre. Ces deux glaces s'appellent respectivement petit côté et grand côté du miroir. Le miroir sympathique est employé dans certaines opérations de contre-charme, pour connaître le maléficiant : On s'y regarde, tantôt d'un côté, tantôt de l'autre, en prononçant les paroles indiquées, et, à un moment donné, la propre figure disparaît et se trouve remplacée par celle du maléficiant qui passe et repasse plus ou moins souvent.

Lorsque l'on travaille pour délivrer une personne dont le mal est déjà très avancé, on est quelque fois obligé de toucher le malade avec le miroir en répétant les paroles mystérieuses dites dans l'opération de contre-charme.

Le miroir sympathique possède, de plus, certaines vertus naturelles, entr'autres celle de guérir les douleurs sourdes et rhumatismales en général. Pour cela on touche la partie du corps correspondant à la douleur, tantôt d'un côté du miroir tantôt de l'autre, sans regarder de quel côté l'on commence, en vouant chaque fois, le malade à trois saints. disant, par exemple : « *St Joseph, St Jean. St Jacques*, je vous supplie de guérir N. » Répéter trois fois, puis dire trois *pater* et trois *ave* en faisant, avant et après le signe de la croix. Recommander au malade de frotter le mal avec les doigts humecté de salive, une fois par jour durant trois jours, et dire ensuite, chaque fois, trois *pater* et trois *ave*, comme ci-dessus.

Pour avoir ce miroir on achète une glace à deux faces conforme au miroir sympatique, et, dans une évocation, on conjure l'esprit de lui reconnaître « les vertus stipulées dans le livre », ce à quoi il ne peut se refuser. Dans

Voir à la fin du volume le prix et les conditions d'envoi de la glace devant servir à obtenir le miroir sympathique.

le cas où il demanderait à toucher le miroir, il faudrait le lui jeter en l'enjoignant de le mettre dans le cercle « sans félure et doué des vertus sus-dites ».

Ce miroir ne doit servir à aucun usage profane.

Du Talisman,

sa confection, ses vertus

La veille de la Saint-Jean, entre une heure et deux heures du matin, on se rend là où il y a de la pervenche sauvage ou petite pervenche. On peut en avoir dans son jardin, ou dans des pots à fleurs, en notant que dans ces derniers cas les pots doivent être placés de façon que l'on soit obligé de sortir de chez soi pour se rendre auprès d'eux. On cueille la plante sans rien dire et on l'emporte dans sa maison, en prenant bien garde de ne pas regarder derrière soi, quand même on entendrait des bruits de pas derrière ses talons ; aucun mal, du reste, ne peut survenir à l'opérateur pendant ce trajet tous les animaux fuyant à son approche. On la conserve pour s'en servir aux fins ci-après :

Prenez autant que possible, la première branche qui vous tombera sous les yeux lorsque vous ouvrirez la boîte renfermant la cueillette

ci dessus ; ôtez-en la tête et mettez celle-ci dans un petit morceau de papier blanc, puis complétez le nombre de feuilles en ajoutant ce qu'il faut, de la même branche pour en avoir neuf ; ensuite ajoutez-y gros comme un pois de camphre, et pliez. Dès que le papier sera plié en deux, que vous ne verrez plus, par conséquent, le contenu, dites, en continuant à plier ce papier :

1° Si vous voulez vous servir du paquet comme talisman : « Pour N..., (nommez la personne), demeurant à..., que nous voulons préserver de tous maléfices, pour N... une fois vassis atatlos, vesul et cremus, verbos san hergo diboliâ herbonos, deux fois vassis, atatlos, etc., trois fois vassis, etc. » Répéter trois fois.

2° Si vous voulez l'employer pour rompre et détruire un maléfice : « Pour N... demeurant à ..., que nous voulons guérir d'un mauvais sort s'il (ou si elle) en a, et contre un tel ou une telle, une fois vassis atatlos vesul et cremus, verbo san hergo diboliâ herbonos ; deux fois vassis, etc., trois vassis, etc. » Répéter trois fois.

En faisant le paquet tenez le papier constamment appuyé sur le petit côté du miroir : quand il est fait, faites-le toucher au grand côté et donnez-le à la personne N...

1° Si celle ci s'en sert comme talisman, elle le prend de la main droite, fait le signe de la croix et le porte comme un scapulaire enveloppé dans un linge. Sa vertu dure un an ; au bout de ce temps, le jeter au feu ;

2° Si c'est pour se guérir, elle le prend également de la main droite, fait le signe de la croix et l'attache à sa chemise de façon qu'il soit en contact avec la peau à l'endroit du mal. Le garder trois jours, ou cinq si l'on veut forcer. Au bout de ce temps, prendre (le malade ou l'opérateur) le paquet, faire le signe de la croix, le mettre dans le feu, le couvrir de charbons, et sortir aussitôt ; en mettant le pied dehors dire : « Que Dieu nous garde. »

Le paquet et les paroles servent à plusieurs fins.

Notez bien que l'opérateur peut faire le paquet chez lui, le mettre dans sa poche et le porter au maléficié.

Pour détruire un sort et voir passer les maléficiants

Acheter un pot de terre neuf et sa couverture — pour cinq sous de camphre — un paquet d'aiguilles — un cœur de veau (à la rigueur on pourrait se servir d'un cœur de femelle), le tout sans marchander.

Bien barrer la porte où l'on opère.

Mettre le cœur sur une assiette bien propre et y piquer séparément les aiguilles en répétant à chacune d'elles les paroles suivantes, que nous connaissons déjà :

« Contre un tel ou une telle (si on connaissait la personne ou quand on la connaîtra on dira son nom), une fois vassis atatlos vesul et cremus, verbo san hergo biboliâ herbonos ; deux fois vassis atatlos, etc., ; trois fois vassis, etc.

L'opération terminée, mettre le cœur dans le pot au feu à 11 heures 1/2 juste et l'y laisser bouillir jusqu'à une heure après minuit, au moins. Le lendemain on enfouit le pot dans la terre dans un endroit non cultivé.

Pour voir le maléficiant, en faisant bouillir le pot, depuis le commencement jusqu'à la fin, et de cinq en cinq minutes environ, répéter les paroles ci-dessus en regardant dans le miroir, tantôt d'un côté, tantôt de l'autre : il est rare qu'on ne le voie pas passer plus ou moins souvent.

Nota. — Prendre bien soin de ne pas sortir, et que personne de la maison ne sorte pendant que dure l'opération.

Il faut faire une neuvaine, c'est-à-dire que pendant neuf autres jours, à 11 heures 1/2, soit du soir, soit du matin, on répète les paroles ci-dessus.

Pour lever un sort ou délivrer une maison des démons

Donner un paquet au maléficié, ou le suspendre dans la cheminée dans un sac de toile neuve. — Si la personne est folle, il faut faire dire trois messes dans trois paroisses différentes et que dans la maison, la famille, à l'heure des messes, disent en commun le *crois en Dieu* — faire le signe de la croix, dire trois *pater*, et trois *ave*, faire de nouveau le signe de la croix, et dire le *Veni Créator*.

Cela fait, se mettre du côté du Midi, ayant de la main gauche de l'eau bénite, de la main droite du buis bénit et dire : « O Dieu du Midi, ô Dieu de l'Orient, ô Dieu d'Occident, ô Dieu Septentrional, mauvais sort corrompu que j'aurais dû sur vos vifs.

Prononcer ces paroles trois fois, et à chaque fois prendre de l'eau bénite et asperger avec force à droite et à gauche. Faire une neuvaine en regardant dans le miroir, si on en a un, aux paroles déjà citées.

POUR ROMPRE ET DÉTRUIRE UN SORT AU MOYEN DU COQ NOIR

Prenez un coq noir, fourrez-lui trois gouttes d'eau bénite dans le bec et pendez-le par les pattes dans un grenier où vous le laisserez trois jours francs. Ce temps écoulé prenez-le par les pattes et enterrez-le dans le fumier chaud d'un toit à brebis, en ayant bien soin que personne ne puisse aller le retirer. Le malificiant tombera malade, et mourra de langueur au bout de six mois ou un an.

En faisant les opérations ci-dessus prononcez les paroles que nous avons déjà fait connaître : « Contre un tel ou une telle, une fois vassis, etc. »

POUR ÉCLOUER ET FAIRE SOUFFRIR UNE PERSONNE

Allez dans un cimetière, ramassez-y un clou de vieux cercueil, en disant : « Clou je te prends afin que tu me serves à détourner et faire mal à toute personne que je voudrai : au nom du Père, et du Fils, et du Saint-Esprit. Amen. »

Quand vous voudrez vous en servir, tracez la fig. ci-dessous sur un morceau de planche neu-

ve et fichez le clou au milieu du triangle en disant : *Pater noster* jusqu'à *in terra*. Frappez ensuite sur le clou avec une pierre en disant : « Que tu fasses mal à N jusqu'à ce que je te tire de là. » Recouvrez l'endroit avec un peu de poudre,et souvenez-vous bien de l'endroit, car on ne peut guérir le m·l que cela cause qu'en tirant le clou et disant : « Je te retire afin que le mal cesse que tu as causé à N. au nom du Père, et du Fils, et du Saint-Esprit. Amen ». Tirer ensuite le clou et effacer les caractères, non pas de la même main qu'on les a faits, mais de l'autre, car autrement il y aurait du danger pour le maléficiant.

Pour faire souffrir une personne

Opérer le dernier vendredi du mois, les matin, à jeun.

Prendre un morceau de lard gras, gros comme un œuf : Le piquer d'épingles (une trentaine environ, sans les compter) en disant les paroles connues : « Une fois vassis atatlos, etc. » ; mettre dessus deux branches de rameaux bénit en croix, et enfouir le tout dans un terrain non cultivé.

Contre les avives et tranchées des chevaux

Passer la main sur le ventre du cheval et dire : « Cheval (nommez le poil) appartenant à N.., si tu as les avives, de quelque couleur qu'elles soient, ou tranchées rouges ou tranchesons, ou de trente-six sortes d'autres maux, en cas qu'ils y soient, Dieu te guérisse et le bienheureux saint Eloy : Au nom du Père, et du Fils et du Saint-Esprit. Dites ensuite cinq *pater* et cinq *ave*, à genoux, et faites avaler au cheval une poignée de sel gris dissoute dans un verre d'eau tiède.

Pour guérir un cancer ou autre mal accessible aux yeux et aux doigts

Avec le maître doigt (le plus long), faire trois fois le tour du mal en suivant le cours du soleil, disant à chaque fois : « Mauvais mal (nommer son nom), l'on dit que vous avez autant de racines ici que Dieu a d'amis dans le ciel. » Faire cette opération trois jours de suite, avant le lever du soleil. En tournant le doigt, ne pas le soulever de dessus la peau.

Contre la brulure

« Saint Lazare et Notre-Seigneur Jésus-Christ s'en vont dans une ville sainte. Saint Lazare dit à Notre Seigneur : J'entends là-haut un grand bruit. Notre Seigneur lui dit : C'est un enfant qui brûle, vas-y, et tu le guériras de ton souffle. » On prononce trois fois ces paroles sur les brûlures, envoyant, à chaque fois, une respiration contre, puis on y applique une compresse bien imbibée d'huile d'olive.

POUR FAIRE RENDRE LES OBJETS VOLÉS.

Faire brûler une bonne poignée de rue et une autre de savate, et dire le « crois en Dieu » trois fois, en faisant le signe de la croix avant et après.

POUR VOIR, LA NUIT, DANS UNE VISION CE QUE VOUS DÉSIREZ SAVOIR DU PASSÉ OU DE L'AVENIR

Le soir, avant de vous coucher, reproduisez la fig. ci-dessous, sur du parchemin vierge. Les

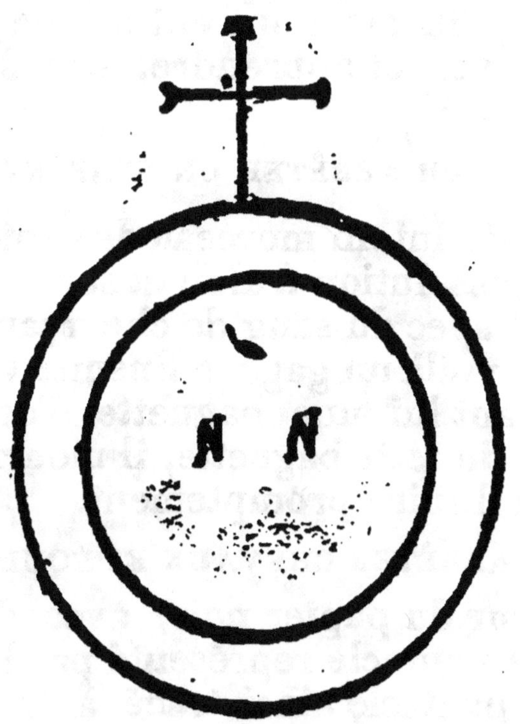

deux N.N. indique l'endroit où vous devez mettre vos noms, ainsi que ce que vous désirez savoir.

La place libre entre les deux cercles est destinée à recevoir le nom des anges que vous désirez invoquer. Cela fait, récitez trois fois l'Oraison suivante et couchez-vous du côté droit, l'oreille sur le parchemin.

ORAISON

O glorieux nom du grand Dieu vivant auquel, de tout temps, toutes choses sont présentes, moi, qui suis votre serviteur N... (nommez-vous), Père Eternel, je vous supplie de m'envoyer vos anges, qui sont écrits dans le cercle et qu'ils me montrent ce que je suis curieux de savoir et apprendre, par J.-C. N.-S. Ainsi soit-il.

POUR ARRÊTER UN SERPENT

Jetez après lui un morceau de papier trempé dans une dissolution d'alun et sur lequel vous aurez écrit avec du sang de chevreau : « Arrête belle, voilà un gage. » Ensuite vous faites siffler devant lui, une baguette d'osier ; s'il est touché de cette baguette, il mourra sur le champ, ou il fuira promptement.

POUR ARRÊTER CHEVAUX ET ÉQUIPAGES

Tracez sur du papier noir, avec de l'encre blanche, le pantacle représenté par la fig. 12, et jetez ce pantacle ainsi tracé à la tête des

Voir à la fin du volume les conditions d'envoi de l'encre blanche et papier noir.

chevaux disant : « Cheval blanc ou noir, de quelque couleur que tu puisses être, c'est moi qui te fais faire ; je te conjure que tu n'aies non plus à tirer de tes pieds, comme tu fais de tes oreilles, non plus que Béelzébuth peut rompre sa chaîne. » Il faut pour cette expérience, un clou forgé pendant la messe de minuit, que vous chasserez par où le harnais passe.

Pendant les trois jours avant celui où vous voudrez faire cette expérence, vous aurez soin de ne faire aucune œuvre chrétienne.

POUR SE RENDRE INVISIBLE

Vous volerez un chat noir et achèterez, sans marchander, un pot neuf, cuit en terre, un miroir, un briquet, une pierre d'agathe, du charbon et de l'amadou, observant d'aller prendre de l'eau au coup de minuit à une fontaine, après quoi vous allumez votre feu. Mettez ensuite le chat dans le pot, celui-ci au feu, et tenez le couvert de la main gauche, sans jamais bouger, ni regarder derrière vous, quel-

Nota. — Voir à la fin du volume les conditions d'envoi et les prix du pot, du miroir, du briquet, de la pierre d'agathe, du charbon et de l'amadou.

que bruit que vous entendiez ; et après l'avoir fait bouillir vingt quatre heures, vous le mettez dans un plat neuf ; prenez la viande et jetez-la par-dessus l'épaule gauche, en disant ces paroles : Accipe quod tibi do, et nihil amplius ; puis mettez les os un à un sous les dents, du côté gauche, en vous regardant dans le miroir et si ce n'est pas bon, vous les jetterez de même, en disant les mêmes paroles, jusqu'à ce que vous l'ayez trouvé bon. Sitôt que vous ne vous verrez plus dans le miroir, retirez-vous à reculons, en disant : Pater, in manus tuas, commendo spiritum meum. Conservez cet os, hors de la vue de tout profane : par la suite, il vous suffira de le mettre entre les dents pour vous rendre invisible.

Pour gagner au jeu

Par un temps orageux, cueillez du trèffle à 4 ou 5 feuilles, faisant dessus un signe de croix, puis dites : Trifle ou trèfle large, je te cueille au nom du Père, et du Fils et du Saint-Esprit, par la virginité de la Sainte-Vierge, par la virginité de Saint-Jean-Baptiste, par la virginité de Saint-Jean l'Evangéliste, que tu aies à me servir à toutes sortes de jeux. Il faut dire ensuite cinq *Pater* et cinq *Ave*, puis on continue : El, Agios, Ischiros, Atanathos. Vous renfermerez ce trèffle dans un sachet de soie noire que vous porterez, comme un scapulaire, chaque fois que vous jouerez. Hors de ce temps, il faut avoir soin de le serrer soigneusement.

MAGIE NATURELLE

Les traditions de tous les peuples donnent une grande quantité de recettes à employer pour concilier l'amour et pour débarrasser de passions importunes ; ces résultats peuvent être obtenus sur soi-même ou sur de tierces personnes.

Le grand agent des opérations magiques est la volonté. Cette volonté dispose d'un moyen d'action qui est vulgairement appelé Baphomet.

*
* *

L'intention ardente suffit pour opérer toutes sortes de merveilles.

Le nom tout puissant, en envoûtements d'amour, est *Schevah*.

Pour éveiller l'amour : Employer avec des rites appropriés l'or, l'ambre gris, la civette, la pervenche, la verveine, l'armoise, l'herbe de la Saint-Jean ; les parties chaudes du lièvre, de la colombe, du moineau, du bouc, l'hippomane ; le sang et le sperme humains, etc.

Pour donner des forces pour le coït : infusion de renouée, de verveine, la jusquiame le jus de fenouil pris dans du lait, l'encens, la myrrhe, le musc, les sommités de sarriète, le carrie, etc.

Les Arabes, pour le même but, emploient la magnétisation sur l'axe cérébro-spinal, le plexus solaire, les organes sexuels et les poumons, par le moyen d'une longue plume très fine. Ce procédé est très efficace si les époux s'aiment

Pour rendre impuissant ou chaste : Tout ce qui vient des animaux saturniens ; les matières extraites du loup, du ver luisant ; la laitue, l'agnus castus, le nénufar.

Pour se délivrer d'un charme ; prends une excrétion de toi-même ; baptise-la ; agis sur elle par ta droite.

Pour connaître la chasteté d'une femme, on emploie l'aimant, le diamant ; le pollen de lys ou le cinabre.

Pour faire concevoir ; le lait de jument, la corne de cerf en poudre, la fiente de vache.

Si tu veux que ta femme soit fidèle, connais-la sur un lit frotté avec du miel et un peu de cendre de ses cheveux.

Si une femme veut arrêter ses menstrues, qu'elle porte sur elle les cendres d'une rainette.

Pour empêcher la conception ; les dents d'un jeune enfant enchassées dans de l'argent, l'urine de mule, les cendres de loup, la patte d'une belette arrachée vive.

Beaucoup de ces recettes sont sales et d'un vilain usage.

Il est d'autres pratiques plus agréables, elles nous viennent de nos pères celtes, et elles peuvent servir aux jeunes filles curieuses ; c'est pourquoi il est bon d'en répandre la pratique.

Ce que le vulgaire appelle les « secrets pour l'amour » ont deux buts bien différents.

Dans la première classe se rangent toutes les opérations ayant pour objet de faire naître l'amour ou la haine dans le cœur d'une autre personne.

Dans la seconde toutes les prévisions, qui s'accomplissent par une apparition interne ou par une externe.

Pour obtenir l'amour de quelqu'un il faut écrire sur du parchemin vierge ces mots :

« *Sator*, *Arepo*, *Tenet*, *Opera*, *Rotas*. *Jah*, *Jah*, *Jah*, *Enam Jah*, *Jah*. *Jah*, *Ketler*, *Chokmah*. *Binah*. *Tedalah*. *Teburah*, *Tiphereth*. *Netzah*. *Hod Jesod*, *Malkouth*, *Abraham*, *Isaac*, *Jacob*, *Shadrach*, *Meshach*, *Abednego*, venez tous pour m'aider pour tout ce que je désire »

Voir à la fin du volume les prix et conditions d'envoi de tous les produits indiqués dans le texte.

Il suffit quelquefois de faire accepter un objet quelconque à la personne aimée.

Voici une formule très usitée dans le Bengale.

Si une femme veut se faire aimer davantage de son mari, qu'elle remplisse d'eau un verre, et après avoir soufflé soixante-dix fois dessus, qu'elle le fasse boire à son mari sous un prétexte quelconque.

Il faut qu'elle répète cinq fois cette opération.

Cadeaux qu'une fille doit faire pour conserver l'amour de son fiancé

Prends trois cheveux de ta tête, roule-les en une petite boule très serrée, et arrosée de 3 gouttes de sang du doigt gauche de l'alliance. Porte cela dans ton sein, ne soufflant mot à personne, pendant 9 jours et 9 nuits ; puis renferme les cheveux dans une cavité de bague ou de broche, et présente cela à ton amant ! Durant tout le temps qu'il portera ce bijou son cœur sera pour toi et rien que pour toi.

Une longue mèche de cheveux mêlée avec des poils de chèvres et arrosée de 9 gouttes d'essence aura le même effet ; mais garde toute ta vie le secret le plus absolu sur ces opérations, si tu les as pratiquées : la moindre parole dite par toi sur ce sujet, même aux personnes de ton entourage le plus intime, détruirait immanquablement ton bonheur conjugal.

Pour savoir si l'on est aimé d'une certaine personne

Prendre une pomme, la couper en deux avec un couteau bien aiguisé ; si l'on peut faire cela sans couper un pépin, le désir de ton cœur sera accompli, mais, si tu coupes par hasard un pépin, tu n'auras pas gagné l'amour de la personne.

Pour savoir, en général, si l'on se mariera

Choisis un vendredi, jeune fille curieuse ; de préférence un vendredi de la Lune montante, ou mieux encore quand la Lune est dans le signe du Taureau ou dans celui de la Balance. Un homme un peu versé dans l'astronomie pourra te dire cela.

Le jour choisi tu prendras un bain au matin, dans la rivière si tu le peux, et tu iras au jardin ensuite cueillir une petite poignée de marjolaine, une de thym et une de roses bengale. Cache-les dans ta chambrette, fais-les sécher pendant sept jours ? le vendredi suivant, réduis ces plantes en fine poussière, avec soin et sans impatience.

Tu prendras ensuite le double de farine d'orge, et tu feras un gateau, avec le lait d'une génisse rouge, saine et jeune.

Ne cuis pas le gâteau ; mais enveloppe-le dans une feuille de papier bien nette et bien blanche ; place-le tout à la tête de ton lit ; le soir couche-toi. la tête appuyée du côté droit sur le dit gâteau.

Prends bien garde que le papier soit net.

Si tu rêves de musique, et des fêtes, choses vénusiennes, les vœux de ton cœur seront bientôt remplis.

Pour rêver à l'homme que tu dois épouser, mets-toi à la fenêtre la veille de la Saint-André, et prends une pomme de ta fenêtre sans remercier la personne qui te l'offrira. Coupe le fruit en deux ; manges-en la moitié avant minuit et la moitié après minuit : dors ensuite ; tu verras dans le sommeil ton futur mari.

Ou bien, au moment de t'aller coucher va cueillir une feuille de lierre, et place-la sans la regarder sous ton oreiller ; tu rêveras de celui que tu aimes.

Voici encore un secret très efficace, si tu sais le garder pour toi seule. Choisis le jour de ta fête, et lève-toi dans la nuit, deux heures avant le soleil ; prends bien garde que personne ne te voie et cours au jardin cueillir une branche de laurier. Reviens dans ta chambre, où tu auras préparé un réchaud avec un peu de soufre : allume le réchaud et expose ta branche de laurier à la fumigation sulfureuse en comptant de 1 à 365, qui est le nombre mystique du nom d'un ange très puissant. Enveloppe alors le laurier dans une toile blanche, avec un papier net et acheté exprès, où tu auras écrit avec une plume neuve ton nom et celui de ton amoureux ou de tes amoureux si tu en as plusieurs ; ajoute le nom du jour de l'année où tu te trouves. la date, le jour de la lune et le nom de la planète dominante. Va ensuite enterrer le paquet dans un endroit secret. Déterre-le au b ut de trois jours et de trois nuits, place-le sous ton oreiller, pendant trois nuits de suite, et tous tes rêves se rapporteront à l'époux auquel le Ciel t'a destiné

Voici encore un autre secret.

A partir de la Saint-Jean, va les trois jours suivants examiner, une fois par jour, les roses de ton jardin. et choisis-en une bien rouge et qui te semblera devoir s'épanouir le troisième jour ; mais ne la touche qu'avec tes yeux seulement. Le matin du quatrième jour, lève-toi avec le soleil. en prenant garde à ce que personne ne te voie, va couper cette rose, et porte-la dans ta chambre. Là, tu auras préparé comme pour le secret précédent, un réchaud et un peu de soufre. Expose la fleur à la fumée sulfureuse jusqu'à ce qu'elle ait complètement changé de couleur ; place-la alors sur une feuille de papier où seront inscrits ton nom, le nom de ton meilleur ami. la date du jour, du mois, de l'année, de la lune, le nom du signe zodiacal et de la planète en domination. Fais-en un pli cacheté de trois cachets ;

enterre au pied d'un arbre auquel tu cueilleras une fleur que tu porteras sur toi pendant neuf jours. Au neuvième jour, déterre ton vol, à minuit, toujours sans que l'on te voie, va de suite au lit, couche-toi la tête sur ton talisman. Tu auras un rêve très significatif. La fleur peut te servir pendant trois nuits.

Voici un autre rite plus facile. Choisis le soir de la première pleine Lune de l'Année ; travaille beaucoup toute la journée et fatigue-toi un peu plus que de coutume Après le repas du soir va te laver les mains, la bouche, les yeux, et mouille-toi de quelques gouttes d'eau les cheveux derrière la tête. Sors, va vers un endroit écarté, la barrière d'un champ par exemple, appuie-toi sur le baton qui ferme cette barrière, et fixe la lune en disant trois fois lentement :

> Salut ! salut ! à toi !
> Cette nuit, ô Lune, dis-moi
> Celui qui m'épousera.

Salue alors la Lune très bas ; et reviens en silence te coucher Si ton cœur est ferme, tes rêves seront certainement de ton futur mari.

Tu peux aussi intéresser saint Pierre à ton affaire. Pour cela, choisis la nuit qui précède la veille de sa fête neuf clefs. Il vaut mieux que tu te les procures sans les emprunter à cause du secret qu'il faut tenir sur ces choses. Prends de tes cheveux, fais-en une petite natte à trois mèches, et attaches-en les extrémités ensemble en y faisant neuf nœuds, après les avoir passés dans les têtes des neuf clés. Lie le tout ensemble à ton poignet gauche au moyen de la jarretière de ta jambe gauche ; serre l'autre jarretière autour de ton front, et immédiatement avant de te mettre au lit, fais avec ferveur l'invocation suivante :

« ✝ Saint-Pierre, ne vous courroucez pas. Pour essayer votre faveur, j'ai agi de la sorte. Vous êtes le seigneur des clés ; exaucez-moi je vous prie ; d nnez-moi la preuve de votre pouvoir ; et faites-moi voir mon amant et mon futur époux. Amen. ✝ »

Voici maintenant quelques augures qui te feront connaître ton sort conjugal.

A la Saint-Sylvestre, prends ton soulier gauche et lance-le dans les branches d'un charme. Si le soulier reste accroché, tu te marieras dans l'année. Mais si après l'avoir jeté neuf fois, il retombe toujours, plusieurs années se passeront avant que l'on ne te conduise à l'autel.

Autre secret : Prends deux morceaux de ruban, de même qualité, de même couleur, qu sera gorge de pigeon, et de même longueur qui sera celle de ton tour de taille pris sur la peau. Tu les plieras en deux pour en connaître le milieu ; et tu les attacheras ensemble par le milieu avec un morceau de soie de même couleur. A ce morceau de soie, attache une alliance que tu auras empruntée à une amie ; tu auras aussi suspendu au mur, en dehors de la fenêtre, l'épingle de cravate de ton amoureux, que tu lui auras demandée sans qu'il sache pour quelle fin. Tu attacheras tes rubans par le nœud de soie à ladite épingle ; et tu en fixeras les quatre bouts au mur, avec des épingles, de telle sorte qu'ils forment une croix droite. Le mur doit être exposé au soleil ; et les rubans ne doivent être ni regardés, ni touchés pendant l'espace de trois heures. Si, au bout de ce temps, ils ont changé de couleur tu n'épouseras pas l'amoureux du moment. S'ils ont conservé leur couleur, tu te marieras bientôt et tu seras très heureuse.

Voici comment un jeu de cartes ordinaires peut révéler à toi et à quelques-unes de tes compagnes, votre avenir conjugal. — Invite deux, quatre ou six de tes amies : jette un jeu de piquet dans un sac de toile : secoue-les et passe à tes compagnes pour que chacune mêle les cartes sans les toucher, le jour du Mariage de la Vierge ; observe bien l'ordre dans lequel toi et tes amies auront secoué le sac ; dans l'ordre inverse, que chacune tire une carte sans regarder Celle qui tirera la plus haute carte, se mariera la première, qu'elle soit jeune vieille, ou veuve ; celle qui a la plus basse carte, se mariera la dernière.

Veux-tu savoir quel âge aura ton futur maître : prends neuf graines de la pomme épineuse, que les savants appellent datura stramonium, neuf pincées de terre fraîchement labourée, en neuf endroits d'un champ. et de l'eau puisée en neuf sources ou réservoirs — Fais un gâteau du tout, et pose-le sur le sol à la croisée de quatre chemins au lever du soleil le jour de Pâques ou à la Saint-Michel. Cache-toi aux environs et observe la première personne qui posera le pied sur le gâteau : si c'est une femme ton mari sera veuf ou vieux ; si c'est un homme. ton mari sera jeune.

Les filles de pêcheurs font la cérémonie suivante pour interroger leur destin à ce sujet. Elles vont la veille du jour de l'an, ou de la Saint-Georges à la croisée de quatre routes. à minuit, portant une petite bouteille d'eau-de-vie et un poisson frit. Là, elles s'assoient par terre plaçant la bouteille et le poisson devant elles, et elles attendent immobiles et silencieuses.

La forme de leur mari s'élève alors tout doucement : s'il prend le poisson, le mariage sera heureux : s'il prend l'eau-de-vie, le mariage sera malheureux. S'il ne prend ni l'un ni l'autre, l'un des deux époux mourra dans l'année

Veux-tu connaître la condition de ton futur : Choisis la nuit du samedi au dimanche qui est le plus proche de la Saint-Léon ; prends une noisette, une noix et une muscade; réduis-les en poudre : mélange intimement et fais-en neuf petites pilules agglutinées avec le beurre fait avec du lait trait de tes propres mains. Mange ces neuf pilules en te mettant au lit ; tes rêves te révèleront la condition de la personne que le sort te destine. Si tu rêves de richesses, tu épouseras un noble ou un homme aisé ; si tu rêves de toile blanche, ton amant sera un prêtre ; si tu rêves de la nuit, ce sera un avocat, si ce doit être un commerçant, tu entendras du tumulte ; si un soldat ou un marin, tu rêveras de tonnerre et d'éclairs ; si un domestique, de la pluie.

Voici d'autres signes, appartenant à la science que les anciens appelaient ornithomancie.

Si, en te promenant, tu aperçois une pie seule, c'est mauvais signe, surtout si elle vole devant toi et vers ta gauche Si elle vient ensuite à voler du côté de ta dextre c'est bon signe. Si tu aperçois deux pies, il te sera fait une proposition avantageuse de mariage ou un héritage Si les pies volent devant toi du côté droit, cela veut dire que ton mariage ou celui d'un proche aura lieu très vite.

Les billets galants que t'envoie ton amoureux peuvent te servir, à son insu, pour éprouver sa valeur. Il te suffit pour cela, lorsque tu as reçu de lui une lettre où il exprime nettement son affection pour toi, de placer cette lettre grande ouverte sur la table, et de la regarder, en comptant tout bas, lentement jusqu'à soixante-et-douze Puis tu la plieras en rois dans le sens de la largeur, puis en trois dans le sens de la hauteur : ce qui donnerait en déployant à nouveau le papier quatre-vingt-et-une petites cases Epingle donc ce billet ainsi plié, sous ton corsage du côté du cœur ; et laisse l'y jusqu'au soir où, en te couchant, tu le poseras sous ta tête. — Si tu pleures, ou que ton amoureux te salue, méfie-toi ; c'est un fourbe ; si tu rêves de pierres précieuses, il est au contraire fidèle et tiendra des promesses. Si les rêves sont de toiles blanches, tu seras veuve.

Voici une remarque curieuse : Lève-toi avec le soleil, le 14 février, jour de la saint Valentin, et fleuris-toi de suite d'une touffe de crocus jaunes. Le premier qui entrera dans la maison sera ton futur mari ou tout au moins, portera le même nom que lui

Ou encore, cueille le matin du même jour, cinq feuilles de laurier ; épingle-s-en une à chaque coin de ton oreiller, et la dernière au milieu. Avant de t'endormir, répète sept fois la prière suivante : « ô grand saint Valentin, protecteur des amoureux, fais que je puisse voir tout à l'heure celui qui sera pour moi un ami fidèle et plein de tendresse. » Tu verras en rêve ton ami.

Tu peux découvrir, pour toi-même ou pour une amie, les premières lettres du nom de famille ou du prénom du mari futur. Pour cela, tu prendras une petite Bible, et tu l'ouvriras au chapitre VII versets 6 et 7 du *Cantique des Cantiques* ; tu prendras la clé de ta porte et la mettras dans cette page à la hauteur du verset. Tu fermeras le livre avec la clé dedans et attacheras le tout solidement avec ta jarretière gauche. Puis si tu es seule, tu soutiendras en l'air le livre en le suspendant en équilibre comme sur un pivot, par le bout du petit doigt de la main gauche. Si tu es avec une amie, vous vous arrangerez pour soutenir la clé en même temps. Le livre bien en place et immobile, tu liras à haute voix les deux versets et tu commenceras à épeler tout haut et lentement les lettres de l'alphabet. La Bible se balancera dès que tu auras prononcé la lettre qui commence le nom du futur.

Jeune fille ou jeune garçon, qui avez un amour au cœur, si vous trouvez par terre un morceau d'étoffe rouge, surtout si c'est de la laine, ramassez-le diligemment, en faisant un souhait pour la prospérité de votre amour, ou pour en trouver un et portez-le sur vous comme amulette.

Votre souhait sera aussi efficace, si vous-même n'ayant point une affection, faites le souhait pour telle ou telle personne.

Si un jeune homme peut se procurer le soulier de celle qu'il aime, et qu'il le porte constamment sur son cœur, ou s'il le suspend dans une couronne de feuilles de rue, à la tête de son lit, il peut être assuré du prompt succès de son amour.

Voici une pratique venue des druidesses ;

elle sert pour obtenir l'apparition de l'époux futur de trois jeunes filles. — Tresse avec deux de tes amies vierges comme toi, une guirlande longue d'un peu plus de trois pieds, avec du genièvre et du gui à baies blanches. Le gui de chêne est préférable. Ceci doit être fait un mercredi ou un vendredi plutôt aux environs de Noël. Attachez à chaque entrelac de votre guirlande un gland de chêne ; arrangez-vous de façon à ce que vous soyez seules un peu avant minuit ; fermez à clé la porte, suspendez la clé au-dessus de la cheminée, ayez un bon feu, et ouvrez une fenêtre. Gardez toutes trois le silence ; puis vous serez muni d'une latte de bois blanc de deux pieds et demi ; Vous enroulerez autour de cette latte votre guirlande en vous occupant toutes les trois ensemble à cette besogne ; Vous la poserez sur le brasier, puis vous reculant en silence mettez le genou gauche en terre, tenant chacune votre livre de messe ouvert à l'office du mariage. A la minute ou le dernier gland sera consumé, chacune verra son propre époux, dont la forme restera invisible pour les deux autres. Si l'une de vous aperçoit un cercueil, ou une forme analogue, traversant lentement la chambre, cela veut dire qu'elle ne se mariera pas. – Allez ensuite vous coucher, vous aurez toutes des révélations remarquables en songe.

Voici un autre secret pour évoquer dans le futur l'image de ton mari ; seulement je te préviens qu'il est parfois dangereux, surtout si tu ne suis pas à la lettre les prescriptions indiquées.

La nuit de vendredi qui précède le dimanche de Quasimodo, pars seule et en secret pour un carrefour à quatre chemins dans la campagne. Arrivée là, défais ta chevelure, et rejette tes cheveux en arrière, comme les portaient autrefois les prophétesses de Celtide. Tu auras pris à la maison une aiguille qui n'aura jamais servi, et te piquant le petit doigt de la main gauche, tu laisseras tomber trois gouttes de sang sur le sol, en répétant à chaque fois ; « Je donne mon sang à celui que j'aime, que je vais voir et qui sera à moi. » Alors, la forme de ton mari futur s'élèvera doucement du sang, pour s'évanouir aussitôt qu'elle sera formée. — Ramasse soigneusement la boue que ton sang aura faite en se mêlant à la terre ; puis te tournant vers l'est, le nord, l'ouest et le midi, jettes-en à chaque fois, le quart par dessus ton épaule gauche, en disant : « Esprits, retournez dans vos domaines, au nom du Père Tout Puissant, » Puis, tu feras une neuvaine à l'autel de la Vierge en l'honneur des esprits élémentaires. Si tu oublies une de ces prescriptions, il t'arrivera une catastrophe peut-être mortelle dans l'année.

Il y a encore un autre secret pour obtenir le même renseignement. Il faut pour le mener à bien être un nombre impair de jeunes vierges ;

elles doivent confectionner un gâteau avec de la fleur de farine, une pomme, neuf graines de stramoine, de l'ache, de la verveine, et du lait d'une vache qui n'ait encore vêlé qu'une fois. Elles doivent cuire le dit gâteau un vendredi soir qui soit le 13me jour d'une lunaison ; puis entre onze heures et minuit, tracer sur le gâteau chacune avec une de ses épingles à cheveux autant de divisions qu'elles sont de consultantes : que chacune inscrive sur la partie du gâteau qui lui est réservée les trois premières lettres de son nom ; puis qu'elles laissent le gâteau devant le feu, et qu'elles retournent s'asseoir en silence le long des murs de la chambre en regardant le gâteau, après l'avoir tourné trois fois, chacune dans ses mains. Au douzième coup de minuit, elles verront la forme d'un homme traverser la chambre et mettre la main sur le gâteau. La portion du gâteau à laquelle le fantôme aura touché, indiquera le nom de celle qui se mariera la première.

Les gens du peuple connaissent beaucoup de recettes pour punir un amoureux volage, pour nouer l'aiguillette de diverses façons, pour forcer l'amour de quelqu'un. Je ne veux point donner d'indications là-dessus ; l'ingéniosité des méchants est assez grande ; et il est mieux de pardonner une offense que de chercher à rendre le mal pour le mal.

D'ailleurs la bougie, le cierge, le cœur de veau et les épingles, les fleurs et les racines de marguerites, le poil du ventre d'une chèvre, les cheveux, etc., sont des procédés assez connus.

En conversant avec la jeune fille dont vous désirez obtenir l'affection, feignez de vouloir faire son horoscope afin de deviner, par exemple, si elle sera bientôt mariée. Tâchez dans cet entretien qui doit avoir lieu sans témoin, qu'elle vous regarde en face, et, quand vos regards seront unis, dîtes résolument : «Kaphe, Kasita, non Kapheta et publica filii omnibus suis. » Ne vous étonnez point de ce langage énigmatique dont vous ignorez le sens occulte ; et si vous l'avez prononcez avec foi, vous serez prochainement aimé.

Tirez de votre sang un vendredi du printemps, mettez-le secher dans un petit pot, avec les deux couillons d'un lièvre et le foie d'une colombe ; réduisez-le tout en poudre fine, et faites-en avaler à la personne sur qui vous aurez quelque dessein, environ la quantité d'un demi gramme ; et si l'effet ne se fait pas à la première fois, réitérez jusqu'à trois fois, et vous serez aimé.

Si vous pouvez coller au dossier du lit d'une

femme ou d'une fille, le plus près possible de l'endroit où repose sa tête, un morceau de parchemin vierge sur lequel vous aurez écrit : « Michaël, Gabriel, Raphaël, faites que (mettre ici le nom de la personne) conçoive pour moi un amour égal au mien », cette personne ne pourra s'endormir sans penser à vous, et bientôt l'amour naîtra dans son cœur.

Pour que la personne dont vous possédez l'amour vous soit fidèle, prenez une mèche de ses cheveux, brûlez-la et répandez-en la cendres sur le bois de son lit après l'avoir frotté de miel. Elle ne rêvera que de vous. Il est facile de renouveler de temps en temps cette opération pour entretenir la constance en amour.

Voulez-vous que vos billets ou vos lettres obtiennent le succès qui comblerait vos vœux? Prenez une feuille de parchemin vierge et couvrez-la, sur deux côtés, de l'invocation ci-après : « Adama, Evah », comme le créateur tout puissant vous unit, dans le paradis terrestre, d'un lien saint, mutuel et indissoluble, ainsi le cœur de ceux à qui j'écrirai me soit favorable et ne me puisse rien refuser : Ely + Ely + Ely. » Il faut brûler cette feuille de

Nota. — Voir à la fin du volume les prix et conditions d'envoi du parchemin vierge.

parchemin et recueillir avec soin toute la cendre ; puis ayez de l'encre qui n'ai jamais servi ; versez-là dans un petit pot de terre neuf ; mêlez-y cette cendre avec sept gouttes de lait d'une femme qui allaite son premier-né et ajoutez-y une pincée d'aimant réduit en poudre. Servez-vous ensuite d'une plume neuve que vous taillerez avec un canif neuf. Toute personne à laquelle vous écrirez avec l'encre ainsi préparée sera disposée, en lisant votre lettre, à vous accorder tout ce qui sera en son pouvoir.

***

Prenez cinq de vos cheveux, unissez-les à trois de la personne que vous aimez et jetez-les dans le feu en disant : « Ure, igne Sancti Spiritus, renes nestros et cor nostrum, Domine. Amen », vous réussirez dans votre amour.

La veille de la Saint-Jean, avant le lever du soleil, allez cueillir la plante nommée *Œnula compana*. Portez-la dans un linge fin, sur votre cœur, pendant neuf jours ; ensuite mettez cette plante en poudre, et répandez-en sur un bouquet ou sur les aliments de la personne dont vous souhaitez l'amour, et bientôt vos vœux seront comblés.

***

Versez de l'huile de lys blanc dans une cou-

Note. — Voir à la fin de volume les prix et conditions d'envoi de l'aimant en poudre et des plumes neuves taillées avec un canif neuf, et de l'huile de lys blanc.

pe de cristal, récitez sur cette coupe le psaume 13,e, que vous terminerez en prononçant le nom de l'ange *Anaël* et ce'ui de la personne que vous aimez. Ecrivez ensuite le nom de l'ange sur un fragment de cyprès que vous plongerez dans l'huile ; puis de cette huile vous oindrez légèrement vos sourcils et vous lierez à votre bras droit le morceau de cyprès.

Cherchez ensuite le moment favorable pour toucher la main droite de la personne dont vous désirez l'amour, et cet amour naîtra dans son cœur. L'opération sera plus puissante, si vous la faites au lever du soleil, le vendredi qui suit la nouvelle lune.

Ayez une bague d'or garnie d'un petit diamant qui n'ait point été portée depuis qu'elle est sortie des mains de l'ouvrier, enveloppez-la d'un petit morceau d'étoffe de soie, et la portez durant 9 jours et 9 nuits, entre chemise et chair, à l'apposition de votre cœur. Le neuvième jour avant soleil levé, vous graverez avec un poinçon neuf en dedans de la bague ce mot : *Scheva*, puis tâcherez par quelque moyen d'avoir trois cheveux de la personne dont vous voulez être aimé et vous les accouplerez avec trois des vôtres en disant : O corps, puisses-tu m'aimer, et que ton des-

Nota. — Voir à la fin du volume les prix et conditions d'envoi de la bague d'or avec diamant.

sein réussisse aussi ardemment que le mien par la vertu efficace de *Scheva*. Il faudra nouer ces cheveux en lacs d'amour, en sorte que la bague soit à peu près enlacée dans le milieu du lac, et l'ayant enveloppée dans l'étoffe de soie, vous la porterez derechef sur votre cœur encore six jours, et le septième jour vous dégagerez la bague du lac d'amour et ferez en sorte de la faire recevoir à la personne aimée. Toute cette opération doit se faire avant le soleil levé et à jeûn.

Pour l'amour

1er vendredi de la lune.

Achetez sans marchander ruban rouge de 1/2 aune au nom de la personne aimée.

Faites un nœud en lacs d'amour et ne le serrez pas, mais dites *Pater* jusqu'à *in tentationem*, remplacez *seb libera nos a malo* par *ludea-ludei-ludeo*, et serrez en même temps le nœud.

Augmenter d'un *Pater* chaque jour jusqu'à 9, faisant chaque fois un nœud.

Mettre le ruban au bras gauche contre la chair. Toucher la personne.

Bouc. Prenez de la fiente de bouc avec de la farine de froment, faites sécher le tout ensemble, ensuite pilez-le et mettez-le chauffer avec de l'huile seulement · après cela frottez-vous-en tout autour du prépuce au moment du coït, il est sûr que votre femme n'aimera que vous.

La même chose arrive en se servant seulement de suif de bouc.

COMMENT ON PEUT RÊVER A LA PERSONNE QUE L'ON DOIT ÉPOUSER

Un homme veut-il voir en songe l'image de la femme qu'il doit épouser ? Il faut avoir du corail pulvérisé, de la poudre d'aimant, du sang de pigeon blanc et en faire un morceau de pâte qu'on enfermera dans une large figue, après l'avoir enveloppé dans un carré de soie bleu, Se le mettre au cou et placer sous son chevet une branche de myrthe, puis dire cette oraison : « Kyrie clementissime, qui Abraham servo tuo dedistis uxorem et filio ejus obedientissimo per admirabile signum indicâsti Rebeccam uxorem, indica mihi servo tuo quam nupturus sim uxorem, per mysterium tuorum Spirituum Baalibeth, Assaïbi, Abumostith. men. Amen »

Il faut le matin se remettre en l'esprit l'image que l'on aura vue en songe. Si l'on a rien vu, il faut répéter l'expérience magique trois vendredis de suite ; et si, après cette troisième opération, nulle vision ne se pro-

Nota. — Voir à la fin du volume les prix et conditions d'envoi de la poudre d'aimant, du corail pulvérisé et du myrthe.

duit, on peut augurer qu'il n'y aura point mariage.

Si c'est une fille qui désire voir en songe l'homme qu'elle épousera, elle doit prendre une petite branche de peuplier, la lier avec ses bras d'un ruban de fil blanc et serrer le tout sous son chevet. Puis elle se frottera les tempes avec du sang de huppe avant de se mettre au lit, récitera l'oraison précédente.

POUR FAIRE VENIR UNE FILLE VOUS TROUVER SI SAGE QU'ELLE SOIT

Expérience d'une force merveilleuse des intelligences supérieures

Il faut remarquer, au croissant ou au décours de la lune, une étoile entre onze heures et minuit ; mais avant de commencer, faites ce qui suit : Prenez du parchemin vierge et écrivez dessus le nom de celle que vous voulez faire venir. Il faudra que le parchemin soit taillé de la forme d'un O ouvert surmonté d'une croix. Mettre au milieu de l'O le nom de la personne. — De l'autre côté vous écrivez les deux mots suivants : Machidael, Barofchas, puis vous mettez votre parchemin par terre, le nom de la personne contre terre, le pied droit dessus et le genou gauche à terre. Lors regardant la brillante étoile et tenant de

Nota. — Voir à la fin du volume les prix et conditions d'envoi du parchemin vierge et de la chandelle de cire blanche, ainsi que du sang de huppe.

la main droite une chandelle de cire blanche qui puisse durer une heure, vous direz la conjuration suivante :

CONJURATION

Je vous salue et conjure, ô belle lune et belle étoile, brillante lumière que je tiens à la main, par l'air que je respire, par l'air qui est en moi et par la terre que je touche. Je vous conjure, par tous les noms des Esprits, princes qui président en vous, par le nom ineffable ou qui a tout créé, par toi bel ange Gabriel avec le prince Mercure, Michæl et Melchidæl. Je vous conjure de rechef, par tous les divins noms de Dieu, que vous envoyiez obséder, tourmenter, travailler le corps, l'esprit l'âme et les cinq sens de nature de N. dont le nom est écrit ci-dessous, de sorte qu'elle vienne vers moi (*nommez-vous*). et qu'elle accomplisse ma volonté et qu'elle n'ait d'amitié pour personne du monde, spécialement pour N. tant qu'elle aura d'indifférence pour moi ; qu'elle ne puisse durer, qu'elle soit obsédée, souffre et tourmentée. Allez donc promptement, Melchidæl, Bareschas, Zazel, Tiriel, Malcha et tous ceux qui sont sous vous ; je vous conjure, par le grand Dieu vivant, de l'envoyer promptement pour accomplir ma volonté. Moi. N je promets de vous satisfaire.

Après avoir prononcé trois fois cette conjuration mettez la bougie sur le parchemin et laissez-la brûler ; le lendemain, prenez le dit parchemin et mettez-le dans votre soulier gauche où vous le laisserez jusqu'à ce que la personne, pour laquelle vous avez opéré, soit venue vous trouver.

Il faut spécifier, dans la conjuration, le jour que vous souhaitez qu'elle vienne et elle n'y manquera pas.

Pour empêcher la copulation

Pour cette expérience, il faut avoir un canif neuf, puis, par un samedi, à l'heure précise du lever de la lune, dans son décours, vous tracerez, avec la pointe, derrière la porte où couchent les personnes, les caractères de la figure ci-dessous, ainsi que les mots : *Consummatum est*, et vous romperez la pointe du canif dans la porte.

Nos anciens assurent que l'oiseau que l'on appelle pivert est un souverain remède contre le sortilège de l'aiguillette nouée, - si on le mange rôti à jeûn avec du sel bénit... Si on respire la fumée de la dent brûlée, d'un homme mort depuis peu, on sera pareillement délivré du charme...

Le même effet arrive si on met du vif-argent dans un chalumeau de paille d'avoine ou de paille de froment, et que l'on mette ce chalumeau de paille de froment ou d'avoine sous le chevet du lit où couche celui qui est atteint de ce maléfice .. Si l'homme et la femme sont affligés de ce charme, il faut, pour en être guéris, que l'homme pisse à travers l'anneau nuptial que la femme tiendra pendant qu'il pissera.

Secrets Merveilleux

Alun. Si l'on frotte du drap avec la glaire d'un œuf mêlée avec de l'*alun* et après l'avoir lavé avec de l'eau salée on fasse sécher, il empêche le feu de brûler (Bélinus).

Si l'on prend de *l'arsenic rouge* avec de *l'alan*, qu'on les broie ensemble et les mêle avec du suc de *joubarbe* et de la gomme qui sort du

Nota. -- Voir à la fin du volume les prix et conditions d'envoi du vif argent, de l'arsenic rouge, de l'alun, du suc de joubarbe et la gomme de laurier.

laurier, l'homme qui s'en sera frotté les mains pourra manier et prendre un fer chaud sans être brûlé.

Avenir. Prenez du sang caillé d'*un âne* avec de la graisse et la poitrine d'un *loup cervier*, autant de l'un que de l'autre, faites-en des grains avec lesquels vous parfumerez la maison, ensuite on verra quelqu'un pendant le sommeil qui dira tout ce qui doit arriver.

Coq. L'empêcher de chanter : oindre d'huile la tête et la crète.

L'empêcher de s'accoupler : oindre son cul d'huile.

Cheveux. Pour faire croître les cheveux, brûlez des abeilles, mêlez leur cendre avec de la fiente de souris et faites infuser ce mélange dans l'huile rosat ; ajoutez-y de la cendre de châtaignes ou de fèves brûlées et le poil naîtra sur toute partie du corps que vous oindrez de cette huile.

Dompter les animaux. Frotter le front de la bête qu'on veut faire venir d'elle-même dans son étable avec un ail de squille.

Si l'on broie de la cire sur les cornes d'un veau on le mènera partout où l'on voudra sans peine (ARISTOTE).

Diable. Pour faire voir le diable à une personne en dormant, prenez du sang d'une *huppe* et qu'on lui en frotte le visage. Elle s'imaginera que tous les diables sont autour d'elle.

Femme. Il est écrit dans le livre de Cléopâtre qu'une *femme* qui n'est pas contente de son mari comme elle le souhaiterait n'a qu'à prendre la moelle du pied gauche d'un *loup* et la porter sur elle, il est certain qu'elle sera satisfaite et qu'elle sera la seule qu'il aimera.

Pour faire avouer à une femme ce qu'elle a fait, on prendra une grenouille d'eau en vie, on lui arrachera la langue et ensuite on la remettra dans l'eau, et on appliquera cette langue sur le cœur de la femme lorsqu'elle dormira ; elle répondra à toutes les demandes qu'on lui fera.

Gui de chêne. Joint au slypium ouvre les serrures, Pendu à un arbre avec aile d'hirondelle fait assembler tous les oiseaux.

Guimauve (Voy. MATRICE, URINES). La graine de guimauve pulvérisée et pétrie en forme d'onguent, dont on se frotte légèrement le visage et les mains, préserve de la piqûre des guêpes, des abeilles, etc.

Héliotrope. Cueillir au mois d'août, le soleil étant dans le signe du Lion.

Envelopper dans une feuille de laurier avec une dent de loup et porter sur soi contre *médisances*. Mise sous la tête pendant la nuit fait voir ceuxqui peuvent venir *voler* le possesseur de l'herbe.

Mise dans une église empêche *femmes infi-*

dèles à leur mari de sortir tant qu'on ne l'a pas ôtée.

Herbes magiques. Ne les cueillir que du 23 au 29e jour de la lune.

Nommer l'usage qu'on en veut faire en arrachant l'herbe de terre. Ensuite la mettre sous du froment ou de l'orge jusqu'au moment de s'en servir. Les principales :

Héliotrope. — Jusquiame — Nepte. — Orties — Verge de Pasteur. — Chélidoine. — Pervenche. — Langue de chien. — Lis. — Gui de chêne. — Centaurée. — Sauge. — Verveine. — Mélisse. — Serpentine.

Ivrognerie. Si on met plusieurs anguilles dans un pot de vin et qu'on les y laisse mourir, celui qui en boira haïra le vin pendant un an et n'en boira peut être pas pendant sa vie.

Jusquiame Son suc fait rompre une tasse d'argent dans laquelle on le met.

Mêlée avec le sang d'un jeune lièvre et mise dans sa peau fait assembler tous *les lièvres* à l'endroit où on l'a mise.

Langue de chien. Mise a un endroit avec le cœur et la matrice d'une grenouille fait assembler *les chiens.*

Portée au gros doigt de pied empêche chien d'aboyer. Mise au cou d'un chien le fait tourner jusqu'à la mort.

Nota. **— Voir à la fin du volume les prix et conditions d'envoi des plantes magiques.**

Loups (leur faire peur). S'enduire le corps de fiente de lièvre.

Lampe. Si on veut que tout ce qui est dans un palais paraisse noir, on aura soin de tremper la mèche de la *lampe* ou de la chandelle qu'on doit allumer dans de l'écume de mer bien battue.

Pour faire que tous ceux qui sont dans une chambre paraissent n'avoir point de tête, on versera dans une lampe du soufre jaune mêlé avec l'huile, ensuite, après l'avoir éclairée, on la mettra au milieu de l'assemblée.

Si on fait une mèche avec le drap d'un mort ou du drap noir et qu'on l'allume dans le milieu d'une chambre, on verra des choses merveilleuses.

Prenez une *grenouille* verte et coupez-lui la tête sur un drap mortuaire, trempez-le dans l'huile de sureau, faites-en une mèche que vous allumerez dans une lampe verte, et on verra un homme noir qui tiendra une lampe à la main avec plusieurs autres choses curieuses.

Si on veut faire paraître une chambre pleine de *serpents*, prenez de la graisse d'un serpent et mêlez-la avec un peu de sel, ensuite prenez un morceau de drap mortuaire que vous couperez en quatre, dans chacun desquels vous mettrez de cette graisse, dont vous ferez quatre mèches que l'on allumera aux quatre coins de la chambre, avec de l'*huile de sureau* dans une lampe neuve, et on verra l'effet qu'on a dit.

Mélisse. Portée sur soi rend agréable.

Attachée au cou d'un bœuf lui fait suivre l'opérateur.

Nuit. Si on se frotte la face avec du sang de chauve-souris on verra et on lira aussi bien la nuit que le jour.

Ortie tenue dans la main avec *mille-feuille* empêche la peur des fantômes (la cueillir du 19 juillet au 23 août).

Son suc mêlé au jus de *serpentine*, on s'en frotte les mains et on jette le reste dans l'eau. On prend alors avec la main les poissons qui s'y trouvent.

Oiseaux. Si on veut *prendre des oiseaux à la main* on prendra de quelque graine que ce soit et on la fera bien tremper dans la lie de vin et du suc de ciguë, ensuite on la jettera à terre, tous les oiseaux qui en mangeront ne pourront pas voler.

Si on veut *entendre le chant des oiseaux*, qu'on prenne avec soi deux de ses amis et qu'on aille avec dans une forêt le 5 des calendes de novembre, en mettant les *chiens* comme si on voulait chasser : on apportera à la maison la première bête que l'on prendra, que l'on mangera avec le cœur d'un *renard* ; aussitôt on entendra le chant des oiseaux, et si on souhaite que ceux qui seront présents l'entendent aussi, on aura qu'à les baiser.

Pervenche. Réduite en poudre avec des vers de terre donne l'*amour* à ceux qui mangent de cette poudre dans leur viande.

Puces. Pour chasser les puces d'une chambre arrosez-la avec de la décoction de *rhue*, de l'urine de jument, et il n'en restera point (Pline).

Punaises. Pour faire mourir toutes les punaises qui sont dans un lit, prenez un *concombre* en forme de serpent, faites-le confire et tremper dans de l'eau, ensuite frottez-en votre lit.

Ou bien prenez le fiel d'un bœuf mêlé et détrempé dans du vinaigre, frottez-en le lit et on verra qu'à l'avenir il n'y aura plus de punaises

Punaises (suite). Pour les prendre en vie sans les toucher en allant se coucher, on mettra sous son chevet de la *grande consoude*, toutes les punaises s'assembleront dessus et n'iront pas ailleurs ; on en a fait l'expérience plusieurs fois.

Rats. On chasse les *rats* d'une maison, si on la parfume avec la corne (du pied) de cheval ou de mulet.

Rêves érotiques (s'en délivrer). Appliquer

sur l'estomac lame de plomb en forme de croix.

Stérilité Pour qu'une femme reste stérile : Enchâsser les dents des jeunes enfants, quand elles tombent, dans de l'argent et les pendre au cou de la femme.

Boire chaque mois un verre de l'urine d'une mule.

Se pendre au cou le doigt d'un fœtus mort.

Taupe. Pour prendre une taupe on mettra dans son trou un oignon, un poireau et des aulx, et peu de temps après elle sortira sans forces.

Taches de rousseur. Fiel de vache mêlé avec des coquilles d'œufs de poule que l'on fait dissoudre dans du vinaigre (appliquer sur la peau).

LA POULE NOIRE

Prenez une poule noire qui n'ait jamais pondu et qu'aucun coq n'ait approché ; faites en sorte, en la prenant, de ne la point faire crier et pour cela, vous irez à onze du soir, lorsqu'elle dormira, la prendre par le cou, que vous ne serrez qu'autant qu'il le faudra, pour l'empêcher de crier ; rendez-vous sur un chemin dans l'endroit où deux chemins se croissent ; là, à minuit sonnant, faites un rond avec une baguette de cyprès, mettez-vous au milieu et fendez le corps de la poule en deux, en prononçant ces mots par trois fois : Eloïm, Essaïm, frugativi et appellavi. Tournez ensuite la face vers l'Orient, agenouillez-vous et dites une oraison ; cela fait, vous ferez la grande appellation ; alors l'esprit immonde vous apparaîtra vêtu d'un habit écarlate galonné, d'une veste jaune et d une culotte vert d'eau Sa tête qui ressemblera à celle d'un chien à oreilles d'âne, sera surmontée de deux cornes ; ses jambes et ses pieds seront comme ceux d'une vache. Il vous demandera vos ordres ; vous les lui donnerez comme vous le jugerez bon, car il ne pourra plus se refuser à vous obéir, et vous pourrez vous rendre le plus riche et, par conséquent, le plus heureux de tous les hommes.

*
* *

Nous n'en dirons pas plus long, sur cette deuxième partie, nous prierons seulement le lecteur de se souvenir de ce que nous avons dit au commencement de cet ouvrage.

Origines et Conditions d'expéditions

des

OBJETS, SUBSTANCES ET PRODUITS

Mentionnés dans le corps de l'ouvrage

Les réalisations des secrets philosophiques expliqués dans les *Sortilèges de la Science* nécessitent l'emploi d'objets, substances et produits qu'il est souvent difficile et parfois impossible de se procurer dans le commerce. Nous nous mettons à l'entière disposition de nos lecteurs pour leur fournir et leur faire fournir tout ce dont ils ont besoin.

Nous disons leur faire fournir parce que certaines substances ayant un caractère pharmaceutique, nous avons recours aux bons soins de l'une des premières pharmacies de Paris pour l'expédition à nos clients des substances demandées.

Dans tous les cas, nos soins sont assurés pour l'obtention de conditions aussi peu onéreuses que possible et cela pour la plus grande satisfaction de nos lecteurs.

Il est, pensons-nous, inutile d'énumérer ici les objets ou produits mentionnés parmi lesquels nous citerons cependant : l'encens, le camphre, le parchemin vierge, le cuivre, l'eau forte, le vert de gris, l'eau rose, le noir de fumée, les glaces et miroirs, l'encre blanche, l'agâthe, l'amadou, etc., etc.

Il nous serait également impossible de les cataloguer avec les prix, attendu qu'en dehors de ceux dont la valeur est connue de tout le monde, les autres valent selon leur origine, leurs qualités ou les difficultés de préparations.

C'est donc au fur et à mesure des demandes et d'après les usages auxquels ils sont destinés, que nous établissons préalablement la valeur des envois que nous expédions.

Les expéditions ne sont faites qu'après entente et réception des montants des commandes.

Adresser lettres et valeurs à M. André Hall, éditeur, 17, Rue Laferrière, Paris.

DEUXIÈME PARTIE

TABLE DES MATIÈRES

Charmes et contre Charmes

Secrets Merveilleux

www.ingramcontent.com/pod-product-compliance
Lightning Source LLC
Chambersburg PA
CBHW072010270326
41928CB00009B/1602
9782012580572